南天之虹

把"二·二八事件"刻在版画上的人

〔日〕横地刚 著

陆平舟 译

2016年·北京

图书在版编目（CIP）数据

南天之虹：把"二·二八事件"刻在版画上的人／（日）横地刚著；陆平舟译. —北京：商务印书馆，2016

ISBN 978-7-100-12025-8

Ⅰ.①南… Ⅱ.①横…②陆… Ⅲ.①黄荣灿（1920～1952）—传记 Ⅳ.①K825.72

中国版本图书馆CIP数据核字（2016）第040729号

所有权利保留。
未经许可，不得以任何方式使用。

南天之虹：把"二·二八事件"刻在版画上的人

〔日〕横地刚 著

陆平舟 译

商 务 印 书 馆 出 版
（北京王府井大街36号 邮政编码100710）
商 务 印 书 馆 发 行
北京新华印刷有限公司印刷
ISBN 978-7-100-12025-8

2016年10月第1版	开本787×1092 1/32
2016年10月北京第1次印刷	印张14 7/8

定价：48.00元

黄荣灿木刻版画《恐怖的检查——台湾"二·二八事件"》1947

黄荣灿木刻版画《修铁路》1945

黄荣灿木刻版画《铁道建设》1945

黄荣灿木刻版画《上焊／抢修火车头》1945

黄荣灿木刻版画《修铁路》1945

黄荣灿木刻版画《收获》(上)

黄荣灿木刻版画《收获》(下)

目录

代序——陈映真 1

序章　六张犁公墓 11

第一章　走向台湾的道路 23
　　在重庆 23
　　《文化界时局进言》 29
　　上海之行 33
　　在新兴木刻运动中 37
　　著作与作品 48
　　抗战中 59
　　台北之行 62

第二章 回归与交流 I 77
　"战败的实感" 78
　《南虹》 85
　到民间去 96
　沙龙美术 109
　《台湾文化》 116

第三章 回归与交流 II 131
　《文艺春秋》 131
　宣传台湾 142
　相通的脉动 147
　在台北中山堂 156
　《文化交流》 164

第四章 新创造出版社 179
　设立 179
　接手东都书籍株式会社 181
　开店 186

三联书店的指定 *189*
　　三联书店台北分店 *192*
　　出版 *198*
　　综合文艺科学月刊《新创造》........................... *205*

第五章　版画《恐怖的检查——台湾"二·二八事件"》.... *217*
　　一九四七年二月二十七日 *217*
　　一九四七年三月 *223*
　　《格尔尼卡》.. *230*
　　一九四七年四月—五月 *239*
　　一九四七年十一月 *245*
　　大东亚战争画 *251*

第六章　融合与分裂 *265*
　　"奴化"论批判 *266*
　　"不准革命" *279*
　　编译馆的解体 *285*
　　交流的恢复 *289*

iii

第七章 《桥》的时代 297
　　《红头屿去来》 297
　　出任台湾省立师范学院讲师 305
　　冷酷的阻害 310
　　架在两岸上的桥 321
　　"麦浪翻风" 331
　　《留意一切的民歌吧！》 341
　　"和平宣言" 351

第八章 白色恐怖时期 363
　　"连座保证"制度 364
　　"逃避"与"隔离" 370
　　《拾炭碴的孩子》 375
　　自由画社 386
　　国民党的新"文化工作" 390
　　"吴乃光叛乱案" 400
　　三民主义文艺政策 408
　　死亡传说 413

终篇　黄荣灿之后 *427*
　　"三十年来的初春" *427*
　　归乡 *429*
　　友情 *433*

后　记 *439*

中文版后记 *445*

中文简体版后记 *455*

黄荣灿木刻版画《台湾耶美人丰收舞》1947

代序——陈映真

横地刚先生《新兴木刻艺术在台湾：一九四五~一九五〇》读后

我受邀为横地刚先生的论文《新兴木刻艺术在台湾：一九四五~一九五〇》作讲评，感到荣幸与惶恐。荣幸，是因为横地先生是卓有成就的日本民间学者。惶恐，是因为我不是研究台湾美术思想史专业的人，学养有限，不能胜任讲评的工作。因此，我只能藉这个机会向大会报告我对横地先生的论文的体会和论文给予我的一些启发。

一、一九四五年到四九年间，两岸共处在同一个思想和文化的平台

有一种刻板的认识，认为光复后出于各种原因，在台外省人和本省人在包括思想、文化在内的各领域彼此格格

不入，互不相涉。横地先生的论文从台湾战后美术史的侧面说明：光复到一九四九年间，当时两岸其实共有一个相同的思想、文化的潮流。

先看两岸的政治。一九四六年国共内战爆发，以要求和平建国、要求高度地方自治、反对独裁政治为内容的中国战后民主化运动在全大陆汹涌展开。这一民主化社会运动立即波及台湾。一九四七年元月，响应大陆上对美军强暴北大女生沈崇的抗议，反美学生和群众在今日台北新公园集结示威。一九四七年台湾"二·二八事件"前，大陆的国民政府暗杀了民主记者李公朴和诗人闻一多，引发大规模抗议游行示威。事变后三个月，大陆爆发反对国民政府的"五·二〇"民主学运，造成一百五十人遭逮捕和负伤。六月一日，军警逮捕武汉大学要求民主改革的学生。从历史背景看，台湾"二·二八事件"是中国战后民主运动的一部分。一九四八年秋开始，国共内战形势逆转，全国震动，台湾大学和台北师院学生以歌咏队、文学小刊物、壁报等形式发展民主运动，迨一九四九年四月六日，国民党大肆逮捕两校学生及包括杨逵在内的台湾文艺、文化界人士，史称"四六事件"。

黄荣灿自一九四六年至五一年在台湾的活动，和

"二·二八事件"及"四六事件"同一呼吸,为抗议"二·二八事件"创作,为支持学生民主运动而奔波。

再看文化、思想方面。与当前刻板的说法不同,光复初期在台的省内外进步知识分子,为了共同关切的中国时局,在文化思想领域中并肩工作,共同作战。台湾知名文化人苏新、吴克泰、周青、杨逵、王白渊,与大陆在台知识分子、文艺界人士如黄荣灿、王思翔、周梦江等或一起编刊物,或同在台湾文化思想战线上工作。《人民导报》、《和平日报》、《台湾评论》、《台湾文化》和《新生报》、《中华日报》等岛内报刊是他们共同的园地。

光复初期两岸文化思想的交流之紧密,出乎今人想象。正如横地先生所举证,当时大陆重要的民主报刊如《文萃》、《民主》、《周刊》、《观察》、《文艺春秋》、《新文学》和《文汇报》、《大公报》都直接间接、广泛深入地影响了台湾文化界、知识界对国共内战、政治协商会议、台湾乃至中国未来发展趋势的思想与看法。理解黄荣灿在台湾的生活与工作,不能脱离这个历史背景。

在文学与美术方面,一九四六年大陆评论家范泉和台湾作家赖明弘在大陆刊物《新文学》上发表的关于台湾新文学的文章,直接引发了在台湾《新生报》的《桥副刊》

上一九四七至四九年间关于"如何建设台湾新文学"的论争,参加论争的在台省内外知识分子有杨逵、林曙光、周青、叶石涛、雷石榆、歌雷、孙达人、骆驼英、扬风等,他们对日据时期台湾新文学展开了反省与再评价,对台湾新文学的发展前途与创作道路进行了真诚热烈的论证。在美术上,王白渊、李石樵和黄荣灿对光复初期的台湾美术思想做了初步的清理和反省。黄荣灿正是在这个背景下,在针砭光复初台湾美术思想、建立民主美术运动上,留下了历史性的足迹。

二、大陆的民主知识分子同情和声援"二·二八事件"中受害的台湾人民

黄荣灿怀着悲忿,冒着危险创作了今日著名的木刻作品《恐怖的检查》,刻画出了被压迫的台湾人民的愤怒和勇气,是包括台湾在内的全中国美术界抗议和声援"二·二八"受害台湾人民的唯一的美术作品。事实上,大陆诗人臧克家写了一首诗抗议"二·二八事件"对台湾人民的压迫;来台大陆籍小说家欧坦生(丁树南)写了两篇小说,刻画光复初来台的不肖外省人对台湾人民的轻薄、

侮慢和歧视（《沉醉》、《鹅仔》）。在前举文学论争中，杨逵和省外理论家呼唤作家深入并反映台湾人民的生活。大陆文艺评论家范泉在事件后立即在上海《文艺春秋》发表《记台湾的忿怒》，声援了台湾人民。大陆和香港舆论界在"二·二八事件"当时和周年后发表社论和文章、出版纪念特刊谴责国府暴行（如《正言报》、《申报》、《益世报》、《文汇报》和《大公报》。香港的《华商报》在事件周年组织了纪念特刊，刊登著名民主人士郭沫若、沈钧儒、邓初民、马叙伦、章伯钧和徐从、方方等人同情台胞、谴责暴政的文章）。黄荣灿的木刻名作《恐怖的检查》，便是在全中国追求民主的文化界共同谴责"二·二八"暴行的大潮中，身在台湾的大陆木刻美术家发出的正义之声。

三、清理台湾美术思想史的一次失去的契机

日据下台湾美术史，和同时期台湾新文学史及台湾社会运动史并列对照起来，台湾美术思想的弱质就会突显出来。

台湾新文学自其发轫的一九二〇年代，便作为反帝抗日的新文化运动之一翼而展开，一直到四十年代初，赖和、

杨云萍、杨逵、朱点人、张深切和吕赫若这些作家，莫不以反帝民族主义和批判现实主义，针砭殖民地下的畸形生活，为弱小者代言。其中，也发生过新旧语文和新旧文学的论争（一九二〇年代），以及基于无产阶级大众语运动而发动的"台湾话文论争"（一九三〇年代），认真地思考和实践"为人民的文学"的方针。

在社会运动方面，从一九二一年到一九三一年间，有"台湾议会设置期成同盟"、"台湾文化协会"、"民众党"、"农民组合"、"工友联盟"和各行业工会、"台湾共产党"、"反帝同盟"及"赤色救援会"，对日本殖民统治进行各战线英勇的战斗。

反观台湾美术史，自一九一九年雕刻家黄土水入选日本官办"帝展"（全称为"日本帝国美术学院展览会"——编者注）以降，直到一九四〇年代，台湾的美术界仿佛对台湾新文学界和抗日社会运动界的斗争视而不见、置若罔闻，也绝不受三十年代日本无产阶级美术运动的影响，却充满了哪些画家赴日、赴法学画，哪些画家选入"帝展"、"台展"（全称为"台湾美术展览会"）的消息与"捷报"，在官方意识形态招抚下，沉浸在日式印象派技法的研究与磨砺之中。有些作品中描绘的亚热带台湾，今日看来，也不无迎合日本官方对新附的殖民地台湾岛的"东方主义式"的异国情调。日据时代的台湾美术失去了关怀、描写、抗议殖民地不合理生活的"眼识"。

一九四五年台湾光复，极个别画家如李石樵提出了美术不能脱离民众，美术作品必须有主题，有思想……并且在创作实践上（例如他的《市场口》）有所表现。一九四六年后，以黄荣灿为首、陆续渡台的五、六位大陆木刻家，将由鲁迅在三十年代发扬、经抗日战争和战后中国民主化运动锻炼的新兴木刻美术思想带来台湾，并且在滞台期间的创作实践中表现了这些思想。到人民的生活中去，表现和刻画森严的生活以及生于其中的人民，不能逃避现实，不能在创作中舍去人民和自己遭受的苦痛与矛盾——黄荣灿在他战后的画评中，这样地三复斯言。有几位大陆来台的木刻家走到台湾民众的生活中，创作了描写台湾庶民百姓劳动与生活的作品。

但这样的呼唤，一时没有引起台湾美术界的回应。连思想相对进步的李石樵显然也还不能理解这种民主美术的本质，公开指责这些木刻作品"臭气熏天"而"灰暗"。一九四七年，"二·二八事件"爆发，台湾美术思想界陷入一片噤默——虽然台湾省内外进步的文学界在一九四七年十一月勇敢地开始了长达一年许的、关于如何建设台湾新文学问题的理论和思想争鸣。

这场显然以台湾资深作家杨逵为中心的文学论战，从对日据下台湾新文学的深入反省与再认识展开，进而就今后台湾新文学的重建所涉及的各方面问题——台湾新文学的属性与归趋、新现实主义和浪漫主义的关联和人民文学论等问题进行了极为深刻的论证。不幸，一九四九年四月，此次论争的关键人物杨逵、歌雷、孙达人被捕，雷石榆被驱逐出境，接着是铺天盖地而来的反共肃清，使这次重要的文学思想议论一时没有机会继续在理论和创作上发展。

然而，光复初的台湾美术思想界，却连极微小的、对于殖民时代台湾美术史的反省机会都没有。"省展"和"台阳展"逐渐成了画家隔绝生活与人民的遁逃薮。五十年反共肃清后，作为世界冷战意识形态美术形式的"现代主义"美术和"反共抗俄"美术如双生儿出生。一九六〇年代，一场现代、超现实、抽象主义与日式印象派的斗争，使"现代派"取得了霸权。随后，台湾美术基本上随西方（尤其是美国）美术思想市场商品流转，随波逐流。一九七〇年代以批判外来现代主义为核心思想的"乡土文学运动"，基本上也不曾在台湾美术思想界引起回声。

而横地先生的研究，为我们叙写了在那极艰难的岁月中，黄荣灿避开侦探的眼睛，奋力为台湾人民和他们对民主的渴望留下了震动人心的作品，在最恐怖的生活中坚持深入民众，艰苦工作，终于仆倒刑场。而正是这样的黄荣灿曾经恳切、急迫地向台湾美术界留下了呼唤自我反省、呼唤永远为人民创作的遗音。

四、感谢

横地刚先生的大论《新兴木刻艺术在台湾：一九四五~一九五〇》的成就和贡献是显而易见的。他克服了一个外国人的不便，搜集了大量一九四五年到四九年间两岸的报章杂志，从大量文献中梳理出这一时期两岸在政治、思想、文化上所共有的潮流，并且在这同一潮流中去定位和认识黄荣灿和他所带来的中国新兴木刻艺术的现实意义，对我个人，有重大启发。横地先生并且以严谨的态度，从大量文献材料中，科学地整理出论说的逻辑，为我们重新评价与认识光复初期台湾思想、政治、文化、文学与美术的本质，做出了重要贡献。

横地先生是一位民间学者。他没有研究经费、没有自己的研究室和研究助理，但他却能直接阅读中文资料，在生活劳动之余，在学院建制之外，完成了大量极有启发性与建设性的研究成果。这些令人惊喜的研究成果，正逐渐受到日本、中国台湾等地研究台湾文学与美术的学界的瞩目。我不是学界中人，但横地先生的研究却不断地开阔了我对台湾文学史与美术史的视野，获益极多。

为此，我要向横地先生的研究劳动深致感谢之忱。

二〇〇一年十二月二日

*本文为去年十二月初，在台北市立美术馆举办的版画国际研讨会上发表的讲评稿，谨以代序。

二〇〇二年一月二十三日病中志

序章 六张犁公墓

在台北市东南偏东的方向有一片叫做六张犁的丘陵。从这里可以眺望到台北市的街容。这里长眠着二百零一名一九五〇年代白色恐怖的牺牲者。大多数墓碑都已被土掩埋,上面长着竹丛。据说已经有将近四十年的岁月没有人走近这里了。

一九九三年,死者的遗族和朋友们砍断竹丛,挖开覆土,于是出现了可以用双手搬起的一个又一个的小墓碑。墓碑的周围残留着无数靴子的印记,那被骚扰的情景诉说着他们的悲伤和无处发泄的愤怒。如今,那喧嚣已经过去了,寂静重又笼罩了沐浴着亚热带灿烂阳光的墓碑。

据说死于五十年代白色恐怖的人数有四千五百之多,被投入监狱的不下八千人。但是,并非所有的人都会在人

六张犁公墓

们的追忆中被完全埋葬。埋葬在这里的大部分是本地人，当然也有不少外省人。他们当中的很多人在台湾没有熟人，当然也就不会有前来看望的朋友，甚至没有前来取回他们遗骨的亲属。他们的灵魂如今仍然彷徨在被分隔的台湾海峡上空。

黄荣灿就永眠在这里。墓碑的中央刻着"黄荣灿之墓"，右上角刻着死亡时间，为一九五二年十一月十四日。

黄荣灿

重庆人。曾肄业于昆明时期的国立艺专。性好动，善适应环境，热心木运，富有组织力，抗战开始后参加剧队工作，流动于西南诸省。作品多现实生活描写。[1]

力军（约一九一八—？）

原名黄荣灿，四川重庆人。三十年代在重庆西南美专毕业。抗日战争时期，在广西柳州报馆工作，为中国木刻研究会理事，并负责柳州支会工作。一九四五年去重庆，抗战结束后即去台湾。六十年代初为国民党反动派所杀害。[2]

黄荣灿

上面两段记载虽有异同，但如果把第二段中的"一九一八年"、"一九四五年去重庆"和"六十年代初"分别改为"一九一六年生"、"一九四四年赶赴重庆"和"一九五二年"的话，就可以大体上了解他的生平全貌。前一段是他生前留下的唯一一段简历，附在版画《修铁路》上。后一段是附在版画《恐怖的检查——台湾"二·二八事件"》上的介绍，也可以说是了解他的悲惨之死的朋友们为他写的墓志铭。

这两段简历除了把刻在中国木刻研究会（后来的中华全国木刻协会）的朋友们脑子里的黄荣灿的形象生动地再现出来之外，还告诉了我们几件重要的事情。

（一）抗日战争中，黄荣灿参加了新兴木刻运动。（二）"力军"是黄荣灿的笔名。（三）他是"被国民党反动派杀害的"。（四）他的死讯曾越过隔绝两岸的台湾海峡，在"文革"结束后的七十年代后期传到他大陆的朋友那里。

从年龄上来看，他不像是鲁迅的弟子。鲁迅逝世的一九三六年，他刚刚二十岁。内山嘉吉在鲁迅的要求下开设"版画讲习会"的一九三一年，他还不到十六岁。而且住在重庆的他和住在上海的鲁迅似乎也不会有直接见面的机会。目前在参加讲习会的出席者名单上，以及在鲁迅的周围均未发现他的名字。这样看来，如果从鲁迅算起的话，他应该属于第二代，也可以说是鲁迅弟子的弟子。

神奈川县立近代美术馆收藏着《恐怖的检查——台湾"二·二八事件"》的原作。这是内山嘉吉捐赠的收藏品中之一。[3] 根据资料表明，该版画是一九四七年十一月在上海举办的"第二届全国版画展"中展出的作品。次年一九四八年二月，到了内山的手中，据说战后不久就在日本各地展出过。果真如此，黄荣灿作为记录"二·二八事件"的大陆版画家应该会广泛地留在人们的记忆中。但是事件以后，他遇到了怎样的命运，又是怎样被埋葬在六张犁的，知道的人却很少。

一九八七年，台湾方面解除了戒严令，大陆方面也开始施行开放政策。随着两岸交流的疾速发展，黄荣灿的全貌渐渐的清晰起来。大陆的吴步乃、台湾的梅丁衍两人全力收集资料，确认了他的三十几件作品和十九篇著作的存在。两个人以这些资料为基础再加上有关者的证言，终于弄清楚了黄荣灿的部分经历和活动。[4] 但是研究只是刚刚有一个头绪，还远不足以正确地捕捉他的行动及支配他的行动的思想。更进一步的研究首先有待于澄清自一九四五年到一九四九年的这一段历史。反过来说，如果能澄清黄荣灿的一生，也就找到了重新翻阅这段历史的书签。于是加上被新发掘的四十几件作品和五十篇著作，我打算重新调查黄荣灿的生涯，进一步考察隐藏在其中的事实。

从一九四五年战争结束到一九四九年国民党政权败退台湾的短时间内，台湾和大陆处在同一个历史潮流中。黄荣灿在台湾的积极活动正处于这一时期。台湾从五十年的殖民地统治中解放出来，这给台湾社会带来了从未曾有的变革。人人都编织着再建台湾的梦，并在向前迈进。没有多久，徒有其名的"民国"使台湾再次陷入痛苦，使"祖国"陷入内战，世界也开始进入冷战格局。一九四七年，"二·二八事件"爆发，内战也成了台湾的现实。内战的扩大不但完全改变了从"抗战建国"到"和平建国"的前进方向，而且堵死了两岸人民所标榜的向着"和平、民主、团结、统一"发展的道路。一九四九年，国民党败退台湾。"国民政府"虽然在国内、国际都失去了正当性，但是国民党仍然"改正"了由其单独制定的"中华民国宪法"，以使蒋介石可以行使至高无上的权力，并以此强化了台湾岛内的政治体制。接着一九五〇年朝鲜战争爆发，台湾当局让美国的第七舰队进入台湾海域，封锁了两岸的门户。

台湾岛内刮起了白色恐怖的风暴，进步青年们的生命被剥夺，黄荣灿就死于这场风暴之中。

从黄荣灿的生涯来看这段历史，他们的死是因为为政者堵住了从"抗战建国"到"和平建国"的道路，是为政者践踏他们所标榜的"和平、民主、团结、统一"的结果。但是，这样的理解到底能被认同吗？亦或被说成仅仅是一个例外而已呢？

在戒严令解除后公开的证言和资料里，类似下面的事例随处可见。

在日本殖民地统治的五十年间，台湾一时一刻也没有放弃反抗的态度。这一事实可以从抗日战争的最后阶段驰骋在"抗战中国"的众多台湾青年的身上看得很清楚。他们广泛地活跃在重庆国民政府、延安解放区，活动于浙江省和福建省的台湾义勇军、江苏省的新四军，战斗在河北省和山西省的八路军以及广东省的东区服务队等抗日势力中；还有，从海南岛战场的例子可以看出，从军于日本军队的台湾士兵中起义、投身到抗日军队的人也不少。[5] 还有更多的抗日运动人士在狱中迎来了光复。他们每个人都是抗日势力的一员，都希望台湾从殖民地中解放出来，回到"祖国的怀抱"。于是，当他们回到家乡或出狱后，就立刻加入到台湾再建的队伍中。然而，他们中的大多数却死于白色恐怖的风暴。那些在抗战中奋斗的青年们竟被抗战胜利后刚愎自用的"国民政府"判了死刑。这段倒行逆施的历史应该如何理解呢？

有的论者对这段倒行逆施的历史，以"省籍矛盾"强调"台湾意识"的产生。但是，黄荣灿的生与死告诉我们，"省籍矛盾"对此是无法解释的。解开这个谜的关键应该就埋藏在两岸处于相同的历史潮流中的这一短暂时期，青年们共同的思想和行动之中。如果不弄清这一点，又谈何战后台湾史呢。首先我们不妨听听他们的声音，至于是不是"例外"，我们将在下面讨论。

本书的题名决定用"南天之虹"。这是因为黄荣灿来台之后在《人民导报》编辑过文艺副刊《南虹》。《南虹》的意思是要在台湾海峡间架起一道彩虹。因此，让六百万台湾同胞踏上这道"南天之虹"和大陆相互往来，这应该是黄荣灿的衷心愿望吧。

关于这一段历史的全貌，如今尚有许多未能澄清的事实，本书也难以称为黄荣灿的"传记"。它不过是笔者对黄的一生和他生活时代的理解的笔记，可能叫"黄荣灿私记"更合适，因为它实在不过是肤浅的"个人"笔记而已。

注释

1　《抗战八年木刻选集》，开明书店，一九四六年十月
2　《中国新兴版画五十年选集（上下）》，上海人民出版社，一九八一年九月
　　＊除1、2之外，以下几册书籍都参考了这两本书。
　　《桂林抗战文艺辞典》，广西人民出版社，一九八八年四月
　　《抗战时期桂林美术运动》杨益群编，漓江出版社，一九九五年九月
　　《中国现代版画史》李允经，山西人民出版社，一九九六年十月
　　《中国现代版画史》范梦，中国青年出版社，一九九七年六月
3　《中国木刻画》富士美术馆，一九七五年七月
4　吴步乃（吴埗）
　　《思想起·黄荣灿——一位被历史遗忘的木刻版画家》《雄狮美术》
　　二百二十三期，一九九〇年七月
　　《思想起·黄荣灿（续编）》同上，二百四十二期，一九九一年四月
　　《思想起·黄荣灿（续三）》同上，二百七十三期，一九九三年十一月
　　《去台木刻家黄荣灿的牺牲经过与生平事迹》《台湾杂志》，一九九四年
　　四月《美术家通讯》，一九九四年第四期
　　《刀锋激人心　壮士志未酬》（上下），《新国会》，一九九四年六、七月
　　《黄荣灿的木刻》，《雄狮美术》二百九十期，一九九五年四月
　　梅丁衍
　　《黄荣灿疑云——台湾美术运动的禁区》（上中下），《现代美术》第
　　六十七、六十八、六十九期，一九九六年八、十、十二月
　　《黄荣灿身世之谜，余波荡漾》，《艺术家》，一九九九年三月
　　《何铁华》，艺术出版社，一九九九年五月

《战后初期台湾"新现实主义美术"之孕育及流产——以李石樵画风为例》,《现代美术》,第八十八期,二〇〇〇年二月

5 《台湾同胞抗日五十年纪实》,中国妇女出版社,一九九八年六月

第一章 走向台湾的道路

在重庆

一九三七年七月,抗日战争全面爆发,首都南京失陷后,国民政府迁都到重庆。此后,重庆就成为抗战中国的政治中心。不久,国民党中央、共产党中央南方局、八路军办事处、各民主党派、抗日团体等都汇集于此,并以此为据点建立了抗日民族统一战线。许多爱国人士及各界的文化人士也都相继从全国各地来到重庆。

一九四一年十二月,第二次世界大战爆发,随着战火的蔓延,作为文化运动两大重镇的上海和香港相继失陷。许多文化人士纷纷离开日军占领区,避难到湖南、广西一带。于是,广西省的桂林就成了抗战中国的文化中心。

但是，到了一九四四年六月，由于国民政府面对日军进攻断然实行湘桂大撤退，这一体制也随之瓦解。从六月到八月，湖南省各地相继失陷，到十二月广西全省失陷。柳州十一月一日、桂林十一日、宜山十五日先后落入日军之手。文化界人士再一次离散，其中大多数人汇集到重庆。

在日军进攻广西之前的六月，为了和中国木刻研究会本部探讨今后的对策，黄荣灿去了重庆。当时，他是广西省柳庆师范的美术老师，同时兼任研究会桂林地区理事和柳州支会负责人。

他把自己的课托付给同事陆田，然后从宜山县出发，经贵州、云南，一路风尘奔赴故乡重庆。一到重庆，他马上就到"中国木刻研究会通讯处"拜访了王琦。"通讯处"设在管家巷（现在的和平路）育才学校的绘画组里。常任理事王琦是绘画组的老师，同时，以此为据点和遍布全国各地的版画家保持着联络。

八月底，中国木刻研究会的主要成员陈烟桥、梁永泰、陆地等人也相继从广东、桂林、柳州等地逃难至此。不久，西南一带的交通、通信均告中断，会员之间的联络已极为困难。

九、十、十一月，事态进一步恶化，最终导致黄荣灿失掉了在广西的工作及其活动场所。

《陶行知日记》中有如下记载：

（一九四四年）十一月十二日

蔡仪——艺术论；黄荣灿——工艺、木刻；万艺——图案；梅建鹰；许士骐

（中略）

十二月十四日

（25）黄荣灿、南岸难童报名[1]

或许是得到了王琦的推荐，黄荣灿得以在育才学校绘画组任职，教授工艺和木刻。一个月之后，转到难童学校。此后直到战争结束的大约十几个月里，他留在重庆、一直担任着难民孤儿的教育工作。

育才学校是陶行知在一九三九年七月设立的，设有自然科学、工艺、农艺、社会科学、绘画、文学、戏剧和音乐等七个学科，主校在四川省合川县凤凰山古经寺。绘画组和重庆事务所设立在管家巷二十八号。学生中的大多数是战乱造成的难民孤儿。最初，绘画组由吕霞光和陈烟桥任指导教师，随后是张望、刘铁华、汪刃锋。从一九四三

育幼院之女教师（黄荣灿刻）

年夏开始，一直由王琦负责。[2]

陶行知在对学校教育、社会教育等教育事业进行全面指导的同时，也始终参与筹划众多的社会事业，不遗余力地援助中国木刻研究会的活动，在他的帮助下，育才学校绘画组成了全国木刻运动的中心。他是继鲁迅之后，版画运动的又一位知音。

难童学校位于重庆市南岸地区，是收容难民孤儿的教育机关之一。从中选拔出来的优秀学生将被送入育才学校学习，也就是说，难童学校是育才学校的一个下层组织。

这样，黄荣灿开始了他在文化人士集结的重庆的活动。由于陶行知的知遇，他在从事教育战争孤儿的同时，也在中国木刻研究会开始发挥核心作用。

就在此时，木刻运动迎来了它最困难的一段时期。在战火的笼罩下，和各地木刻版画家的联络被迫中断，作品的交流渠道不通。再加上政府的镇压，他们不得不放弃准备在十月十日举行的"第三届双十全国木刻展"，同时也不得不中断作为一大重要事业的函授教育。他们正是在这样的艰苦环境下，千方百计地继续开展活动的。

活动之一是在国内举行外国作品展。十一月十七日到二十二日，中国木刻研究会在中苏文化协会举行了"世

《上焊》(《抢修火车头》)

界版画展览会"。展览会在展出凯绥·珂勒惠支（Kaethe Kollwitz）的作品、描写西班牙内战的作品以及来自苏联、美国、法国、挪威、印度等国家的作品的同时，也展出了中国的作品。他们的斗争对策是，中国是"世界"中的一员。虽然不能具体确认是哪一幅作品，但我们知道，黄荣灿也在这次展览会上展出了作品。

另一活动是向国外介绍中国的作品。一九四五年二月，应《生活》、《当代》、《幸福》等三家报纸的派驻记者白修德（Theodore H.White）、贾安娜（Anna Lee Jacoby）的要求，他们将有关国民党统治区和解放区的数十幅版画送到了美国。其中十四幅作品刊登在四月九号的《生活》上。黄荣灿的作品《上焊》（又名《抢修火车头》）即是其中之一。七月，《幸福》杂志也介绍了其中的四幅作品。[3]

这种做法，一时避开了镇压的风暴，但是到了一九四五年二月，这种有限的活动也被迫陷入完全停止状态。

《文化界时局进言》

湘桂大撤退时，许多文化人士亲身经历了从香港、上海的出逃，亲眼目睹了湖南、广西、广东的陷落。这一切使国民政府的真实面目完全地暴露在人们的面前。汇集于重庆的文化界人士坚决要求政府抗战,但政府依然故我,不仅不抵抗日军的进攻,相反却对民主人士进行镇压。对此,共产党、民主党派、各抗日民主团体都强烈要求召开临时紧急国是会议,强烈要求国民政府废除一党专制,成立"全国统一政府","一致抗日"。

抗战以来,"国共合作"在"抗日"这一点上是一致的,至于如何抗日,两党的主张却互不相容。因此三次发生内战,又经过三次交涉,才维持了形式上的"合作"。以前的三次交涉只是在国共两党之间进行的,而且每次都有不同程度的妥协。但是这次情况不同了,成立"全国统一政府"的要求得到了国内外民主人士更大的支持和共鸣。各民主党派和民主团体纷纷表明自己的态度,美国政府也从中调停。再加上,共产党所领导的解放区的扩大,使国民政府再也不能无视国内外的呼声。

二月十三日,蒋介石、周恩来、美国特使赫尔利三人在重庆举行会谈。会上,蒋介石顽固地坚持现行方针,不接受"全国统一政府"的主张。于是,召开由国民党、共产党、民主同盟以及无党派代表人士参加的国是会议要求仅以呼吁而告终。

二月二十二日，文化界发表《时局进言》[4]，再次要求政府召开临时紧急国是会议。在《进言》的开头，首先讲述了"中国的现状"，强调为打破这种状况就必须"实现民主主义"，并呼吁说"无分朝野，共具悃忱，中国的危机是依然可以挽救的"。"办法是有的，而且非常简单，只须及早实现民主"，国民政府应该"还政于民"，尽快采取以下六项具体行动。

（一）使人民应享有的集合结社言论出版演出等之自由及早恢复。

（二）使学术研究与文化运动之自由得到充分的保障。

（三）停止特务活动，切实保障人民之身体自由，并释放一切政治犯及爱国青年。

（四）废除对内相克的政策，枪口一致对外。

（五）严惩一切贪赃枉法之狡狯官吏及囤积居奇之特殊商人。

（六）取缔对联盟歧视之言论。

《进言》由郭沫若起草，以巴金、老舍、郭沫若、茅盾等作家以及曹禺、吴祖光等剧作家为首，评论家、版画家、漫画家、美术家、音乐家、电影界人士、教育家、历史学家、出版界人士等三百七十二位各界文化人士署了名。

黄荣灿和陈烟桥、王琦、汪刃锋、梁永泰、刘铁华、卢鸿基等六位中坚版画家也都署了名。黄荣灿是其中最年轻的署名者之一。

随后，成都文化界的二百余人、昆明文化界的三百余人也都相继署了名，并都发表了各自的《对时局献言》和《关于挽救当前危局的主张》，以支持《进言》。陕甘宁文化协会也致电表示赞同。

据郭沫若讲，之所以没敢用《宣言》这个字眼是因为当时的镇压非常残酷，就是找到同意署名的人也并不容易。《进言》发表后，果然有许多署名人士失踪，或者不得不失业。[5] 浙江大学教授费巩被捕后惨遭暗害。顾颉刚被迫将《文史月刊》停刊。

政府最后甚至解散了象征着"国共合作"的国民政府军专委员会政治部文化工作委员会。国民党中央宣传部的张道藩强迫署名人士华林、汤灏等人声明"并未参加"此项活动。四月十五日，该宣传部的文化运动委员会发表了强迫教育界、文化界七百五十余人署名的《为争取胜利敬告国人》，以对抗《进言》。抗日统一战线出现了巨大的裂痕。

《进言》的任何一条均尚未实行就迎来了战争的结束。即使如此，署名者的大多数仍继续坚持着《进言》所表明的政治立场和政治要求。随着殖民地台湾、"满洲国"等日本占领区回归于国民政府的中国,《进言》的精神也以与这种回归相应的速度很快地传遍了全国。到了一九四六年一月,《进言》精神在政治协商会议上通过的《和平建国纲领》之中得到了具体体现。台湾当然也不例外,一九四七年,"二·二八事件"处理委员会提出的《三十二条政治改革方案》,其内容与《进言》的主张基本上也是一致的。一九四九年杨逵的《和平宣言》也是《进言》传播的结果。这说明《进言》的精神对于台湾的重建和新中国的建设都是有效的。

从这一时期算起,就进入社会不足十年的黄荣灿来说,他以后的人生只有八年。可以说,在他的人生中,《进言》是他从广西到重庆这一行动的一个里程碑,同时也是他以后人生的一个新的起点。而《进言》的思想,归根到底也就是民主主义,也就成了他以后行动和思想的指南针。

上海之行

一九四五年八月,抗战结束。

九月八日,住在重庆的版画家们聚餐庆贺,互相慰劳。

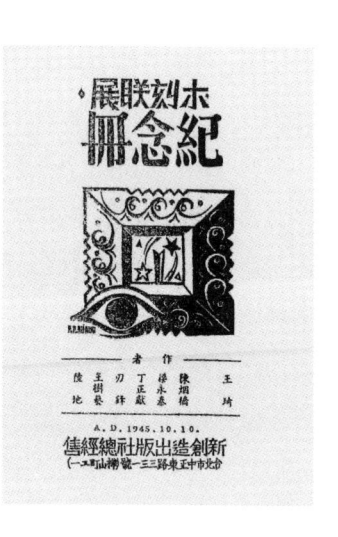

木刻联展目录，封面为黄荣灿所刻。

左图为大陆版，右图为台湾版。

席上，决定举办展览会以庆祝抗战胜利，替代原先准备在这一年举办而未能实现的"第三届双十全国木刻展"。最初展览会是由陈烟桥、王琦、梁永泰、汪刃锋、丁正献、王树艺、陆地以及黄荣灿八个人着手准备的，中途得知刘岘从延安来重庆《新华日报》赴任，便也邀请了他，决定举办九人的"木刻联展"。十月十日，加上刘岘从解放区带来的作品[6]，战后第一次木刻展终于实现了。

十九日，作品的一部分被送往美国、苏联、意大利，同时展览会告以结束。翌日的二十日，九人再次聚集在一起，并归纳了以下三项提案，即：把中国木刻研究会改名为中华全国木刻协会，将本部移到上海；一九四六年春在上海举办"抗战八年木刻展"以及出版《抗战八年木刻选》。同时决定派陈烟桥和黄荣灿前往上海，陆地前往香港，联络全国的会员。于是，三人带着"九人木刻联展"的作品随即离开了重庆。

十一月初，周恩来召集在"木刻联展"以及同时举办的"漫画联展"中展出作品的艺术家，就有关战后文化运动交换意见。陈烟桥、黄荣灿和陆地因已离开重庆，所以没有出席会议。会后，周恩来把"木刻联展"的全部九十五幅作品带回了延安。十二月二十三日，在中华全国文艺协会延安分会和陕甘宁边区文化临会共同举办的"文艺座谈会"上展出和介绍了这些作品。次年的一九四六年元旦，用这些作品和鲁迅艺术文学学院的作品一起，装饰了抗日战争后延安迎来的第一个正月。[7]

十一月中旬，陈烟桥和黄荣灿两人到达上海后，随即在上海市山东中路二百九十号《大刚报》的四楼登记了事务所，开始活动。嗣后，同月下旬某一天，黄荣灿为上海美术界人上做了题为"抗战中的木刻运动"的演讲。这次演讲是在《月刊》总编沈子复和《文艺春秋》总编范泉的安排下进行的。沈子复是范泉的朋友，而范泉与陈烟桥又是始于三十年代的旧交。

在西南以及西北一带所展开的木刻运动，对在战争中成为"孤岛"的上海美术界人士来讲，一定是一个很大的震动。《月刊》的十二月版刊登了演讲的内容和几幅"九人木刻联展"的作品，在编辑后记中留下了"在胜利后的上海出版界怕还是创举"[8]的感叹。

> 中国木刻界致力中国新兴木运，在同志们的团结、合作、奋进和广大友军的热烈爱护之下，在一切物资条件不充实和贫弱之下，它度过了苦难的八年。

> 我们觉得，它是走着中国漫长而坚苦的路，在坚苦的日子里愈觉苦却愈觉有办法，有创造。
>
> 抗战八年来，木运的成就还距理想很远，理论与技巧尚欠精到，工作机构亦不健全，然而我们已健壮的起来了，同志们实际的表现突破任何阻碍木运的企图，这是我们自慰的地方。
>
> 在胜利中，木运回到它老家上海，首先来一个大概的介绍，别离后做了些什么工作。[9]

在如上这样一段颇为自豪的开头之后，黄荣灿接着详细地介绍了西南一带和西北解放区的作品，并把支持这些的活动分为研究、出版、展览、材料供给等几个方面作了报告。

黄荣灿在演讲后，从上海出发，经南京、香港前往台湾。分别之际，沈子复、范泉请他"替《月刊》写通讯"，黄荣灿欣然承诺后上了路。[10]

在新兴木刻运动中

关于抗日战争时期的黄荣灿，这一节打算把他到台湾之前的活动作一归纳。

关于抗战中的木刻运动，黄荣灿前后总共写了五篇文章。[11]尽管都是写在战争刚刚结束的时候，但是却准确地涵盖了整个木刻运动的历史，生动而又让人有身临其境之感。如果我们把黄荣灿的个人经历放在这个总结之中，其随木刻运动成长的整个过程也就自然地呈现了出来。可以说，他的确是新兴木刻运动打造的一颗新星。

黄荣灿把新兴木刻运动分为三个时期，从一九二九年到一九三四年是第一期；从一九三五年到一九三六年是第二期；从抗日战争爆发到战争结束为第三期。第三期又分为三个阶段，第一阶段是全国木刻协会成立的时期；第二阶段是从全国木刻协会成立到中国木刻研究会的诞生；第三阶段是中国木刻研究会的成长时期。

他投入木刻运动的经历是从第二期开始的。

一九三五年元旦，在北平举行了"第一届全国木刻联合展"。这是在鲁迅指导下各地成立的木刻团体第一次举行的"全国展"。作品来自北平、广东、福建、山东、河南以及河北等地。"第二届全国木刻流动展"于次年的一九三六年举行，分别在江苏、浙江、广西、河南、江西、山西以及湖北等省进行了流动展出。鲁迅所提倡的运动开始在全国展开，各地都种下了新艺术的种子。这种影响也波及了内地的重庆，黄荣灿也成了这一新艺术的一粒种子。在此前后，他进入四川省西南艺术职业学校学习，其父亲黄伯庆是此校的总务主任。

一九三七年七月，抗日战争全面爆发，木刻运动进入了第三期。

> 一九三六年以前新兴木刻艺术被认为是有"罪"行为，它只能生产在没有阳光的地带。一九三七的炮响了，它蕴积已久的力量，便乘此而澎湃发出。[12]

一九三八年一月，许多木刻版画家从上海、广东等日军占领区到武汉三镇避难，在因战乱而未能举行的"第三届全国木刻流动展"的二百多幅作品之上，又增加了一百幅新作品，在此举办了"抗敌木刻画展览会"。

二月，国民政府军事委员会政治部成立。国民党的陈诚和共产党的周恩来分别就任部长和副部长。

四月一日，同委员会政治部第三厅成立，郭沫若任厅长。第六处负责"艺术宣传"，田汉就任处长。其下的第三科负责美术工作，科长是徐悲鸿，木刻版画家卢鸿基、力群、赖少其、王琦、丁正献、罗工柳被选为科员。这是木刻运动诞生后，首次取得了合法地位。

六月十二日，中华全国木刻界抗敌协会在汉口成立，会员九十七名。此后，全国各地纷纷成立了分会，它成为一个名副其实的全国性组织。

八月，武汉失守，协会迁至重庆。不久，其影响也深深地渗透到西南一带地区，并确立了地方组织。

当时，黄荣灿正在西南艺术职业学校学习，他在校内设立了木刻研修会，组织六、七十名会员加入了木刻运动。这一年年底，他从该校毕业后，进入由湖南迁至昆明的国立艺术专门学校，继续学习新兴木刻的理论和创作。

国立艺术专门学校是一九三七年北平艺术专门学校和杭州艺术专科学校合并后，在避难地湖南设立的。一九三八年底，迁至昆明。这期间，该校又被称为"昆明国立艺专"或是"昆明时代的艺专"。负责指导木刻的是夏朋和林玲。学校师生因抗日战争而激奋，不仅组织了"艺专剧社"，木刻运动、话剧运动、歌咏运动等也都十分兴盛。一九四〇年，该校又迁至重庆市的璧山。

一九三九年，中华全国木刻界抗敌协会昆明分会成立。黄荣灿马上就加入进去，并站在了活动的最前线。关于当时的活动，他有如下叙述。

> 昆明方面也有木协分会的成立，举行木刻流动展、街头展、乡村木刻宣传及出版等工作，对抗战贡献可想而知。每个单位的工作都深入到市民、农村、学校、文化界的实际中，这是每个木刻工作者对认识负责的表现。[13]

四月，"第三届全国抗敌木刻画展览会"在重庆举行。到举办这个展览会时为止，协会已经发展到拥有二百零五名会员的规模。

七月，协会将本部从重庆迁至桂林，并相继举行了"'七七'纪念木刻展"、"鲁迅逝世三周年木刻展览"等展览活动。黄荣灿在"鲁迅逝世三周年木刻展览"上展出了他的第一部作品《鲁迅像》。[14]

一九四〇年八月，第三厅被改组。十月，文化工作委员会取代第三厅开始工作。黄荣灿从国立艺专肄业后，成了广西省柳州龙城中学的美术教师，开始真正投身社会活动。

不久皖南事件发生。一九四一年一月十五日，协会被国民党广西省党部封锁。到了三月，国民党社会部正式宣

《鲁迅像》(黄荣灿刻)

告协会为"非合法组织",强行将其解散。除一两名负责人留在重庆外,其余的人避难去了香港或昆明。

但是在五个月后的六月份,由于苏联的参战,世界形势发生了很大变化。"一致抗日"的呼声再次高涨,在此呼声下,协会作为"学术团体",得以恢复合法地位。

一九四二年,木刻运动进入了第三期的第三阶段。

一月三日,协会正式更名为中国木刻研究会,再次以重庆为中心开始展开活动。但最初的会员不满三十人,补助金每月只不过二百元。在没有事务所、事务员以及运营资金的情况下,研究会是以展览会的入场费、参加者的捐赠、会员在报刊杂志发表作品的稿费的一半甚至是全部来维持运营的。指导层也是由会员的自由投票选出的。这一民主做法直到一九四六年中华全国木刻协会成立一直没有变过。研究会采取民主方式运营和取得合法地位之后,倾力于通过展览会开展宣传活动和培育后备力量。黄荣灿迅速在柳州设立了支会。

长沙战役从一九四二年的岁末持续到第二年的元旦,黄荣灿和李桦、刘仑等前去湘北写生。三人回到广西后,在桂林举办了"战地写生画展",接着在三月份,黄荣灿在柳州柳侯公园单独举办了"黄荣灿战地写生画展"。《柳

舞台的后面(黄荣灿刻)

州日报》专门组织刊登了"特刊"。漫画家沈振黄、音乐家孙慎、作家何家槐、"剧宣五队"的丁波、诗人艾军以及宋绿伊、骆任石等为展览会写了寄语。同一时期,"剧宣五队"在柳州公演了《愁城记》,呼吁抗日。从他的这些活动以及他身边的人来看,此时黄荣灿已经成长为第四战区中心地——柳州较著名的文化人士。[15]

八月份,在重庆也举行了联合的"战地写生画展"。[16]这次展出在皖南事件后的抗日运动中起了引爆剂的作用,并重新引起了关于美术家在抗战运动中的作用的讨论。

接着,他在柳州举办了"抗战画展"、"木刻研究会展"和"街头木刻画展",并为准备"第一届双十全国木刻展"而奔走。同时,为配合"木刻函授班"的开办,编了《木刻文献》。

"第一届双十木刻展"于一九四二年十月十日在西南各地同时举行。当时国民党统治区被分为十个省区,由各地区的理事征集作品,然后将作品印刷十份,相互交换之后在各地同时展出。而后,在各地区内再进行巡回展出。这一次共有五十五人参展,共展示作品二百五十五幅。到这一年年末,在七个省的十七个地区进行了展出,周恩来也带来了三十幅延安的作品。黄荣灿和陆田合作在柳州和宜山两个会场同时举行展示后，出版了纪念集《收获》。黄荣灿展出了《排剧》、《赶集》两幅作品。

徐悲鸿参观了重庆的会场，选出了二十个人的作品写了评语。其中对黄荣灿的作品《排剧》给予了以下评价——

刘铁华、黄荣灿雄心勃勃、才过于学。[17]

这一时期，黄荣灿还参加了国民政府军事委员会政治部所属抗敌演剧宣传五队，即通称的"剧宣五队"。一九四〇年，响应"宣传者深入农村"的号召，五队迁至桂林西南郊外。此后在柳州、梧州、南宁、桂林、玉林、容县、来宾、思珑等地进行了巡回宣传公演。在黄荣灿所遗留的版画中，有不少是关于铁路建设的，这恐怕都是"剧宣五队"前去慰问湘桂铁路建设者时的作品。

一九四二年是他最活跃的一年，可能就是在这一时期他辞去了教师职业，专门从事《柳州日报》的编辑和木刻运动。从这一年的四月二十二日到次年的一九四三年二月十四日，他和野明共同编辑了《柳州日报》副刊《草原木刻艺术》。这个副刊共出了三十七期，是当时寿命最长的文艺栏目。[18]在此，他先后发表了《木刻创作技法》（连载）、《全国木刻展览会柳州区展出报告》、《克拉甫琴柯（1889—1940）——革命浪漫主义版画家》等文章，同时，分别用力军、黄原、黄牛等笔名发表了许多版画作品。还有一九四三年元旦，在龙城中学举办了由《柳州日报》主办的"黄荣灿、黄新波画展"。

一九四三年五月，伴随着研究会活动的扩大，组织也进行了改选。黄荣灿当选为桂林地区理事、柳州支会的负责人。这一年，在八个省的十五个地区又举办了"第二届双十全国木刻展"。黄荣灿实现了在桂林、柳州、桂平、宜山、百色五个地方的同时开展，在困难之中发挥着他的领导作用。在展期中的十月二十八日，黄荣灿还召集了桂林文艺界的座谈会。田汉、李文钊等均到会出席，李桦也前来参观了展览。除此之外，黄荣灿还举办了"木刻研究会、西南木刻作者联合木刻展"。函授班也由西南地区扩大到广东、江西、福建等省，并随着木刻用品需求的扩大，在柳州设立了中国木刻用品合作工厂西南分厂。

从一九四四年起，黄荣灿开始在宜山县柳庆师范任教。他在此担任木刻、塑像、工艺课程。同僚除了陆田外，王鲁彦、艾芜等文化界进步人士也先后来此校执教。在此之前，他好像还曾一度担任过桂林艺师的副教授，时间尚待进一步考证。

以上是抗日战争时期黄荣灿的一些活动和经历。此后的活动则接着前面叙述过的"在重庆"一节。

著作与作品

黄荣灿在抗日战争时期的著作和作品，现在可以确认的如下所记。刊发杂志的发行日期除了《柳州日报》之外，都已确认，但是作品的创作年代还有待进一步考证。由于没有机会阅读全部的《柳州日报》，所以这部分的排列顺序可能与事实有出入。

著作

诗《五月的歌》力军，重庆《新华日报》，一九四〇年四月三十日

《克拉甫琴珂（1889-1940）——革命浪漫主义的木刻版画作家》，《柳州日报》，一九四一年十一月九日

＊转载于重庆《新华日报·木刻阵线》，一九四二年九月五日

＊转载于《新生报·星期画刊》，一九四六年十月六日、十一月三日

《木刻文献》编辑，一九四二年

《木刻创作技法》（连载），《柳州日报》，一九四二年（？）

《全国木刻展览会柳州区展示报告》，《柳州日报》，一九四二年

十一月？日

《木刻运动在中国》,《收获》,黄□图出版社,一九四二年十月十日

《从筹备到展示》与陆田合著同上

《桂区木展筹备经过》,《广西日报》,一九四三年十一月六日

《抗战中的木刻运动》,《月刊》第1卷第2期,一九四五年十二月

* 改编转载于《新生报·星期周刊》,一九四六年六月二日

作品

油画《鲁迅逝世二周年纪念布画》,《台湾文化》第一卷第二期,一九四五年十一月一日

版画《鲁迅像》,《文艺阵地》,第四卷第三期,一九三九年十二月一日

版画《胜利的黎明》,《良友》第一百七十一期,一九四一年

注：这一期的作品以"战时木刻——中国木刻近作选辑"为题在美国展出

版画《战争与和平》,《大公报》,一九四二年十月十日

版画《排剧》"第一届双十节木刻展"展出作品,一九四二年十月十日

《新蜀报·半月木刻》,第二十三期,一九四二年十月十五日

版画《赶集》,"第一届双十节木刻展"展出作品,一九四二年十月十日

《新蜀报·半月木刻》第二十七期,一九四二年十二月十八日

版画《路上征途》,同上

版画《南路远征》,第一届双十节木刻展出品《收获》,一九四二年十月十日

版画《羊群与牧羊女》,第一届双十节木刻展出品《收获》,一九四二年十月十日

《胜利的黎明》（黄荣灿刻）

＊改为《牧羊女》，转载于《日月谭周报》第十六期，一九四六年七月十五日

素描《长沙会战后之市区一角》，《新生报·星期画刊》，一九四六年六月十六日

素描《长沙会战之刘阳桥》同上

版画《劳工》注：以下第一次出现于《柳州日报·草原木艺》，第一期—第三七期

版画《高尔基》（一九四二年四月二十二日～一九四三年二月十八日）

版画《诗话》（又名《我等你说的日子》）

版画《开夜车》

版画《同志们前进》

版画《船大》，遵义"赈灾木刻画展"出品，一九四二年二月十八日

版画《收获》

＊转载于《台湾评论》第一卷第三期，一九四六年九月一日

版画《送别》

＊转载于 *CHINA IN BLACK AND WIHTE*，Richard Wholsh 主编

赛珍珠女士题词，John Day 出版社，一九四五年十二月

＊改为《桂林街头》，转载于《文艺春秋》第二卷第五期，一九四六年五月十五日

版画《军民茶水站》

＊转载于《新蜀报·半月木刻》第三十期，一九四三年二月二一日

版画（题不明）（铁道建设风景）

＊《新生报·桥》第一百八十九期，一九四八年十一月二九日

版画《上焊》（又名《抢修火车头》），《LIFE》，一九四五年四月九日

注：原作为台湾美术馆（台中市）所藏

《秋收》（黄荣灿刻）

版画《隧道》，"九人木刻联展"展出作品，一九四五年十月十日

＊改为《建设》，转载于《月刊》第一卷第二期，一九四五年十二月

＊改为《重建家园》，转载于《台湾新生报》，一九四六年一月一日

＊改为《修筑》，转载于《日月谭周报》第十二期，一九四六年六月十七日

＊改为《筑隧道》，转载于《和平日报·每周画刊》第十五期，一九四六年十二月十五日

＊改为《赶筑防空壕》，转载于《木刻选集》，一九五八年？月

版画《走出伊甸园》，《月刊》第一卷第二期，一九四五年十二月

＊《失去的乐园》

版画《秋收》《月刊》第一卷第二期，一九四五年十二月

＊转载于《新生报·桥》第一百八十九期，一九四八年十一月二十九日

版画《铁路工人之家——湘黔路工人生活之一》，《新生报》，一九四六年五月二十二日

版画《建设新地》，《新生报·新地》第七期，一九四六年六月七日

版画《修铁路》，《抗战八年木刻选集》，一九四六年九月

＊改为《建设》，转载于《台湾评论》第一卷第四期一九四六年十月一日

＊转载于《中苏文化》第七卷第八期，一九四六年十一月七日

＊转载于《新生报·桥》第一百四十二期，一九四八年七月二十一日

版画《重建家园》《新生报·新地》第四十期，一九四六年九月十三日

注：与由《建设》改题并转载于《台湾新生报》的《重建家园》不同

版画《铁路工人》《台湾文化》第一卷第一期，一九四六年九月十五日

《建设》(黄荣灿刻)

竹笔画《荒村》，初载不明

* 转载于《日月谭周报》第十一期，一九四六年六月十日

* 改为《白沙井》，转载于《国声报》，一九四七年五月十一日

版画《负伤下来》灿仲《新生报·星期画刊》第六期，一九四六年六月三十日

版画《工作与休息》，《和平日报·每周画刊》第十期，一九四六年十一月十日

版画《北海之边》，《中华日报》，一九四六年十二月二十日

版画《学习》，《和平日报·每周画刊》第十一期，一九四六年十一月十七日

版画《出发》，《中央日报》南京版第一卷第三期，一九四六年八月十七日

版画《舞台的后面》，《中央日报》南京版第一卷第十期，一九四七年十月五日

除此之外，下列书籍中也收录有他的作品（尚未核实）。

REVOLUCNIC CINSKY DREVORYT ZDENEK HRDLIEKA（中国版画选集）一九四九年

以上是现在能够确认的抗战中的八篇著作和三十九幅作品。

这是黄荣灿来台之后的事，立石铁臣、西川满、滨田隼雄三人都有机会看到了上述作品，并留下了各自的感想。其中版画家立石的评论富于洞察力，确实从黄荣灿的作品中看出了新木刻运动的意义。

《修铁路》

黄先生的木刻画表现专一，可以说是写实性的。绝不是那种对中国为数众多的民俗版画有了玩味之后创作出来的东西。不是趣味性或消遣之物。是新中国的，生动的中国先锋派作品。它可能会使人想到苏联木刻画技法或形式的影响，但正是这种形式，才最适合新中国的木刻画。黄先生等一群人的木刻画的使命跟旧文人趣味没有联系，是号召民众的，是为了教育民众而产生的。它也不是挂在宅第的墙上供人观赏愉悦的，它以通过民众的眼睛传播为使命。新中国，它的灵魂是什么？在随着这一思考而诞生的那些生动地体现着这一必然使命的木刻画里，我们看到了一群挺立其中的年轻的艺术家。因此这些创作和民众在一起，没有流于卑俗，其写实性具有提高民众纯洁性的形式。写实性中虽然不免含有说明式的冗杂，但也确有把民众招至画面中来的作用。[19]

　　如果用黄荣灿自己的话来补充一下立石的感悟的话，恐怕应该这样说。那就是：他接受了抗日战争的洗礼，深入民众，吸取了人民大众的精神和生活，从而在创作上实现了大的飞跃。其创作描写现实，并以改变现实为方向，更

《建设家园》(黄荣灿刻)

富于民族形式。这种发展和成果如果离开了木刻家所处的严酷现实和斗争就不会存在。他的创作是在斗争中产生的,这正是鲁迅所指明的方向。其结果使"新兴木刻"发展成"由反帝、反封建、反侵略以至为争取民主的前哨"。[20]

立石在末尾有如下的话,在表明了对于黄荣灿的期待的同时,也指出了作品的不成熟之处。这与黄荣灿自己也经常提到的,新现实主义的美术尚在发展途中这一情况也是相符的。

> 黄先生的木刻画在现在的台湾,要如何传播、如何发展?我深切的希望,其技术和理念今后更有进步,随着人民大众眼光的发展,黄先生的画能够扬弃在以前的画面中不免存在的一些冗杂和某种英雄崇拜气息,从而进一步从人民大众心灵唤醒真实与美感。[21]

抗战中

黄荣灿在抗战的日子里,遇到了许许多多的人,也在和各种各样的矛盾进行着斗争。这一切都有助于他思想的形成。我们把其中最主要的整理如下。

第一是鲁迅的影响。新兴木刻运动是由鲁迅首创、播种、孕育成长的。黄荣灿是其中的一粒种子。与鲁迅美术有关的思想和精神是他自身实践的指南，也是他思想的主干。

他的作品中有四幅《鲁迅像》，两篇论述鲁迅的文章。这四幅分别是为纪念鲁迅逝世二周年（一九三八年）而作的油画、逝世三周年之际发表于茅盾编辑的《文艺阵地》上的版画和来台后为纪念鲁迅逝世十周年（一九四六年）分别发表于《和平日报》和《新生报》的另外两幅版画。其中第一幅是黄荣灿的现存作品中最早制作的一幅。第二幅是首幅公开发表的作品。最后两幅是许寿裳的《鲁迅和青年》、杨逵的《纪念鲁迅》、胡风的《关于鲁迅精神的二十三个基本点》等文和雷石榆的诗的配饰作品。

《悼鲁迅先生——他是中国的第一位新思想家》和《中国木刻的保姆——鲁迅》，是黄分别发表在为纪念鲁迅逝世十周年而发行的《台湾文化·鲁迅特辑号》和《和平日报》上的两篇文章。[22]从这些文章和作品中，我们能深刻地体会到他对鲁迅的景仰。

第二是与陶行知的相识。在育才学校相识，他们的关系并不止于校长和教师，陶在思想上给了他很大的影响。他后来在台湾建立的出版社以及所出版的杂志都冠以陶行知所主张的"创造"两个字，就足以证明这一点。来台后，他毫不顾忌地公开宣称自己是"陶行知的学生和追随者"。[23]

另外，通过陶的介绍，他又与许多文化人士相识并成为知己。这也在很大程度上影响了他的人生。他们是李凌、王琦、田汉、安娥、许寿裳、欧阳予倩、于伶、新中国剧社的人以及后来就任台湾行政公署教育处副处长、同时兼任《人民导报》社社长的宋斐如等人。其中，他和王琦、李凌的关系尤其密切。王琦是中国木刻研究会常任理事，黄荣灿可能就是通过他才认识了李凌，这两个人同时也都是陶行知所信赖的朋友。[24]

第三是所谓"深入民众"。因为这使他能够接触民众的现实，体验民众的生活，立足于中国的现实。

第四是以重庆、桂林为中心展开的文艺论争。在这样一种复杂的环境下进行的诸如"暴露和讽刺"之争、"抗战无关系"之争、"民族形式"之争、"主观论"之争、"战国派"批判、"文艺政策"之争等，使他受到了斗争的洗礼。

第五是前面提到的《文化界时局进言》。在《进言》

上的署名是他对社会的宣言，也为他以后的行动指出了方向。在署名者中有许多都是在那前后与他建立了密切关系的文化界人士。育才学校的陶行知、美术家徐悲鸿、李可染、吕霞光、许士骐、余所亚、参与新创造出版社的黄洛峰、李凌、冯乃超、音乐家马思聪、评论家叶以群、版画家陈烟桥、王琦、漫画家张光宇、诗人钱歌川以及他在台湾向人介绍的郭沫若、茅盾、刘白羽、张天翼、孙坚白、臧克家等人都在此列。这表明了这些人在《进言》的前后在民主运动中携手共进的事实。跟这些人的交往使他在《进言》中署名，共同的信念又成了他们信赖关系的支柱。

台北之行

黄荣灿于一九四五年十二月到达台北。在此之前，国民政府对于台湾的接收工作是按照以下顺序进行的。

一九四五年九月一日　黄灯渊、黄昭明、张士德三人乘美军飞机到达台北

十六日　张廷孟等十七名中国空军到达台北

十月五日　葛敬恩等八十余名台湾省行政长官公署前进指挥所成员乘美军运输机到达台北。同乘的有五名报社记者

十七日　陆军第七十军及行政长官公署的二百二十一名人员分乘四十余艘舰艇到达基隆

二十三日　李友邦等台湾义勇队总队到达

二十四日　陈仪行政长官飞来

宪兵三百余名、宪兵第四团第一连队、警备司令部特务团一千三百余名、警察一千名经福州到达基隆。另外，政府军也分乘二十七艘舰艇到达基隆

二十五日　日军投降式

十一月一日　接收工作正式开始

十日　第六二师四团到达高雄

到十一月十日为止，来台的接收要员除军警之外不满八百人，到了这个月的中旬，也只不过千人。其中，新闻报道人员只有重庆《大公报》的李纯青、上海《大公报》的费彝、《中央日报》的杨政和、《扫荡报》的谢爽秋和中央社的叶明勋四人以及前进指挥所新闻事业专门委员李万居，共计不过五人。

《鲁迅先生遗像》(黄荣灿木刻)

民间报纸的记者由于混乱和不完备的交通状况，来的比较迟。从十月开始从福州到基隆，每隔五日有四艘帆船（三十一吨）投入运营，上海—基隆间十一月十六日"新瑞安号"（八百吨）就航，第二条船"江宁号"（三千吨）十二月八日就航。由于第一条船的座位被行政公署的四百余人和二百名通信兵所占，上海记者团只好乘第二条船经十一天由基隆上岸。[25]《文汇报》的特派记者高耘是同船到达的其中一位。

上海—台北间的航空线路从十二月二十五日开始就航，每周两次航班，是只能乘坐二十一人的小型飞机。巴金的朋友索非作为《文汇报》的特派记者为搭乘第一次航班，早就在台湾行政长官公署上海通信处办完所有的手续，但却等了一个多月，于一月三十日才终于搭上了第六次航班到达台北。据说他是作为民间人士到达台湾的第四十八名乘客。[26]

高耘在十二月五日的第一次报道之中，对当时的情形作了如下描述。

> 台湾同胞中技术人才很多，技术水准也很高，……不过从事文化工作的人，台湾的确太缺乏，特别需要

内地多来人，希望内地的文化人多来！快来！[27]

黄荣灿是通过与上述二人不同的途径来到台湾的。他十月份从重庆出发，十一月在上海暂做逗留后，经由南京、香港，于十二月到达台北。

途中，他在香港举行了"个人展"，这与他在上海的活动一样，目的是向住在香港的版画家传达中国木刻研究会本部的意向，同时介绍抗战中的木刻运动。

虽然据莫玉林说，他在当年十二月的《台湾新生报》上看到了黄荣灿的文章和版画，[28] 立石铁臣的记述中也有"战争结束后，在本省的报纸上看到过两三幅优秀的版画"。[29] 但现在可以确认的最早的作品是《台湾新生报》翌年，即一九四六年一月一日登载的漫画《迎接自由的台湾》、版画《重建家园》和《人民导报》一月一日《南虹》栏目所登的版画《迎新年舞》。把这些与黄荣灿一九四六年元旦在中山堂举行的"个人展"综合起来考虑的话，可以推断他是在十二月中旬到达台湾的。

总之，从《文汇报》上的消息来看，可以说他是最早到达台湾的外省文化人士之一。十月份从重庆出发，在上海以《大刚报》为事务所开始活动，在上海美术界演讲时，他即表明"不久将赴台湾从事文化工作"。[30] 途中，他在香港又举办了"个人展"，十二月中旬即到达台北。从如此紧凑的行程可以看出，去台湾是在从重庆出发前就决定好的事情。

据吴步乃的说法，一九四五年冬，黄荣灿是参加"教育部赴台教师招聘团"的考试合格，并取得"记者访问团"的资格后去的台北。这是根据李凌和陆田的证言，但我认为仍有待考证。

首先是"教师招聘团"，据《文汇报》所载[31]，第一次应聘合格者共有五十八名，其中的四十六名来到了台湾。一九四六年四月，在接受训练后，被分配到各个地方。但是，黄荣灿来到台北之后，并没有留下参加训练或被分配到某个学校的痕迹。吴步乃好像是把他和朱鸣冈混淆了。

其次，至于记者这个身份，据滨田隼雄说，他收到的黄荣灿的名片上印的是"上海《大导报》特派员"（《大刚报》之误——笔者）和"《人民导报》记者"。[32] 持田辰郎认为是"京汉贵《大刚报》驻台记者"、"上海《前线日报》驻台记者"、"《人民导报》驻台记者"。[33] 朱鸣冈和莫玉林认为是"《大刚报》驻台特派员"，[34] 池田敏雄认为是"《前线日报》驻台特派员"。[35] 田野和麦非认为是"《扫荡报》

（后来的《和平日报》）特派员"。[36]

《人民导报》是一九四六年一月创刊的,《人民导报》记者应该是黄荣灿来到台湾之后的身份。至于《和平日报》，虽然黄荣灿从一九四六年九月到十二月在此发表过六幅版画和五篇文章。[37]而且和其中的一个编辑王思翔还计划要出版面向儿童的画册，[38]但好像并没有在这个报社供过职。因此我推测他是以《大刚报》、《前线日报》记者的身份来台的。

《大刚报》的总社在南京，同时发行"南京版"、"贵阳版"和"汉口版"。战后，随即在上海设立了事务所，负责人是刘人熙和黄邦和。他们二人本来计划发行"上海版"，但是没有得到批准。一九四七年三月十四日，国民党的CC派占据"南京版"，进步记者一同汇集到"汉口版"去了。[39]

《前线日报》在战后由安徽省的屯溪搬到了上海，一九四五年八月二十五日在上海市河南路三百零八号设立了事务所，开始发行"上海临时版"。

从一九四六年九月末，设立在台北市的外勤记者联谊会上出现了黄荣灿的名字这一点来看，似乎可以确定他是以记者的名衔来台的。但是，这也只不过是个"名衔"而已。据《大刚报》的黄邦和说,黄荣灿在战争结束后,即经"美国新闻处"的刘尊棋的介绍,拜访了《大刚报》的社长毛健吾,他说"准备从重庆到上海、台湾各地活动,但因为正式的工作关系,不便进行活动",提出想借用记者的名义。毛对他说希望能从上海和台湾发回报道,就给了他"特派员"的头衔[40]。黄荣灿一到上海,就拜访了上海事务所的负责人黄邦和,为中华全国木刻协会登记时需要有固定场所、请求帮助。黄邦和马上就同意了,随即以《大刚报》事务所作为协会的办事处进行了登记。据黄邦和回忆,"特派员"只是名义上的头衔,实际上,黄荣灿并没有发回报道或作品。[41]当时民主性报社借给一些青年名义上的头衔,这并不稀罕,他们常在行动上为这些进步青年提供方便,支持他们的活动。后来和黄荣灿一起共同经营新创造出版社的曹健飞,本是三联书店的职员,在赴台的时候,也是借了《大公报》特派员的名义渡航的。

黄荣灿来到台湾以后的第一次发言表明了他来台的决心。

  自(抗战)胜利以来,我就在进行着迎接新的生活。愿以八年苦难经历迫奋直前,这是我应有的理由。

《迎接自由的台湾》（黄荣灿速写）

> 我来自祖国的高原，现住海的边心。就在这陌生的地带，我外乡人拿起笔来，写我所愿：我以为我们致力于艺术工作的人，什么都可以放弃，但不能放弃创作的生活……
>
> 抗了八年战，我们干艺术工作的；尤其在新兴的省都台北，使我想起过去流转在祖国的生活——在那血的日子里用我用的工具，描写种种，这种种的描写中，我最爱那黑与白的分化，我爱它是人间的动力；今后我当然不断的描写，直到理想为止（原文如此——笔者注）[42]。

在这里，他并没有提到当老师或是新闻记者的事，只表明了他作为一名艺术家矢志不渝地向理想迈进的决心。

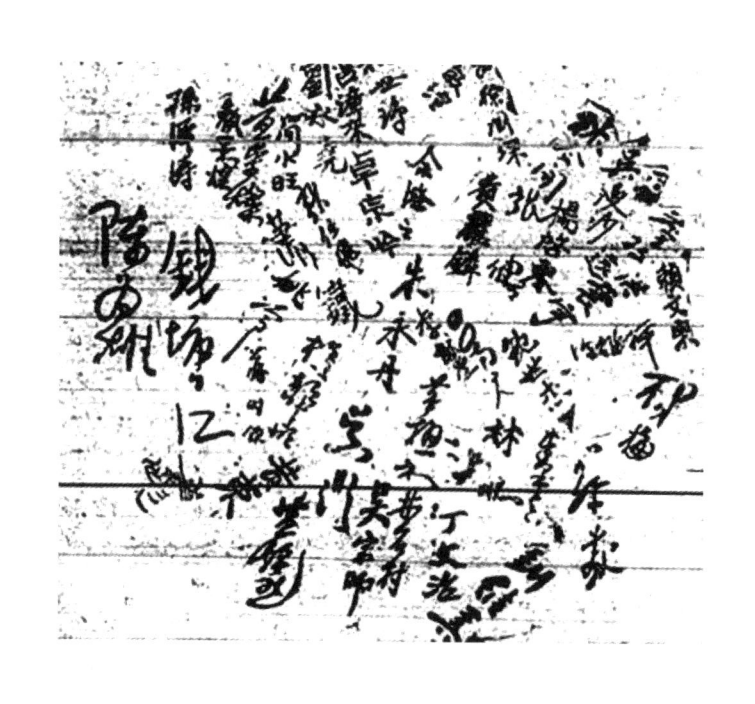

台北市外勤记者的签名（左上有黄荣灿的签名）

注释

1 《陶行知全集》第七卷,湖南教育出版社,一九九二年十月
2 《从"中国木刻研究会"到"中华全国木刻协会"》,王琦《中国新兴版画运动五十年》,辽宁美术出版社,一九八二年八月
3 《白修德、贾安娜与中国木刻》,王琦《美术笔谈》,河北美术出版社,一九九二年二月
4 《文化界时局进言》,《新华日报》,一九四五年二月二十二日转自《文学运动史料选》,上海教育出版,一九七九年十二月
5 《天地玄黄》郭沫若,大孚公司出版,一九四七年十二月
6 《从"中国木刻研究会"到"中华全国木刻协会"》王琦,同前注
7 《中国新兴版画运动五十周年大事年表》,《中国新兴版画运动五十年》辽宁美术出版社,一九八二年八月《解放区展览资料》中国革命博物馆编,文物出版社,一九八八年八月,《抗战时期重庆的文化》,重庆出版社,一九九五年八月
8 《编后记》,《月刊》第一卷第二期,权威出版社,一九四五年十二月
9 《抗战中的木刻运动》,黄荣灿《月刊》第一卷第二期,权威出版社,一九四五年十二月
10 同8
11 《木刻运动在中国》,《收获》黄□图出版社,一九四二年十月《抗战中的木刻运动》,同前注《抗战中的木刻运动》,《新生报·星期画刊》,第三期,一九四六年六月二日《新兴木刻艺术在中国》,《台湾文化》第一卷第一期,一九四六年九月《新兴木刻艺术在中国》,《中华日报》,一九四六年九月二十二日
12 《新兴木刻艺术在中国》黄荣灿,同前注

13 同 12

14 版画《鲁迅像》黄荣灿,《文艺阵地》第四卷第三期,一九三九年十二月一日

15 《黄荣灿战地写生画展特刊》,《柳州日报》,一九四二年三月十八日

16 重庆《新华日报》报道,一九四二年八月十六日

17 《全国木刻展》,徐悲鸿《新民报》,一九四二年十月十八日

18 《回忆抗战时期的木刻运动》,王琦《抗战文艺研究》,一九八三年一月

19 《黄荣灿先生的木刻艺术》,立石铁臣《人民导报》,一九四六年三月十七日

20 《新兴木刻艺术在中国》,黄荣灿,同前注

21 同 19

22 《鲁迅逝世二周年纪念布画》,《台湾文化》第一卷第二期,一九四六年十月
《悼鲁迅先生——他是中国的第一位新思想家》,同上
版画《鲁迅像》,同前注
版画《鲁迅先生遗像》,《和平日报·新世纪》第六十八期,一九四六年十月十九日
版画《鲁迅像》,《新生报·新地》第九十四期,一九四六年十一月四日
《中国木刻的保姆——鲁迅》,《和平日报·每周画刊》,一九四六年十月二十日

23 《台湾一年》,王思翔《台湾旧事》时报文化出版,一九九五年十月

24 《从"中国木刻研究会"到"中华全国木刻协会"》,王琦,同前注

25 《光复后的台湾》,高耘《文汇报》,一九四五年十二月五日

26 《台湾行》(上下)杜振亚,同上,一九四六年一月五日、二月六日
《台湾行》,索公,同上,一九四六年二月九日
《台湾全貌——台湾行之二》,索非,同上,一九四六年三月三日

27 同 25

28 莫玉林致曹健飞书简,一九九七年十二月

29 《黄荣灿先生的木刻艺术》，立石铁臣，同前注

30 《编后记》，《月刊》第一卷第二期，同前注

31 《台省解决师荒问题、将向省外甄选教员》，《文汇报》一九四六年四月四日

32 《黄荣灿君——终战后的台湾轶事》，滨田隼雄《文化广场》一九四七年三月
　《木刻画》，滨田隼雄《展》第三号明窗社，一九七七年十月

33 《三省堂的百年》，三省堂，一九八二年四月

34 《难忘四十年前旧游地——木刻家朱鸣冈忆台湾之行》，吴埗
　《雄狮美术》第二百一十期，一九八八年八月

35 《战败日记》，池田敏雄《台湾近现代史研究》第四号，一九八二年十月

36 《思想起——黄荣灿》，吴埗，同前注

37 版画《民歌舞》，《和平日报·每周画刊》第三期，一九四六年九月二十二日
　版画《鲁迅先生遗像》，同上《新世纪》第六十八期，一九四六年十月十九日
　版画《中国木刻的保姆——鲁迅》，同上《每周画刊》第七期，一九四六年十月二十日
　版画《失业工人待救》，同上
　《从荆莽中壮大》，同上，同上第十期，一九四六年十一月十日
　版画《工人与休息》，同上
　《介绍马思聪的乐曲》，同上《新世纪》第七十七期，一九四六年十一月十日
　《创作木刻论》，同上，《每周画刊》第十一期，一九四六年十一月十七日
　版画《学习》同上
　《凯绥·珂勒惠支》同上，同上第十二期，一九四六年十一月二十四日
　同上（续），同上，同上第十三期，一九四六年十二月一日
　版画《筑隧道》，同上，同上第十五期，一九四六年十二月十五日

38 《台湾一年》，王思翔，同前注

39 《大刚报史》，王淮冰、黄邦和编，中国文史出版社，一九九九年五月

40 《记联会的产生与任务》,《新生报》,一九四六年十月四日
41 黄邦和书简,二〇〇〇年七月二六日
42 《迎一九四六年——愿望直前》,黄荣灿《人民导报》,一九四六年一月四日

第二章 回归与交流 I

从战争结束到一九四七年的"二·二八事件"发生的一年半里，在摆脱了殖民地统治的台湾，一直被禁锢的传统文化开始复苏，祖国的文化也开始迅速地流入，迎来了它的文化重建时期。正是在这回归与交流的年代，黄荣灿踩着季节来到了台湾。他在向台湾民众散播从抗日战争中孕育出来的新中国文化的气息的同时，也向大陆民众介绍台湾的现状，为促进两地的相互了解与交流进行了不懈的努力。为此，除了自己的钻研以外，他也为深化与广大台湾文化人以及侨居台湾的日本文化人的关系而积极活动。

"战败的实感"

战争结束那一年的年末，黄荣灿初次拜访了西川满。那时，西川满同北里俊夫组建了"制作座"，正在进行第二次公演《横丁之园》（滨田隼雄原著，北里俊夫出演）的舞台排练。黄荣灿就是在这时一个人突然出现的。可能是觉得那天的笔谈意犹未尽，新年过后黄荣灿带着马锐筹再次拜访了西川的家。马锐筹是《人民导报》的创刊人之一，也是《大明报》的骨干。[1]

黄荣灿第一次访问时就结识了滨田隼雄。二人得知同住在大正町的同一町区后，回家时一起走到黄荣灿的家门前。两个人的交往一直持续到滨田回国的一九四六年四月。由于总是在早上拜访滨田的家，早上打招呼的用语"早、早"便成了黄荣灿的绰号。孩子们都亲热的称呼他"早早先生"。有时，他会和"中央通讯社"的叶明勋（夏风）还有"水彩画家"麦非一同来。滨田还把他介绍到"几位主要画家"那里，一起参与商量木刻展览会会场选择以及画框的安排等事情。

同立石铁臣的相识，是通过滨田的介绍。黄荣灿提出，

"想组织一个让中国大陆和台湾以及日本的画家、作家等可以轻松愉快地聚会的沙龙"。滨田听后便立刻把他领到了立石工作的东宁书局,给立石做了介绍。同时提议将书局的茶室作为沙龙的场地。[2]这里后来成了新创造出版社,这一经过将在其他章节详细说明。

当时,仰借"勿以怨报怨"的方针,西川等侨居在中国台湾的日本人在回国前并未被当成俘虏收容,而是作为"日侨"住在以前的家中,继续相安无事的生活。包括在战争中站在"皇民化运动"前沿的西川、滨田等也没有受到任何非难,甚至可以"自由"地在中山堂公演戏剧。

在这样平稳的日子里,留台日本文化人中的大多数似乎都没有"追根溯源地思考"[3]过对参与战争所应负的责任。不仅如此,在第三次公演中,他们在中国人面前竟然上演了《排满兴汉的旗下》(一九四六年二月十一日、十二日,于中山堂),摇身一变,宛然从来就是中国人的朋友。这种转变之快,不仅仅限于西川等人。从东宁书局的出版物中也可见一斑。该出版社在战争刚结束,就出版了蒋中正著《新生活运动纲领》,朱经农著《三民主义的研究》和傅伟平著《孙中山先生传》等书,努力迎合新的指导者。台湾的知识分子从这种丑态中读出了日本人的思想。王白渊就这一点批判说：

> 始终仍抱着对恶事物的不抗争态度，是不值得称其为善的。因而，把战争的责任归于军阀或者东条一人当然更是不充分的。它应该是为不流血的钦定宪法而感激涕零的日本全体国民的责任。如果说日本国民是因天皇制而蒙蔽，日本的精神为军阀暴力所挟制，这种说法是卑怯的。……因此，如果每一个日本国民不弄清败战的深刻历史意义的话，就不可能迈出新的一步。日本帝国主义被打倒，意味着的就是亚洲专制主义最强大的支柱日本军阀在历史上已告终结。日本的民众必须在这一废墟上重建民主主义的日本。[4]

在这样的思想状态之下，西川和滨田是如何接受黄荣灿的呢？从一九四六年到一九四八年，两人恰好都写了关于黄荣灿的文章。西川写的是《版画创作始末》、滨田则写有《黄荣灿君》和《木刻画》。

西川除了对黄荣灿的妻子在战争中牺牲"感到十分痛心"之外，在文章中再未涉及战争。滨田将《黄荣灿君》改写为《木刻画》，是因为感到"战败的实感"向他袭来，于是在文章中，写下了诸如承认"自己的脆弱与过错"等内容。

黄荣灿多次拜访滨田家，孩子们开始亲切地叫他"早早先生"以后，有一天，滨田却拿着笔率先向他询问家族的事。黄荣灿草草地写下"流亡"两个大字以后，慢慢地写到妻子和两个孩子由于日本军队在长沙无差别的轰炸"可能已经死了"。这使滨田感到的是，"直到今天才对我说了这件事，并和我这个日本人毫不介意地交往的他那宽广的胸怀"，再加上黄荣灿"十分尊重日本文化人"，为推进文化工作专心致志的态度使滨田感到羞愧。在"灰色、粗糙的西服"、"磨破了脚后跟的高腰鞋"、"破了洞的袜子"的外表下，他意识到崇高精神的存在，并开始反省"曾嘲笑进台湾的大陆军队背着棉被、雨伞的样子的自己的愚昧"。

滨田到那时为止一直认为日本的战败只是在军事战场上败给了美国。他写道："我从黄君身上看到了中国人。于是败给了中国这样一种切实的感受第一次打击了我。"这是他第一次领悟到在"精神的战场上"也败给了中国。

就是那一天。前一天从上海寄来的数十幅版画刚一到，滨田就又被邀请到曾为官舍的黄荣灿的家中。滨田在只有四叠半榻榻米的昏暗的房间里，一张一张地欣赏这些版画，并写了以下的感想：

哪一幅都通俗地表现着与人民日常生活的紧密联系，从战争这个主题来看，发自内心的仇恨和彻底抗战的坚强意志让观者不禁震撼。在与人民同甘共苦的十七八年中，因为有八年是在抵抗帝国主义的侵略，所以使内容更加充实，并把带着泥土气息的朴素的木刻画，上升到了世界民族艺术的高度。

在战争对手的世界竟然有着"艺术革命的强韧发展"，使他再次领受了"战败的实感"。"日本因为战争牺牲了文化，而中国则推进了文化的发展"。这对于推进皇民化运动，"牺牲"日本和中国台湾文化的作家来说，恐怕确实是一个震惊！清楚了在"精神的战场"上败北的滨田，这时感到的是在"文化的战场上"，日本也战败了。当他拿到黄荣灿的作品时，即被那种"强烈的现实主义"所压倒。"他那瘦弱的身躯中，怎么会藏着这样坚强的意志？"当滨田把目光从黄荣灿的作品转移到作者身上时，他不能不为黄荣灿的人格及其木刻画所折服。"战败的实感"又一次袭来。

谈话并没有到此结束。黄荣灿不断地追问滨田在战争中的态度，并且没有让滨田仅仅停留在第三次的"战败的实感"上，而是促使他"追根溯源地思考""自己的脆弱与过错"。

看了木刻画后，过了几天，黄荣灿伴同中央社的夏风（叶明勋）再次一早拜访了滨田。从情况来判断，那是一九四六年二月中旬的事。通过夏风的英语和德语的翻译，话题从"最近举办的木刻画展览会"开始，一直谈到"应如何吸收入中国台湾的日本文化"。他们所提的问题是很尖锐的，并把诸如"总督府文化政策的独断专行等矛盾摆了出来"。最后把矛头指向了滨田。

> 听说你在最开始的小说里，对台湾本地人的生活有批判、有否定，始终站在正确的现实主义的立场上。可是后来逐渐地反动起来，为战争出力，你自己承认这一点吗？你的理由又是什么呢？

这一段内容，陈藻香推断是"通读两部作品，只有此段似是虚构"，她认为是"作者滨田的自问自答"。其主要根据是，滨田的作品没有被翻译成汉语，因此认为黄荣灿不可能读到其作品，而且当时也并不是以批判的目光对待滨田的。[5]但是，黄荣灿已经读过范泉的《论台湾文学》

以及赖明弘的论文《重见祖国之日——台湾文学今后的前进目标》，对西川及滨田是有一定的了解的。[6] 再者，他的身边有包括曾在重庆作《战时日本》分析的宋斐如以及王白渊、苏新、马锐筹等人。政府的接收人员中也有很多曾留学日本的人。他们都是因为了解日本而加入抗日战斗队伍的，因而对滨田有一定的了解和批判应该是合乎情理的。至少滨田在文章里写明黄荣灿"听说"过这样的批判。从这一点来讲，恐怕也应该承认这段经历是真实的。

《黄荣灿君》是滨田回国后不到一年发表的，而《木刻画》是他回国两年后的一九四八年写成的。反复击中着他的"败战的实感"及这一段落，在他的前一部《黄荣灿君》中完全未提。可见《木刻画》的改写，应该正是为了要告诉人们这一点。为了表现"心底的伤痛"[7]，把前一部作品改写为《木刻画》，滨田耗费了一年的时间。

那么，对黄荣灿的问题，滨田是如何回答的呢？滨田"先是吃了一惊，然后生起气来"，接着马上意识到自己不过是"色厉而内荏"罢了，于是回答道：

  被卷入战争之中，而扭曲了自我的正是我自己。
  八月十五日之后，也并非没有在考虑这个问题，但还

84

是不敢追根溯源地去想。那时我没有把自己看成是被打败的人民中的一员。在败战后的日常生活中，我作为内地人、知识分子，仍抱着一向拥有的优越感。不用自卑，只要如实地承认自己的脆弱与过失，我不就能够像中国的木刻画一样坦诚明了吗。

我很惭愧。

我觉得羞耻。我是一个被战争所俘虏，失去了作家精神的人。

与为自己打开了自责与反省之门的黄荣灿相识，滨田以为是一份"幸福"。回国以后他写道："在那段迷惘的日子里，我回忆起他，就感到温暖。"黄荣灿的存在对其此后的文学及人生都产生了怎样的影响，是值得我们深入研究的课题，我们期待着有关这方面研究的新成果。[8]

《南虹》

一九四五年十二月中旬，宋斐如、白克、马锐筹、夏邦俊、郑明、郑明禄、谢爽秋等人共同创立了人民导报社，次年的一月一日，民间报纸《人民导报》创刊，选举宋斐如为社长，苏新为总编。黄荣灿好像是掂量着时间出现在台北的，从创刊号开始，一直参与文艺专栏《南虹》的编辑。

"南虹"的意思是架在台湾海峡上的彩虹，是以六百万台湾同胞都能踏上这"南天之虹"，同大陆往来这样一个美好愿望而命名的。[9]虽然栏目篇幅只有半页纸大小，但却是以台湾文化的"扫海艇"、新文化的"播种机"为己任的该报最重视的栏目之一。从创刊号开始，到二月十四日的第三十七期为止几乎没有中断过。从十三期开始，版面上有"黄荣灿主编"的明确记载。也可能是从已散失的复刻版的第十二期开始的。但是从内容上分析，到第十期为止，由黄荣灿与木马共同编辑，从十一期（一月十三日）开始由黄荣灿编辑。

木马本名林金波，是生于厦门的台湾人。一九三二年就读于厦门大学理学院，次年加入鹭华社。一九三四年就读于上海圣约翰大学。同年春天，曾通过内山书店把《鹭华》月刊第一期和第二期转送给过鲁迅。鲁迅把此社介绍给莫斯科发行的《国际文学》及他与茅盾编辑的《草鞋脚》，介绍时有如下的叙述："《鹭华》（月刊）厦门出版。一九三三年十二月十五日出创刊号。一九二八年已有《鹭华》，附刊于日报上，不久停止，这是第三次的复活，内容和旧的不同，左倾了。作品以小说、诗为多，也有评论及翻译"。一九三五年，木马因父亲去世归台。战争结束后，立刻同廖文毅等人结成台湾留学国内学友会，并任常任理事。此会是殖民地时期留学大陆的知识分子组织，后来又在台南设立了分会。其机关报《前锋》于一九四五年十月二十五日创刊。他发表了《学习鲁迅先生——逝世十周年纪念》（实际上是九周年——笔者注）。这是在台湾最早评论鲁迅的文章。一九四六年一月中旬，在《南虹》十一期（一月十三日）上发表《离别之话》后返回大陆。其理由及以后的情况不详。[10]

木马离开之后，《南虹》的内容完全变换了。到第十期为止，台湾留学国内学友会的木马（林金波）、林萍心、毅生等人藉诗歌、文章表达回归祖国的欢喜与兴奋。但关于大陆的文化只有黄荣灿的一篇文章和李桦的一幅木刻版画。从黄荣灿编辑的十一期开始，基本都是大陆作家的文章，而表现台湾的东西变得极少。除了台北市教育局局长姜琦的诗歌《台北市民歌》一篇和杨云萍的二三首诗之外，多半是茅盾、郭沫若、臧克家、荃麟、端木蕻良、陶行知、上官梦源、王平陵、田间、杨漠因、艾芜、张恨水、冯玉

南虹
——迎新年

木馬

我們愛著南方之虹，
南方之虹是象徵着和平友愛光明、从遙遠遙遠的南方，廣漠的穹天，遨出了一線奕奕的虹霞，閃邊放射出璀燦奪目的光芒，五彩繽紛，照耀於碧之空上，浸入於成千成萬年青人的心胸。

新的年頭，配着甜蜜的夢，無數新的希望，像強健的飛鷹，蒼勁的游龍，九霄雲外翱翔，踐民苦自由划破遊海界底天空，一回又一回，劃過了鄒鄒麗虹橋，第一次替着公理正義的歡呼！那一次張罸新虹自由的空氣！共秉風雨後的清晴光芒

《南虹》第一期

祥等人的短篇论文、小说、诗歌、散文以及译著。除战前曾留学大陆的人以外，台湾的大多数人不会用中文表达。在编辑的背后似乎隐藏着他的焦躁。

从黄荣灿编辑的内容来看，可大体分为如下四个方面。第一是上述大陆作家的作品。其中多为反映抗战时期及现行民主运动的作品。具有代表性的有郭沫若的《向人民学习》、陶行知的翻译作品《学习怎样运用自由》（马可里著）等这些作品[11]都以知识分子"走出象牙塔"、服务社会与人民为着眼点。大部分是从重庆、上海的《文哨》、《文联》、《中苏文化》、《文艺阵地》、《民主》、《文萃》等杂志转载的。其中上官梦源的《小镇杂景》竟是从重庆《新华日报》（一九四四年三月十四日、十五日）上转载的。第二是丰富的"文化信息"。黄荣灿提纲挈领地整理了《周报》、《民主》、《文萃》、《文联》、《文哨》等主要进步杂志的内容和消息，介绍了国内外文艺动向。这一形式沿袭了茅盾、叶以群编辑的《文联》，后又为《台湾文化》的《文化动态》所继承。第三是点缀在栏目题字下的名言集。配有席勒、托尔斯泰、罗曼·罗兰、左拉、高尔基、易卜生、莫泊桑、鲁迅等人丰富多彩的语言，介绍了他们对于艺术的见解。此外，装饰题字的插图有四种，都为黄荣灿的作品。第四是编辑者黄荣灿的话,即列在下面的九篇文章。主要说明民主主义的必要性,并以此为主轴,将《南虹》整体有机地连接起来。他在这里提出,"今天台湾的学生所应采取的方向,也就是今天中国广大人民所努力的方向","尽力来争取'民主'的彻底实现的方向",表明了台湾同大陆一体化的基本方针。[12]同时,他又提出"先决政治问题不改革,始终由少数统治者操纵一切,则一切的民权无从建立,社会的解放等于画饼",[13]号召台湾的民众参与社会。此外,他为了确立民主主义,也始终在启发台湾的知识分子、特别是青年学生,要认识到"自我变革"的必要性。

综合《南虹》专栏的以上主张,可归结为四点:台湾民众(一)与大陆人民共有抗日文化;(二)在争取民主主义的斗争中,以同大陆的一体化为目标;(三)"自我变革"是必不可少的;(四)要学习世界先进文化。总的来说,是抗日民族统一战线的延伸。这一点,从对作家的选择上也表现的十分显著。如将王平陵、张恨水、冯玉祥等人与茅盾、郭沫若等同列介绍。

特别值得注意的是,在一九四六年的二月,他要求台湾民众"自我变革"。"利用"迎接春节的"假期",号召青年学生以个人或者小组的形式下乡，在"教育别人"的同时，"教育自己"。

> 把农村当做学校，把每个农民都当做教师，才可以得到最快乐最现实有用的知识，才算最好的学习，最有意义的人生工作，民主就由此切实的进行起来了。
> 放弃小市民个人主义的观念，走进广大人民当中，去为人民服务，建立自己生活的基础，改进一切落后的统治观念，去把"民主"实现的责任担负起来，结合国内的学生努力奋进，这是今天台湾学生最正确的方向。[14]

首先"为农民服务，去改善他们的思想、政治、文化、生活，去提高农民对建设祖国新中国与生产的热忱，去推行国语及农村的民主运动"。另一方面，"要了解农村的情况、农民的苦痛和希望，并学习他们的勤劳俭朴的生活，学习他们的农村生产的知识"。这两方面的自我教育才是今天的台湾学生必须"学习"的东西。[15] 在这里表达了他想把在抗日战争中的经历，学到的东西，直接地与台湾现实相关联的激奋之情。

《人民导报·南虹》文艺专栏中，黄荣灿的作品、著作如下。

作品
版画《迎新年舞》，黄荣灿第一期一月一日
插绘四种，无署名

著作
《迎一九四六——愿望直前》，黄荣灿，第二期，一月四日
《文化情报》，无署名，第四期，六日
《文化情报》，无署名，第五期，七日
《编后》，无署名，第十三期，十五日
《清洁运动》，荣丁，第十五期，十七日
《文艺消息》，无署名，同上
《文艺消息》，无署名，第十七期，十九日
《编后》，无署名，第十八期，二十日
《文艺消息》，无署名，第十九期，二十一日
《上海的〈文艺复兴〉》，无署名，同上
《简略的介绍"文协"》，无署名，同上
《悼冼星海》，黄荣灿，第二十期，二十二日
《文艺消息》，无署名，第二一期，二十三日
《最近法国文艺消息》，无署名，第二十二期，二十四日
《最近英国文艺消息》，无署名，第二十四期，二十六日
《目的与手段》，荣丁，第二十五期，二十七日

《中外文艺消息》，无署名，同上

《从学习起》，荣丁，第二十六期，二十八日

《〈母爱至上〉抵重庆》，无署名，同上

《关于〈造型艺术〉》，黄荣灿，第二十八期，三十日

《给艺术家以真正的自由 响应废止危害人民基本自由》，黄荣灿，第二十九期，三十一日

《文化界》，无署名，第二九期，（实为三十期——笔者注）二月一日

《文艺消息》，无署名，第三十二期，三日

《文艺消息》，无署名，第三十三期，四日

《新音乐选集》，（广告）同上

《怎样利用假期》，荣灿，第三十四期，八日

《妇人要求民主》，荣丁，第三十五期，十一日

《抗战小说选集》，（广告），同上

其他

《抗战小说选集》，（广告），三月六日

《黄荣灿先生的木刻版画》，立石铁臣，三月十七日

《新创造出版社最新刊》，（广告），五月十二日

《凯绥·珂勒惠支画集》，（广告），五月十七日

（一九四六年一月一日至二月十四日共三十七期，其中，复刻版第八、十二、十六、三十六期遗漏，未见）

二月十六日，中央社台北分社正式运营。从二十二日起，原《人民导报》所用的日文铅字改为中文铅字，

同时将版面由四面改为两面,日语版也从一页缩为半页。这期间,《南虹》在即将改版的十四日没有作任何声明而告终。

半个月后的三月份,国民党违背在重庆召开的政治协商会议的决议,开始进攻东北。国民党台湾省部宣传处、长官公署宣传委员以及警备司令部也开始进一步加大言论管制的力度。到了五月份,《人民导报》被逼到了封锁在即的关头。已得到情报的邱念台让宋斐如快速拿出紧急对策。宋找来苏新提醒他注意:"今后用稿慎重一些、特别是少转载上海民主报刊的文章。他们认为我们是跟共产党站在一个立场"。为了避免封锁,他将社长职位让位给王添灯,自己引退为顾问,保留苏新。可是没过多久,发生了笔祸事件,苏新也于六月辞去了总编之职。[16]《南虹》的突然告终,恐怕与以上情况不无关联。当然,黄荣灿天真烂漫的编辑风格可能也是遭到镇压的隐患。

黄荣灿三月辞去《人民导报》的工作,开始为新创造出版社的筹建而奔走。苏新于六月辞去同一报社的职务,历经《台湾评论》、《自由报》之后,开始致力于《台湾文化》的创设。在这一过程中,苏新曾用黄荣灿提供的黄荣灿本人和徐甫堡及平尼的版画装饰过《台湾评论》的封面。[17]
《台湾文化》发刊后，黄荣灿得以在这一刊物上展开美术论。

苏新在自传中这样记述道，当时"我的思想就开始转变"。回顾一下，主要有两大要因。一是参与《人民导报》策划的多为进步人士，从他们那里，他听到了大陆的情况，特别是"国共合作"的性质及内容，加深了对国民党的认识。另一点是他阅读了《民主》、《周报》、《文萃》、《新华日报》等进步杂志，获得了许多新知识。[18] 关于当时文坛情况的记录，有下面这样一段记载。

> 光复后，来自外省的文化人中，对本地人没有抱着优越感、不歧视本地人、爱惜本地人、真实地要为本地文化工作的人，我们也都尊敬他们。例如：编译馆长许寿裳先生、新创造社的黄荣灿先生、前《国声报》总编辑雷石榆先生等，近来已成为本地文人间的话题了。[19]

对苏新来说，黄荣灿所传播的"抗日文化"和他自己的经历一定是非常宝贵的知识与消息。

到民间去

从来台到"二·二八事件"爆发的一年多的时间里，黄荣灿描述台湾的作品可以确认的有如下二十五件。其中漫画一幅、竹笔画一幅、版画八幅、素描十五幅。用本名黄荣灿发表的作品有九件，未署名的有一件。用笔名"灿仲"发表的有十五件。加上同一时期在台湾的报纸上发表的抗日战争中的二十件作品（二十三次），共计四十五件，发表次数多达五十三次。是来台的木刻版画家中发表作品最多的一位。

台湾在新的执政者之下，虽然同大陆编入了同一版图，但台湾的民众仍要"由少数统治者操纵一切"。在台湾，"在新的空气中有了自由，但是青年的学生开始由解放进入更艰苦的时期到了"。这是黄荣灿在一九四六年二月就台湾的现状向民众尤其是青年学生敲响的警钟。[20]

> 无论执政者还是人民大众都在张开嘴大谈民主政治，可是无论从我们的现实的任何角度来看，都看不出具备使民主政治成为可能的社会条件。民主政治对

我们来说还处在理想的阶段，实际上尚未摆脱半殖民地的苦难或弥漫着殖民地残渣的阴郁空气。这就是我们不得不面对的现实。例如政治机构中横纵上的有机联系的欠缺、人事制度的紊乱、政务的缓慢与烦琐、中央同地方的不统一、没有把握的岁入岁出、无耻之极的贪污横行、公私的混淆、无决议权的民意机关、官僚式的形式政治等等，这对于接受过近代国家洗礼的人来说，都是表示异议的东西。

我们现在处在台湾的一角，观一斑而知全貌，那么台湾的现实就是全国的缩影和剖面。[21]

这是继黄荣灿的二月发言以后，在又过了八个月后的十月，王白渊用日语写下的文章。新执政者所带来的不仅是民主政治的统一，更是带有殖民地或半殖民地性质的封建政治的统一。这一政治形态取代了日本的殖民地统治后，正在向台湾的各个角落渗透，而对这一过程的描述正是这一时期黄荣灿所刻画的作品的主题。随后，黄荣灿在报上交互发表了抗战时期和来台后的作品，从而告诉人们大陆和台湾的民众都是在这样的政治下有着性质相同的苦难和斗争。

著作

《抗战中的木刻运动》，黄荣灿，《新生报·星期画刊》第三期，一九四六年六月二日

《欢迎善良的音乐家》，黄荣灿，《人民导报》，一九四六年九月九日

《新兴木刻艺术在中国》，黄荣灿，《中华日报》，一九四六年九月二十二日

《木刻家 A. 克拉甫兼珂 1889-1940（上下）》，黄荣灿，《新生报·星期画刊》第二十一、二十二期，一九四六年十月六日、一九四六年十一月三日

《中国木刻的保姆——鲁迅》，黄荣灿，《和平日报·每周画刊》第七期，一九四六年十月二十日

《马思聪要离开沙漠》，黄荣灿，《人民导报》，一九四六年十一月四日

《从荆莽中壮大》，黄荣灿，《和平日报》第十期（每周画刊），一九四六年十一月十日

《介绍马思聪的乐曲》，黄荣灿，同上（新世纪）第七十七期，一九四六年十一月十日

《创作木刻论》，黄荣灿，同上（每周画刊）第十一期，一九四六年十一月十七日

《凯绥·珂勒惠支》，黄荣灿，同上第十二期，一九四六年十一月二十四日

《凯绥·珂勒惠支续》，黄荣灿，同上第十三期，一九四六年十二月一日

《关于台湾美术运动之建主》，黄荣灿，《新创造》，一九四七年三月一日

*《南虹》及《台湾文化》揭载部分请参见其他有关项。

德国画家珂勒惠支木刻画

作品

版画《迎新年舞》，黄荣灿，《人民导报·南虹》，一九四六年一月一日

＊《台湾文化》第一卷第二期转载，一九四六年十一月一日

＊同上第一卷第三期转载，一九四六年十二月一日

＊同上第三卷第一期转载，一九四八年一月一日

＊改名为《民歌舞》转载于《和平日报·每周画刊》，一九四六年九月二十二日

漫画《迎接自由的台湾》，黄荣灿，《台湾新生报》，一九四六年一月一日

竹笔画《战后》，黄荣灿，《新生报》（新地），一九四六年五月三十一日

素描《城防》，灿仲，《新生报·星期画刊》，一九四六年七月二十一日

素描《扎麦管》，灿仲，《新生报·星期画刊》，一九四六年八月四日

素描《省立救济院之藤工》，灿仲，同上

素描《待赈》，灿仲，同上

素描《木匠》，灿仲，《新生报·星期画刊》，一九四六年八月十八日

素描《藤工》，灿仲，同上

素描《音乐访问团》，黄荣灿，《大明报》，一九四六年九月七日

素描《不容忽视的现象》，黄荣灿，《大明报》，一九四六年九月十一日

版画《教育院之女教师》，灿仲，《新生报·星期画刊》，一九四六年九月二十二日

版画《落花生之收获》，灿仲，同上

《落花生之收获》（黄荣灿刻）

版画《鲁迅遗像》，黄荣灿，《和平日报·每周画刊》，一九四六年十月十九日

版画《失业工人待救》，黄荣灿，《和平日报·每周画刊》，一九四六年十月二十日

版画《造纸厂之洗料工人》，灿仲，《新生报·星期画刊》，一九四六年十一月三日

版画《鲁迅像》，黄荣灿，《新生报·新地》，一九四六年十一月四日

素描《工事》，灿仲，《新生报·星期画刊》，一九四六年十一月十日

素描《运军粮》，灿仲，同上

素描《运动家》，灿仲，《新生报·星期画刊》，一九四六年十一月十七日

素描《疹断》，灿仲，同上

素描《运炭》，灿仲，《新生报·星期画刊》，一九四六年十一月二十四日

素描《捆柴》，灿仲，同上

版画《米又涨价了》，黄荣灿，《新生报·星期画刊》，一九四七年一月十九日

素描《阿Q》无署名鲁迅，《阿Q正传》，杨逵译，东华书局，一九四七年一月

杨逵《送报伕》胡风译，东华书局，一九四七年十月

茅盾《大鼻子的故事》杨逵译，东华书局，一九四七年十一月

除了以上作品外，"灿仲"的作品另外还有两幅，即以《康德（安徽）的一角》和《削篾匠》为题的两幅作品（《新生报·星期画刊》，一九四六年六月十六日、十一

月三日）。

康德曾是麦非居住的地方，而后者据《抗战八年木刻选》所记，应是麦非的作品。是"麦非"作品，还是印刷之误，或者"灿仲"本来就是黄荣灿与麦非两人共用的笔名，这些目前都有待新的证据。但不管怎样，"灿"是取自"荣灿"，这一点是毋庸置疑的，而且，用以证明黄荣灿与编辑麦非的友情深厚，应该也是确信无疑的。

麦非本名麦春光，一九一六年出生于广东。一九三八年，毕业于广州市立美术学校。擅长素描、水彩画、木刻、漫画。抗日战争中，从事《前线日报》的编辑工作。后随上海美专毕业的画家卢秋涛来台。在台湾出版社任过职，生计窘困时，获助于王白渊，得以在《新生报》担任《星期画刊》的编辑。后来他当了《中华日报》、《公论报》的记者，一九四八年三月离台。在木刻画家中是最早离开台湾的一位。

在谢里法《中国左翼美术在台湾》[22]中，关于麦非与黄荣灿的关系引用了麦非的证言。据说，两人是在麦非任《新生报》编辑前后结识的："但对黄氏的立场并不是十分信任、认为《扫荡报》的工作与军方有密切关系、尽量敬之远之且事事对他保有戒心"。因此，每周召开的木刻画

《失业工人待救》（黄荣灿刻）

家同僚聚餐会也没有邀请过黄荣灿。

但是，证言似乎与事实稍有偏差。如上所述，二人是在麦非刚到台湾时相识的。二人拜访滨田应该是在一九四六年三月，即接手《星期画刊》编辑的四个月前。黄荣灿是麦非战时曾工作过的《前线日报》的驻台记者，由于这种关系，麦非来台后随即拜访了黄荣灿。当时，此报从安徽省屯溪迁至上海，其《画刊》由后来来台的西崖编辑。麦非来台后最初工作的台湾出版社的出版计划未能顺利进行，生活陷于窘境的麦非，也是由黄荣灿的介绍到王白渊那里的。在台湾文化协进会，黄麦二人作为大陆美术家的代表被邀请到美术委员会。这怎么可能是麦非所说的"敬之远之"呢？麦非还说《扫荡报》同军方有关联，但他不可能不知道，《扫荡报》在战后改名为《和平日报》，台湾版的文化专栏是由杨逵、王思翔、周梦江等人编辑的。因此，"二·二八事件"后，此报立刻被警备司令部封查了。即使在当时，这也是众所周知的事实。麦非为何在一九八四年做出如此证词，在此恐怕没有必要多问。但我想指出的是，在两岸隔阂的深渊中仍然存在着曲解与误会这一事实。

不管怎样，重要的是黄荣灿与麦非一起时常走访松山

《米又涨价了！》（黄荣灿刻）

的香烟厂、救济院、教育院和农村等地方，拜访劳动的人们。黄荣灿一直在默默地坚持描绘他们。来台后的作品，除了两幅《鲁迅像》和一幅《阿Q》肖像以外，全部是忠实地描绘勤劳民众的作品。似乎从每一幅画都可以看到黄荣灿一边作画、一边平静地与民众交谈的样子。并且随着对话，他的刻刀和画笔把由明转暗、从光到影的时代变化真实地留在了画面上。

《迎接自由的台湾》描绘的是在自由女神像下失败的日本军和欢庆胜利的台湾民众。《省立救济院的藤工》、《待赈》、《失业工人待救》则描绘的是战后一年以来仍为生活所迫的人们。《不容忽视的现象》揭示的是美国货在市场上的泛滥。次年一月，记录了"二·二八事件"前夜《米又涨价了》的事实。

在"台湾的知识分子"处在"睡眠状态"，"想到的，也不能明说，不允许将事物的原貌描绘出来"[23]这样的时期里，黄荣灿以极大的同感，描绘出了台湾民众的勤劳与苦恼，为后世留下了珍贵的记录。可以说这就是台湾民众布置给黄荣灿的"学习"任务。对黄荣灿而言，"学习"不是别的，就是"向人民学习"。这是他思想与艺术的源泉。

《铸字炉旁之打磨女工》(麦非速写)

沙龙美术

杨三郎在台北交响乐团蔡继焜的介绍下，得以拜访陈仪，并向他直接建议举办"台湾省美术展"。这差不多是一九四六年夏季前后的事情。长官公署决定采纳这一议案，并当即任命杨三郎为"文化咨议"，并把这次台湾省美术展的准备工作全权委任于他。于是，杨三郎遂招聘台阳美术协会的成员组织筹备委员会，开始征集作品。由筹委会推举出来了下列十六位审查委员，其中，除蓝荫鼎外，都是"台阳协"的会员。

国画部：林玉山、郭雪湖、陈进、林之助、陈敬辉

洋画部：陈澄波、陈清汾、杨三郎、廖继春、李梅树、李石樵、刘启祥、蓝荫鼎、颜水龙

雕刻部：陈夏雨、蒲添生[24]

在展览会筹备的同一时期，台湾文化界人士的组织建设也在进行之中。一九四六年六月，许乃昌、杨云萍、王白渊、苏新、陈绍馨等人组织了半官半民的文化团体——

《不容忽视的现象》（黄荣灿速写）

台湾文化协进会（台文协），十六日，以"建设民主的台湾新文化""建设科学的新台湾""肃清日寇时代的文化遗毒"为旗帜，在中山堂举行了成立大会。七月组织了文学委员会，八月组织了文化运动委员会和音乐委员会，九月组织了美术委员会，同月中旬，机关杂志《台湾文化》创刊。

美术委员会的成立是在"第一届台湾省美术展"（省展）开幕的第二天，即九月的二十三日。展览会的筹备工作与文化团体的结成在此汇合起来。受聘委员有以下二十八名。大陆美术家黄荣灿、麦非、王逸云三人也应邀入盟，这是大陆美术家与台湾美术家的第一次同席。台湾美术家以除陈夏雨外的上述十五位"省展"审查委员为主体，共计人数二十五位。其中，除廖德政，蓝荫鼎，黄奕滨三人外，其余的二十二位都是"台阳协"所属的美术家。

二十八位委员如下：

陈清汾、李石樵、陈澄波、杨三郎、林玉山、陈春德、廖继春、林之助、廖德政、郭雪湖、李梅树、陈敬辉、余德煌、刘启祥、陈慧坤、陈进、蒲添生、蓝荫鼎、颜水龙、黄荣灿、麦非、陈德旺、吕基正、张万傅、洪瑞麟、黄奕滨、郑世璠、逸云[25]

这是有正式记载的两岸美术家的首次接触。从某种意义上也可说是抗日美术与皇民化美术的接触。战前的台湾美术，借用吴浊流之言，是"上野的日本画坛之延续"[26]，在这一接触中，我们不仅看不到类似滨田隼雄、立石铁臣的反省与自觉，相反可以感到的似乎却是台湾的"画家心目中都不大看得起木刻艺术"。[27] "西洋画坛的权威"李石樵对木刻画的评论是"由于战争的影响，在那个苦难深重的黑暗年代里，就像是从最低层爬起来的臭气熏天的灰暗作品"。[28]可见，两岸间的沟壑之深非同寻常。

与此相反，台湾美术界与长官公署间的隔阂却日渐平淡。在展览会闭幕半月后的十月十七日，"台文协"邀请审查员全员召开了座谈会。在前一天，陈仪和教育处长曾举行过招待宴会。在这里也议论过今后的展览会、美术机关、美术教育等问题。但黄荣灿和麦非不在其中。据《台湾文化》第一卷第一期（一九四六年十二月）的报道，具体内容是向政府提议（一）在中小学恢复"图画"课；（二）设立台湾省美术委员会；（三）设立"艺术学院"以及"美术研究所"；（四）在中山堂设立"常设美术陈列馆"，促进个人展的举办。[29]政府在承诺上述讨论的同时，长官公署秘书处和台北市政府购买了郭雪湖的《骤雨》、李梅树的《星期日》、陈澄波的《制材工厂》、范天送的《七面鸟》、陈进的《孔子节》等五件作品，并将它们送给了陈仪长官。[30]

在美术界的诸多活动影响下，外省文化人亦于一九四六年十二月设立了由国立艺专出身的任先进、朱意清，诗人雷石榆、孙艺秋，画家黄荣灿、麦非，表演艺术家黄平、蓝蓝星等数十人参加的"艺术沙龙"。并设立了文学、戏曲、美术、摄影、版画等研究部门。为与台湾文化界人士的交流准备了场所。[31]

可是，无论是"台文协"还是"艺术沙龙"，在它们成立后没几个月便遭遇了"二·二八事件"，还未开展什么具体的活动，便都沦为有名无实的组织。对长官公署提出的四项提案亦成了空谈。大陆美术家与台湾美术家之间正式接触的短暂瞬间即告结束，而终未能走上为同一事业携手共进的道路。

作为战后美术界起点的"第一届省展"，从一九四六年九月二十二日开始，进行了十天。这是战后首次大型展览会。分国画、洋画、雕刻三个部分，采纳作品共计四百一十二幅，其中展出作品三百一十二幅。

虽然展出了许多优秀作品，可是除审查委员由台湾人担任这一因素外，作品从募集到审查，仍沿袭着"台湾总督府美术展览会"（府展）的旧程式。因而，从形式上看，"省展"不过是换了个牌子的"府展"而已。从结果看，要维护"沙龙美术"的体制和他们的地位，其筹码就是将展览会的组织体制和审查体制全部奉送给行政长官公署。这似乎是台湾美术界绝未意料到的事。但在有名无实化的过程中，即使是形式化，只要"省展"存在，而且能够每年继续举行就成了这一"交易"的结果。

"台阳美术协会展"（台阳展）本打算在举办"省展"的一九四七年后举行，[32]可由于爆发了"二·二八事件"，直到一年后的一九四八年六月十九日，才以"十一届台阳展"的名义得以恢复开展。开幕的前几天，台湾省政府主席魏道明由马寿华陪同，参观了展览会，参观后他说道："台湾虽曾受日人统治了五十一年，台湾仍能保持祖国的优秀艺术作风，足见台胞是热爱祖国的"。[33]

二月，许寿裳遇害，大陆一部分文化人士开始陆续离台。在这种氛围之中，民间组织"台阳协"试图以展览会为新的起点，但在复出的"宣言"中却没有更多的关于任何追求"民主"的言论。宣言中，除了在日本统治时代自己"为本省界惟一之警钟木铎,作反对台展(由日政府主办之美术展览)之先锋"之类的醒目口号之外,既看不到对战争中在"台阳展"设置"皇军慰问室"的忏悔,也看不到对通过大东亚战争画和皇民化运动来煽动民众的反省。台湾美术界在延续了战前体制的同时,也丝毫未加批判地便接纳了新体制。这通过一九四九年后,"很多画家仅可能画些有关建设的内容来歌功颂德,以博得政府的欢心"[34]这一事实可以看得很清楚。

若再深入一些,这一点将看得更加鲜明。陈澄波成为"二·二八事件"的牺牲者,陈春德也病死于此前后。陈夏雨"因意见不合",在"第一届展"后脱会。张万博、陈德旺、洪瑞麟也"因意见不合",于一九五一年脱会。张义雄、廖德政等人则组织了"纪元美术展览会"。这种意见的不一致究竟是什么,我们通过四十多年后举办的"回顾与省思——二·二八纪念美展"的作品终于可以看清了。这次展览会收集的作品大多数来自"台阳协"的脱会者和非会员,而会员的作品只有蒲添生和郑世璠二人的而已。这就充分揭示了"台阳协"在战争中不思反抗,战前战后,不仅从未有过对压制的抗议,而且脱离社会与民众,龟缩于沙龙美术的壳子里这一历史事实。

《台湾文化》

滨田隼雄向黄荣灿介绍的"几位主要画家"中，不太清楚是否有台湾美术家，如果有，那应是最初的接触，比在"台文协"美术委员会的接触还要早半年。由滨田介绍的立石铁臣是一九三四年"台阳协"设立以来的会员，由他引荐结识其他人应该更合乎情理。可无论是立石还是台湾美术家都没有留下有关这方面的任何记载。

大陆美术家的记载虽然也很少，但仍然为我们留下了一些线索。据一九四六年夏来台的荒烟所述，大陆的木刻画家在黄荣灿的引领下，拜访了几位台湾画家，并受到了热情的款待[35]。朱鸣冈亦说在一九四七年冬，曾被杨三郎请至家中，共叙友情。当时在场的还有台湾美术家李石樵、蓝荫鼎二人和大陆木刻画家黄荣灿、陆志庠、戴英浪三人。这可能是"二·二八事件"以前的事，黄荣灿和蓝荫鼎当时兴高采烈的情态都被记录了下来。[36]据蔡瑞月的回忆，在一九四七年八月她与雷石榆结婚后，在新婚家中举办了"文人会"。田汉、白克、黄荣灿、蓝荫鼎、蒲添生、吕诉上等人都是座上常客。据说"文人会"在他们结婚之前，即雷石榆在黄荣灿的家中寄宿的时候便已开始。"他们经常聚在一起,谈论文学的新方向,如何发展本土文学及岛内语言,并及于如何推展舞蹈等问题"。蓝荫鼎和黄荣灿似乎都是中坚力量,对蔡瑞月的舞蹈创作也给予了全力协助。[37] 据她回忆,"文人会"中的多数都是《台湾文化》的撰稿人,而在"台文协"美术委员中,只有黄荣灿、蓝荫鼎二人在《台湾文化》上发表论文,就这点来说,也表明了两人的关系。另外,蒲添生一九四七年以《诗人》为题创作的鲁迅像,也说明着他与黄荣灿之间的交谊。

这些相关资料表明,在"台文协"美术委员会举行的聚会以前,两岸的美术家已有交往,而且说明这种交往是日常性的也是长期的。其实,黄荣灿与杨逵、王白渊、苏新等台湾文化界人士以及更广泛的友好关系可能已经存在。因为黄荣灿发表在《台湾文化》上的文章,清楚地指出了与台湾美术家的争论,也说明他正确地捕捉到了对方所面对的问题。他的议论是针对台湾美术家的,而绝不是无的放矢的空论。

遗憾的是,由于没有听到台湾美术家的反论,对此无法加以证实。除了蓝荫鼎外,无人能用汉语进行表达,所以除了日语座谈会和采访记录以外,什么也没留下。据王

后排左起：蓝荫鼎、黄荣灿
前排左起：蒲添生、白克、雷石榆、雷石榆的后方是蔡瑞月

白渊和苏新说,语言有"障碍",出版物也很少。另外,言论也不能不小心,更由于战争的混乱,生活也不得安定。这是到"省展"为止,台湾的文化界人士持续处于"睡眠状态"的原因。王白渊说:"台湾的文化界人士自光复以来,虽然满怀着期待,可现在仍是谁也不敢乱讲的状态"。苏新说:"捕捉现实,并将其客观的加以描写,仿若照相一般,可谓简单;现在不允许把现实原原本本地表现出来,我们的苦恼就在这里"。[38]

"台文协"美术委员会的成立显示出台湾文化界人士"变得渐渐冷静,对各种新建设的决定与方案尽量进行客观的深刻的反省和思考"。[39]已从"睡眠状态"觉醒过来的台湾美术家将向何处去?

王白渊指出"现在可以说的是向着民主主义文化的方向推进"。苏新接受这一观点,提出了文化的民主化和大众化的问题。他说:"将文化沿着民主化的方向推进,就是要使民众的民主主义意识高涨……明确地说,即文化应为大众所有。"王白渊对此总结说:"在美术方面,有必要从沙龙美术迈出来。"苏新的最后结论是:"自慰性作品以后将不得存在。"李石樵对这些问题作了如下答复:

作家能够理解而别人理解不了的美术是脱离民众的美术，这种美术不能说是民主主义文化。如果今后的政治是民众政治的话，美术也好，文化也好，就不能不成为民众的东西。因此，绘画的取材就必须沿着这一线索考虑。放弃徒有其表的作品，我们更需要有主题、有主张、有思想的作品。[40]

当代的美术必须是有主题的美术。因此，必须有明确的目标，必须有力求挖掘现实的一贯态度和对美的价值的感悟。绘画存在于社会，与大众共存是理所当然的。……目前美术在我们国家的存在方式就是要有明确的主题。[41]

应该说"台文协"美术委员会的二十八名美术家，他们对民主主义文化的方向和文化的民主化、大众化当然不会存有异议。但如何推进民主化、大众化这既是《台湾文化》的主题，也是意见的分歧所在。

他们之间意见完全相反的地方是，如何评价殖民地文化的问题。对于美术家来说，就是对"府展"、"台阳展"或"台阳协"如何进行批判与继承的问题。他们既是日本统治的被害者，同时对于台湾民众来说，又是日本统治者的"仆从",尽着"仆从"的义务。然而在新统治者到来的时候,他们又强调自己与日本统治的对峙,避而不谈日本统治及自己是如何对待民众的这个问题。相反却重视自己所受日本文化的影响,认为自己已达到"世界级水平"[42]。对作为"日本画坛附属物"的殖民地这一面却视而不见。这种自负心和不思反省,自然会阻碍他们正确地认识自鲁迅以来,大陆美术家所走过的斗争、改革的历史。李石樵评价中国美术时,批评说"经过了那么长时间,却始终没有看到一点点改善、进步的痕迹","表现了对人生与自然之间的妥协的不满,只追求画面的漂亮和脱离现实的逃避性作品,在那里看不出任何人生的深刻意义"。而这些却正是鲁迅他们寻求变革的对象。由于认识不到这一点,所以反过来批判在变革运动中诞生的木刻画是"臭气熏天的作品"。[43]对黄荣灿来说,他肯定看到了这一巨大矛盾。

因此,黄荣灿就台湾美术家所提出的问题,在《台湾文化》上发表了以下六篇文章,表述了自己的想法。

《新兴木刻艺术在中国》,第一卷第一期,一九四六年九月十五日
《悼鲁迅先生——他是中国的第一位新思想家》,第一卷第二期,

一九四六年十一月一日

《版画家——凯绥·珂勒惠支》，第二卷第一期，一九四七年一月一日

《新现实的美术在中国》，第二卷第三期，一九四七年三月一日

《美术与社会生活》，第二卷第五期，一九四七年八月一日

《工艺、生活、社会、科学的基础》，第三卷第一期，一九四八年一月一日

首先黄荣灿以事实为依据，就抗战八年中木刻运动是如何面向现实，一边自我改造，一边服务于现实变革的历史和理论，以及鲁迅在这一过程中所起到的作用进行了详细介绍。《新兴木刻艺术在中国》是根据原发表在上海的杂志《月刊》（一九四五年十二月）和《新生报》的《星期画刊》（一九四六年六月二日）上的演讲稿《抗战中的木刻运动》一文加工整理而成的。主要内容在前一章《关于新兴木刻运动》一节已介绍，于此不赘。但这一次在文章末尾添加了一段针对台湾美术家的话。

今后尤其在日统治五十年后的台湾艺术重建事业下，我们热望与本省艺术者合作，互相研究这民族艺术发展的必要，我们在此握手，交换经验，促使台湾与内地联接起来，大步直进。这是我木刻界所乐意的事，

因为我们经过复杂的变化，仍没有错误的运用创作方针，同时还未有走完木运的事业，我们现在正处在努力发挥的前夜。

《台湾文化》的第一卷第二期是《鲁迅逝世十周年特辑》(一九四六年十一月)。黄荣灿帮苏新收集资料。[44] 其中一篇就是陈烟桥的《鲁迅先生与中国新兴木刻艺术》。这篇文章由两部分组成。前一部分是《鲁迅与中国新木刻》，后一部分是《鲁迅怎样指导青年木刻家》的节选。这两篇都是曾经发表在范泉编辑的《文艺春秋》上的文章。但是从前一部分在《文艺春秋》上发表的日期是一九四六年十月十五日，在《台湾文化》的发行日为同年的十一月一日来看，此篇文章不是转载的，而很可能是陈烟桥应黄荣灿的要求自己编辑修改之后寄来的。[45] 黄荣灿在陈烟桥的帮助下，介绍了鲁迅在新兴木刻运动中所发挥的作用和他的指导理论，并借以补充了自己在前一期发表的《新兴木刻艺术在中国》的不足。黄荣灿在这一期上也发表了《悼鲁迅先生——他是中国的第一位新思想家》。并在《和平日报》同时发表了《中国木刻的保姆——鲁迅》，强调"在台湾首次纪念、介绍、认识他，是台湾文化发展需要的一面"。[46]他重申了鲁迅的战斗精神和新兴现实主义美术的任务。

> 鲁迅先生把木刻从西欧搬回来中国的老家后,他苦心地哺育着,领导着,使它以新的战斗姿态配合着现实,关切着民生的命运,而踏上英勇的前进的阶段!所以木刻在今天才能刻画出敌人的野蛮,残暴和丑恶的现实来!

引起强烈反响的鲁迅纪念特集似乎给了当政者很大的刺激。不到一个月,追随国民党党部的《正气》等杂志,开始对鲁迅进行激烈的攻击。但黄荣灿毫无畏惧,继续介绍了凯绥·珂勒惠支。并撰文《中国新现实主义的美术》,指明了中国新兴美术在世界美术中的历史与方向。

> 这课题是历史给予我们的,历史要我们完成它,而同时,我们也要完成这新现实主义的美术历史。在这满目创伤的中国,历史不允许艺术黑暗时代的野兽派、立体派、未来派在中国存在。历史却要新的现实主义在中国茂盛,因为应该非服务现实的理想,去改

造现实生活的一切，提高到一个健壮的全体不可。[47]

他指出了中国新兴美术在战斗中学习、成长的历史性任务，同时也指出了台湾美术家与大陆美术家对世界文化的"摄取"方法和态度之不同，并指出了台湾美术家对所谓"世界水平"的认识的偏差。对黄荣灿来说，与"怎样画"相比，"为什么而画"和"画什么"才是最应该优先考虑的。最后将话题引到这种差异的根本原因——即对"美术与社会"所应采取的姿态的议论上来。但这时经过"二·二八事件"的洗礼，《台湾文化》的多数撰稿者已失踪，作为上层团体的编译馆也已被查封了。

台湾美术界方面自始至终都未置一词，讨论没有深入下去。重要的是彼此间没有共通的语言。《台湾文化》的编辑者不禁发出"台湾的文艺家在哪里？"之叹。[48] 未能拥有共同的历史，而当下的沟通也尚未真正开始，便迎来了"二·二八事件"。台湾美术家直到一九四八年八月黄荣灿的最后一篇论文发表为止，一直保持着沉默。而被搁置的争论为同月创刊的《新生报·桥》副刊所继承。

即使如此，与台湾美术家的接触仍为黄荣灿提供了一个绝好的学习机会。黄荣灿将日本人遗留下来的"《世界美术全集》、《世界裸体美术全集》及外国著名作家的全集用低价买来,从一楼直堆积到二楼"[49],并发奋钻研,努力从"世界"和"台湾"吸收营养。其成果可见于后来举行的世界美术史展示和论述西洋美术史的文章[50],以及批判台湾美术界的文章。[51]随后,在他的创作上也有显著的体现。与毕加索绘画之缘,也始于此种努力与苦恼之中。

注释

1 《创作版画的发祥与终焉——日本占领时代的台湾》,(一九四六年夏作)西川满《仙女座》,一九九三年五月

2 《黄荣灿君——终战后的台湾轶事》,滨田隼雄,同前注
《木刻画》,(一九四八年作)滨田隼雄,同前注

3 《木刻画》,同上,以下、特别是没有【注】的部分也出自该文。

4 《致日本人诸君(续)》,王白渊,《人民导报》,一九四六年三月二日

5 《滨田隼雄的人性——〈黄荣灿君〉与〈木刻画〉》,陈藻香,中华民国日本语文学会,一九九七年十二月

6 《论台湾文学》,范泉,《新文学》,第一期,一九四六年一月一日
《重见祖国之日——台湾文学今后的前进目标》,赖明弘,《新文学》,第二期,一九四六年一月十五日

7 同 5

8 《作家滨田隼雄的轨迹》,河原功,《成蹊论丛》,三十八号,二〇〇〇年三月二十五日

9 《南虹——迎新年》,木马,《人民导报·南虹》,第一期,一九四六年一月一日

10 《文海硝烟》,范泉黑龙江人民出版社,一九九八年五月
《中国现代文学社团流派辞典》,范泉主编,上海书店,一九九三年六月
《〈前锋〉杂志创刊号》,张斗宪传文化事业有限公司,一九九八年

11 《向人民学习》,郭沫若,《人民导报·南虹》,第二十四期,一九四六年一月二十六日转载自《文哨》,第一卷第一期,一九四五年五月
《学习怎样运用自由》,马可里(Macaulay),陶行知译《人民导报·南虹》,第二十九期,一九四六年一月三十一日转载自《民主》星期刊

12 《怎样利用假期》,黄荣灿,《人民导报·南虹》,第三十四期,一九四六年二月八日

13 《妇女要求民主》，荣丁，《人民导报·南虹》，第三十五期，一九四六年二月十一日

14 同 12

15 同 12

16 《王添灯先生事略》，苏新《未归的台共斗魂》，时报文化出版，一九九三年四月

17 版画（题不详）徐甫堡，《台湾评论》，创刊号，一九四六年七月一日
版画《播种》，平尼，《台湾评论》，第一卷第二期，一九四六年八月一日
版画《收获》，黄荣灿，《台湾评论》，第一卷第三期，一九四六年九月一日
版画《建设》，黄荣灿，《台湾评论》，第一卷第四期，一九四六年十月一日

18 《苏新自传》，苏新，《未归的台共斗魂》，时报文化出版，一九九三年四月

19 《也漫谈台湾艺文坛》，甦甡，《台湾文化》，第二卷第一期，一九四七年一月一日

20 《怎样利用假期》，黄荣灿，同前注

21 《致青年诸君》，王白渊《新新》，第七期，一九四六年十月十七日

22 《左翼美术在台湾》，谢里法《台湾文艺》第七、八期，一九八七年八月

23 《谈台湾文化的前途》，苏新发言，《新新》，第七期，一九四六年十月十七日

24 《台湾美术运动史》，王白渊，《王白渊·荆棘的道路》，下卷彰化县立文化中心，一九九五年六月

25 《本会日志》，《台湾文化》，第一卷第二期，一九四六年十一月

26 《黎明前的台湾》，吴浊流，社会思想社，一九七二年六月

27 《难忘四十年前旧游地——木刻家朱鸣冈忆台湾之行》，吴埗，同前注

28 《西洋画坛的权威——访李石樵画伯》，王俊明，《新新》，第七期，

一九四六年十月十七日

29 《谈台湾文化的前途》,同前注

30 《本省文化消息》,《台湾文化》,第一卷第三期,一九四六年十二月

31 《本省文化消息》,《台湾文化》,第二卷第一期,一九四七年一月

32 《也漫谈台湾艺文坛》,甦牲,同前注

33 同 24

34 《以绘画连接台湾和日本——故杨三郎大师访谈记》,台北市立美术馆,一九九三年

35 荒烟致谢里法书简,一九八四年八月十日

36 《难忘四十年前旧游地——木刻家朱鸣冈忆台湾之行》,吴埗,同前注

37 《台湾舞蹈的先知——蔡瑞月口述历史》,行政院文化建设委员会,一九九八年四月

38 《谈台湾文化的前途》,同前注

39 《本会的记录》,《台湾文化》,第一卷第一期,一九四六年九月十五日

40 同 38 李石樵发言

41 《西洋画坛的权威——访李石樵画伯》,黄俊明,同前注

42 同 38,黄得时发言

43 参照 38 李石樵发言及 41

44 《后记》,《台湾文化》,第一卷第二期,一九四六年十一月一日

45 《鲁迅与中国新木刻》,陈烟桥,《文艺春秋》,第三卷第四期,一九四六年十月十五日

《鲁迅怎样指导青年木刻家》,陈烟桥,同上第二卷第四期,一九四六年三月十五日

46 《中国木刻的保姆——鲁迅》,黄荣灿,同前注

47 《新现实主义美术在中国》,黄荣灿,《台湾文化》,第二卷第三期,

一九四七年三月一日

48　《编后记》,《台湾文化》,第二卷第五期,一九四七年八月一日

49　田野证言《思想起》,吴埤,同前注

50　《中央日报·西画苑》,黄荣灿编,一九五○年十月～十一月

51　《漫谈美术创作的认识并论台阳画展作品》,黄荣灿,《中华日报·海风》,
　　一九四八年八月三日

　　《正统美展的厄运——并评三届"省美展"作品》,黄荣灿,《新生报·桥》,
　　一九四八年十一月二十九日

　　《湿装现实的美术—评"台阳美术展"》,黄荣灿,《公论报·艺术》,
　　一九四九年六月五日

第三章 回归与交流 II

《文艺春秋》

前一章提到,黄荣灿曾承担为陈烟桥的《台湾文化》写稿。以此为契机,《台湾文化》和《文艺春秋》以及这两家杂志的总编杨云萍和范泉之间建立起了协作关系。

对此,杨云萍曾说过:

> 范泉先生在上海某报上发表的关于我的评论(它题为《杨云萍》),言多溢美,不消说,我是不敢当。范先生说"中国的读者应该认识他(杨云萍),研究他,鼓励他"。我有没有值得认识、研究和鼓励的价值,

固属疑问；只是对于未识面的范泉先生的好意和策励，要谨表深深的感谢。[1]

所谓范泉的评论，就是刊载于《文汇报》的《笔会》栏目（一九四七年三月六日）上的《杨云萍——记一个台湾作家》。这是战后继他在《新文学》上发表的《论台湾文学》（《新文学》一九四六年一月一日）之后，首次把台湾作家介绍给大陆的一篇值得纪念的文章。据范泉讲，《论台湾文学》一文，经黄荣灿之手在台湾文学家之间传播开来后，不断收到来信。其中有的是关于这篇论文的宝贵意见，也有的是特意赠送著作的。首先收到的是赖明弘发表于《新文学》（一九四六年一月十五日）上的题为《重见祖国之日——台湾文学今后的前进目标》。随后，杨云萍寄来了诗集《山河》，杨逵也寄来了他刚刚出版的《鹅妈妈出嫁》，并签了名。于是他开始与台湾作家之间往来。范泉对台湾文学非常关心，一九四四年曾翻译并发表了龙瑛宗的《白色的山脉》，同时还收集了台湾文学以及有关台湾的资料五十多件，并进行了坚持不懈的研究。

范泉在上述文章中不仅对杨云萍的作品，对于其他的作家也以敏锐的感性进行了分析。

　　在台湾的作家之中，杨逵的小说是值得我们注意的。……从胜利以后，作者自台湾寄给我的那部短篇集里观察，使我更认识了他是位能运用多种多样艺术形式的，关心台湾人的生活幸福的，真正的台湾本岛作家。

　　龙瑛宗的小说却是带有了浓重的忧郁感的。但是我们也不能苛责作家的这种"忧郁感"，因为他生长在那样的环境里，呼吸在那样的空气里。他至少不像周金波那样，写下了屈辱求荣的志愿兵一类的小说而仍然毫不感到自惭。他是一个朴素的，纯粹带台湾色彩而描绘了台湾的真切的悲喜的。

范泉还翻译了杨的三首诗，并向对台湾的问题"很生疏"的读者提出了这样的问题。

　　试问这样的台湾人、这样的台湾人的家、这样的台湾人的贫困，是由于谁的赐予呢？那是日本帝国主义者蛮横统治下的成绩！

所以在作者的诗篇里,虽然充满了寥穆和悲哀,但从寥穆和悲哀的反面,我们却看到了他的热血与呼声。这不是无援的消沉,而是充满了新的希望的反抗的呐喊。[2]

他从用日语写成的作品之中读懂了台湾的心,也从在日本的统治下台湾民众的"寥穆和悲哀",以及蕴藏其中的对于日本统治的"反抗的呐喊"中,理解到台湾文学就是"中国文学之一环"。当然,用这种眼光看待台湾的决不仅仅是范泉一人,这既是孕育于胡风等进步文化人士中的看法,也是许多人的共感。在台湾行政长官公署鼓吹"台湾没有文化"、[3]台湾人被日本人"奴化"[4]的背景下,范泉的言论对于台湾的作家而言,不仅意味着来自"祖国"的强有力的支持,也是对于当权者的强烈抗议。

此后,范泉还通过以下编辑工作和著述促进了祖国对台湾的了解,为大陆和台湾的交流费尽心力。

《白色的山脉》,龙瑛宗著、范泉译,《文艺春秋丛刊》之二,一九四四年十二月一日
《论台湾文学》,范泉,《新文学》,一九四六年一月

《泥坑》，欧坦生，《文艺春秋》第三卷第四期，一九四六年十月十五日

《吉田秀雄》，范泉，《人民导报》（人民副刊），一九四六年十月二十七日

《记台湾的愤怒》，范泉，文艺出版社，一九四七年三月六日

《杨云萍——一个台湾作家》，范泉，《文汇报》（笔会），一九四七年三月七日

《训导主任（小说）》，欧坦生，《文艺春秋》第四卷第三期，一九四七年三月十五日

《创世纪》，范泉，寰星图书杂志社，一九四七年七月

收入《记台湾的愤怒》，《杨云萍——一个台湾作家》

《婚事》，欧坦生，《文艺春秋》第五卷第一期，一九四七年七月十五日

《三个戏》，欧阳予倩，同上

《台湾高山族的传说文学》，范泉，《文艺春秋》第五卷第二期，一九四七年八月十五日

《高山族的舞蹈和音乐》，范泉，同上

《记杨逵》，范泉，《文艺丛刊》第一辑，一九四七年十月

《沉醉（台湾土著小说）》，欧坦生，《文艺春秋》第五卷第五期，一九四七年十一月十五日

《关于三篇边境小说》，范泉，同上

《台湾戏剧小记（杂谈）》，范泉，《文艺春秋》第五卷第六期，一九四七年十二月十五日

改为《关于台湾戏剧》转载于《星岛日报·文艺》，一九四八年一月十九日

《神灯》，范泉，中原出版社，一九四七年十二月

黄永玉为范泉之台湾高山族传说——《神灯》一书提供木刻插图

收入《台湾高山族的传说文学》,《高山族的舞蹈和音乐》

《大地山河》,范泉,《力行报·力行》,一九四八年二月四日

《海上盛夏》,杨云萍,范泉译,《星岛日报》,一九四八年三月一日

范泉主编《文艺》,第十四期

《十八向(短篇)》,欧坦生,《文艺春秋》第六卷第三期,一九四八年三月十五日

《悼许寿裳先生(悼词)》,洛雨(范泉),同上,转载于《星岛日报·文艺》一九四八年三月二十二日

《杨云萍诗抄(诗二十首)》,范泉,《文艺春秋》第六卷第四期,一九四八年四月十五日

《关于白色的山脉》,范泉,《中华日报》,一九四八年七月二日

《台湾的作家们(介绍)》,林曙光,《文艺春秋》第七卷第四期,一九四八年十月十五日

《鹅仔(小说)》,欧坦生,同上

《文艺春秋》最初的形式是一九四四年十月在上海发行的《文艺春秋丛刊》(不定期刊物),曾登载了司徒宗、沈子复、范泉等人的小说以及孔另境(茅盾夫人的弟弟)等人的戏剧。一九四五年九月,在战争刚结束时,曾一度停刊整顿,十月,改名为《文艺春秋》,以月刊的形式重新开始发行。范泉从创刊直到一九四九年四月停刊一直任总编,并将它培育成一份综合性文艺杂志。范泉曾自学日语,后来到北京,在张仲实先生的指导下,学会了日语。

《桂林街头》/《送别》（黄荣灿刻）

之后，他回到上海，并毕业于复旦大学新闻系。在学生时代，他曾在内山书店与鲁迅结识，并在翻译方面得到过鲁迅的指导，也同好友陈烟桥一起拜访过鲁迅。鲁迅去世之后，在保存鲁迅遗物方面竭力帮助过其夫人许广平。并在她的指导下，翻译了小田岳夫的《鲁迅传》（开明书店、一九四六年九月刊），该书为台湾的读者了解鲁迅做出了贡献。在此期间，沈子复、孔另境先后就任《月刊》（权威出版社）和《新文学》（权威出版社）的总编。三人共同走过一条相互协助、相互支持、相互勉励的道路。

据说，来台后，黄荣灿和范泉之间不断有书信往来，互相介绍彼此的情况。范在《文艺春秋》第二卷第二期（一九四六年五月十五日发行）上介绍了黄荣灿的版画《桂林街头》（《送别》）、在第五卷第三期（一九四七年九月十五日）上介绍了黄永玉关于台湾高山族传说的八幅版画、在第七卷第四期（一九四八年十月十五日）上又介绍了朱鸣冈的两幅台湾组画。三种刊物的编辑和陈烟桥等木刻画家都有着亲密的关系，而又正是他们支撑着架在黄荣灿、陈烟桥的《台湾文化》和《文艺春秋》之间的桥梁。此后，这两份杂志的协作关系在编辑上进一步发展，同时刊载过以下三篇论文。

《台湾食摊》(黄永玉刻)

《读〈鲁迅书简〉——许广平编、鲁迅全集出版社出版》,李何林,《台湾文化》第二卷第二期,一九四七年二月五日

＊同名发表于《文艺春秋副刊》第一卷第二期,一九四七年二月

《读〈中国文学史纲〉》,李何林,《台湾文化》第二卷第五期,一九四七年八月一日

＊同名发表于《文艺春秋》第四第六期,一九四七年六月十五日据同期的编后记记载,如果没有"二·二八事件"的影响,会早于《文艺春秋》发表

《梅里美及其作品（上）（下）》,黎烈文,《台湾文化》第二卷第八、九期,一九四七年十一月一日、十二月一日

＊题为《梅里美评传》,发表于《文艺春秋》第五卷第五期,一九四七年十一月十五日

《文艺春秋》于一九四七年七月在台北市中山北路三〇三号设立了总销售店[5]、次年三月、出版该杂志的永祥印书馆也在台北市馆前街七十二号设立了台湾分馆,[6]结果吸引了不少读者,当地的新闻报纸甚至刊出了有关书评。[7]据范泉回忆,从与杨云萍、杨逵、林曙光、黄荣灿、黄凤炎（周梦江）、李何林、黎烈文、郭秋生（芥舟）等人的书信往来开始,就不断有欧坦生（丁树南）、"农民出身的台湾作家"、新闻记者、经济人、医师等台湾知识界人士来访。恐怕这其中也一定有赖明弘吧。"二·二八事件"之后,欧坦生携小说来此避难,逃难到上海的黎烈文在回台湾之前

也拜访了范泉。许寿裳惨遭谋害后，李何林离开了台湾，到孔另境家避难，然后从那里启程奔赴了解放区。

这里想要预先说明一下的是，范泉的台湾文学论和《文艺春秋》的编辑工作事实上成了后来"二·二八事件"后在《新生报·桥》副刊展开的"台湾新文学论议"的基础。有关这一点，将在另一章讨论，因此这里只介绍《台湾文化》和《文艺春秋》的关系。

宣传台湾

作为新闻记者的黄荣灿是如何向大陆介绍台湾的呢？如果不说明这一点，怕不够全面。但是，笔者尚未有机会阅览《大刚报》以及《前线日报》。在此，我想通过黄荣灿的朋友的一些事例，来补充一下有关交流的实际情况。

来台的文化人士大多是从事新闻工作，除了通过台湾的各报介绍和报道大陆文化和实际情况之外，也肩负着向大陆发送消息的台湾特派员的任务。他们是真正背负着交流的重任。上海的《文汇报》保留着关于这方面的珍贵纪录。《文汇报》在向台湾派遣数名特派员的同时，还和台湾的文化人士缔结了特别合约，以便进行多渠道的报道。

作为代表民主党派意见的民间报纸之一,它于一九四五年八月十八日复刊,一九四七年五月二十五日再次停刊,随后,迁到香港。在这一年多的时间中,有关台湾的署名记事和社论,有如下之多,一般报道记事更是数倍于此。这一时期的《光明报》、《大公报》、杂志《观察》等也同样对台湾进行了连续报道。仅从这一点来看,台湾绝不是孤立的。

《文汇报》,(一九四五年八月十八日～一九四七年五月二十五日)
《关于台湾的种种问题》,有思,一九四五年十月二日
《台湾文化的再建设》,社论,十一月十六日
《光复的台湾》,高耘,十二月五日
《台湾行》(上),杜振亚,一九四六年一月五日
《台湾行》(下),杜振亚,六日
《台湾行》,索公,二月九日
《台湾全貌——台湾行之二》,索非,三月三日
《台湾大学概述》,许汝铁,四月三日
《台湾》,李恕非,五月三十日
《台湾茶业》(上),葆蒔,六月十四日
《台湾茶业》(中),葆蒔,十五日
《台湾茶业》(下),葆蒔,十七日
《接收半年后的台湾》,扬风,七月四日
《我走出了台湾》,索伦,十四日

《从台北看台湾》，扬风，二十六日

《评涉谷事件》，社论，二十九日

《台湾经济之今昔》，识齐，八月六日

《台湾之高砂族》，王维屏，六日

《寂寞的台湾》，文联社（叶以群），十二日

《台湾是一座火山》，丝佳，二十日

《台湾的"民主"》，扬风，二十七日

《台湾的秘密》，黄英（周梦江），十月二十一日

《记者团在台湾》，虹光，二十五日

《台湾——中国的爱尔兰》，北庚，三十日

《台湾之农业、农村与农民》，杨奎章，十一月四日

《日月潭风光》，马锐筹，十二日

《台湾的盐》，马锐筹，十四日

《看出矿坑油田》，马锐筹，十四日

《冬初话台湾》，扬风，二十一日

《台湾一角》，胡天，十二月一日

《台湾的文化》，杨村，五日

《台湾拾零》，虹光，十四日

《台湾的土地问题》，杨奎章，一九四七年一月六日

《祖国啊！祖国！》，杨村，十四日

《台湾的山地人与平地人》，鸿飞，二月十四日

《春天到了——台湾百病齐发》，胡天，三月一日

《台湾动乱真相》，火大，四日

《台湾最近物价的涨风》，凤炎（周梦江），四日

《台湾归来》，扬风，四日

《台湾归来（续）》，扬风，五日

《台湾大惨案的教训》，社论，六日

《杨云萍——记一个台湾作家》，范泉六日

《今后的台湾》，编者的话八，日

《赶快解决台湾事件》，社论，十一日

《台湾事件的前因后果》，并容，十一日

《台湾南门——高雄风景》，王望，十一日

《台湾事件的内幕》，王坪，十三日

《台湾动乱核心、嘉义一带的高砂族》，王戟，十五日

《台湾——一页伤心史》《星期谈座》，李伟光等，十六日

《台湾问题的症结》，社论，十六日

《台湾十小时》，记者，十九日

《兵舰开台镇压人民旅台胞通电抗议》，陈朗，二十日

《日本人民在台湾留下的礼物》，梁希，二十日

《台湾的动乱》，胡天，二十三日

《台湾劳动训导营》，金颖，二十七日

《大军陆续渡海去、恐怖笼罩着台湾》，史铁应，二十八日

《台湾之春——孤岛一月记》，董明德，四月一日

《台湾之春——孤岛一月记》（续），董明德二日

《台湾之春——孤岛一月记》（续完），董明德三日

《陈仪失败的教训》，社论，四日

《台湾经济往何处去》，杨村，十六日

《台湾严重的失业问题》，王戟，二十五日

《台湾新闻界的厄运》，竺君，二十六日

版画《恐怖的检查——台湾"二·二八事件"》，黄荣灿，二十八日

《谢雪红和蒋渭川》，重瞳，五月一日

《台湾的暮春》，重瞳，一日

撰稿人中，索非（索公、索伦）是巴金、柯灵等人的朋友，也是《文汇报》的特派员。马锐筹是《大明报》的主干、《人民导报》的创始人之一，后出任《文汇报》的总编。除了给《文汇报》稿件以外，他也在给《前线日报》寄送有关台湾的稿件。[8]"黄英"、"凤炎"是《和平日报》的周梦江的笔名。扬风于一九四六年六月来到台湾，"杨村"可能也是他的笔名。在他躲避被逮捕的危险，返回大陆的那一段时间，正好爆发了"二·二八事件"。事件之后，他再次回到台湾，加入到《新生报·桥》副刊的文学争论之中。总之，撰稿人中的大多数都是黄荣灿的知己或朋友。另外，还有一个引人注目的名字，这就是中国民主同盟的论客——杨奎章。

报道包括政治、经济、文化、教育、工农业、生活等各个方面。他们站在台湾人民的立场上，力主"台湾文化更应该是中国文化的一环、它们密切联系、决不容许有丝毫的裂痕"[9]，揭露了长官公署在"中国化"政策的外衣下，推行"新的殖民地统治"的真实面目。

一九四六年过半时，发生了丁文治失踪事件。丁是上海《侨声报》的驻台记者，同时兼任《和平日报》的科长。他在上述两份报纸上连续揭露专卖局局长和台北县长的贪污事件。结果陈仪自己跳出来，封住他的口并将他逐回了大陆。

接着，事件波及面不断扩大，周梦江和同僚楼宪、王思翔等人一起向《和平日报》辞职，扬风也不得不离开台湾。驻在台北的十几名记者都上了公署的"黑名单"，"如不愿昏沉沉的为陈仪叫好，就会遭到迫害"。[10] 他们一面"生活在令人窒息的政治低气压里、每个人都在为自己的安全担心"，一面继续对台湾进行报道。一九四六年十一月九日，警备司令部召集外勤负责人和台北市外勤记者联谊会所属记者，以"军事机密"为由，通告了实行强化检阅的意图，并给亲睦团体"联谊会"公开派遣了警备部的人员插入其中。[11]

黄荣灿就是这群记者中的一员。一九四七年春，《文汇报》（上海版）有关台湾的报道以他的版画《恐怖的检查——台湾"二·二八事件"》和重瞳的两篇记事报道宣告终结。

相通的脉动

整理一下资料，我们发现黄荣灿在台北共举行过三次或者四次"木刻画展"。在"第一届台湾省美术展"之前有三次，之后有一次。但最后一次到底有没有举行，尚有待考证。双向参与"木刻展"和"省展"的可能只有黄荣灿一个人，而这两个展览是有互相影响的。

一九四六年一月，于台北市中山堂，"黄荣灿个人展"
一九四六年三月，不明，"抗战木刻展"
一九四六年十月，不明，"中外木刻流动展"
一九四七年？月，不明，"第一届全国木刻展"

黄荣灿来台湾的时候，带来了自己的全部作品。在香港举行了"个人展"，到达台北后，马上又在中山堂开展，为光复后的台湾所迎来的第一个元旦增添了不少色彩。这也是新兴木刻画在台湾的首次展览会。据说，在同一时期三民主义青年团主办的"木刻展"也正在文武街新台公司的四层举行。作品为福建省中学生的创作，估计均是台湾少年团的作品。此后又在台中、台南进行了展出。

次月，即二月份，黄荣灿收到了从上海寄来的数十幅作品。这可能是陈烟桥、王琦送来的。黄荣灿借助台湾的"几位主要画家"，从会场到画框都做了安排。三月，以"抗战木刻展"为名举办了展览会。展出作品可能是当初计划在同年春天举办的"抗战八年木刻展"（实际上推迟到同年的九月份举行——笔者）的一部分展品和"九人木刻联展"的展品。从台湾各报所介绍的作品来推测，几乎是包罗了"八年展"的所有优秀作品。果然如此的话，也可以说这是全中国最早的"抗战木刻展"。另外，与杨逵、王思翔等的文化交流服务社协作举办的"抗战八年木刻展"虽已完成计划，但未能实现。[12]

"中外木刻流动展"从一九四三年开始直到战争结束，一直在闽南、粤北、赣南等地展出，是一种一边"流动"展出，一边征集作品，力图不断充实扩大的，具有独特形式的展览会。主要展示了梁永泰、荒烟、赵延年、陈庭诗（耳氏）等人的作品，在各地呼吁抗日。吴忠翰是从开始就负责这次展览会的人，他在黄荣灿成立柳州支会的时候在厦门大学也组织了支会，在来台之前，两人虽未见过面，但却是在同一个环境中孕育成长，积累有相同经验的亲密的伙伴。他和同乡吴乃光是黄荣灿来到台湾之后的第一批客人，同在黄荣灿的家中住了几个月。吴忠翰是《人民导报》副刊的编辑，吴乃光在新创造出版社帮忙，以后去了台南。上述展览会在台北展出后，也在台南、台中等地进行了"流动"展出。[13]

一九四七年七月，王麦秆、戴英浪、章西厓三人从上海带来了"第一届全国木刻展"（同年四月四日—十二日在上海展出）的展出作品。黄荣灿在台湾文化协进会的主办下，为展览会进行了积极的准备工作，但是，恐怕是由于"二·二八事件"后的影响而不得不放弃。关于这一点我将在后面再详细讨论。

虽然具体情况不甚明了，但与"木刻展"相平行，中华全国木刻协会台湾分会也于一九四六年成立。[14] 由此来看，作为有组织有计划的展览会，除了黄荣灿等人的努力之外，我们也不能不注意到，大陆的木刻画家是把台湾放在最优先的位置上的。这是他们对台湾的思念以及希望和台湾共同拥有在抗日战争中孕育出来的新兴美术这样一个良好愿望的表现。对于这种愿望，台湾的美术界又是如何回答的呢？除了李石樵"臭气熏天的灰暗作品"的批评之外，几乎没有留下其他的记录。更让人感到遗憾的是至今没能听到有关当时参观者的任何感想。

但是，从一九四六年九月举行的"第一届台湾省美术展"的作品之中，我们听到了和"木刻画展"相通的脉动，这就是"民主主义文化"的脉动。

会场的中山堂，包括小学生，共来了五万多名参观者，这是在日本统治时期无论如何也难以想象的盛况。在为期十天的展出中，苏新有八天都在帮忙。而黄荣灿作为"台文协"美术委员之一，也一定是每天都在会场。虽然没有看到他的评论，但有苏新的代表性发言。文章虽长一些，但我们还是引用苏新的原文。

　　《合唱》（李石樵作）是描写台湾光复当初，几个小孩子，在被美空军轰炸成为废墟的街头，一个奏口琴，其余合唱，欢天喜地，庆祝台湾的光复。这种心情，除不愿受异民族统治的我们本地人以外，是不能理解的。这种情景是台湾历史上值得记录的，也是抗战八年，替我们由台湾赶出日本的外省同胞的恩惠之一。但是，台湾光复已经一年有余了，其间的台湾社会的变化是怎么样，请看《市场口》、《失望》、《路傍》，就一目了然。《市场口》是一幅"群像画"，描写"市场口"一瞬间的情景：中央有一个上海小姐，身穿绸缎旗袍，脚穿美国皮鞋，手携小皮包，眼戴黑色眼镜，傲然阔步；她的面前，有两三个穿无袖破衣的小米商在呼客；她的右边有一个面上带忧愁的中年的本地妇女，想是为着她的不断地叫饿的小孩子出来买米；她的后

《煨甘薯》（陈庭诗刻）

面有一个垂头丧气的本地失业青年；他的左边有一个瞎老花子；老花子后面，有三个"友的"（台北隐语，黑道的意思），正在愤慨的模样；她的脚边有一只像僵尸的饿犬……，不幸的台湾人，个个都称赞说"宛然把台湾现况缩写在一幅图"！……《失望》和《路傍》也是描写台湾现况的一片面。[15]

在征集来的一般的作品当中也不乏优秀之作，其中有幅题为《卖烟》的作品。署名为踏影的《卖烟记》对这幅作品做了如下评论。

> 第一届省美术展里，记得有一个作品，洋画《卖烟》，描写了两个少年摆小小的烟摊，一个大概是因为疲倦吧，白天底下，一向贪睡觉，另一个站着好像等客的样子，可是他的脸上有了好像含点怒气或好像嗟怨什么的表情，如实地表现出灰色的忧郁，啊，卖烟，你们的忧郁确实是个民生主义啦。[16]

据苏新的自传说，他除了《也漫谈台湾的艺文坛》一文之外，还在《台湾文化》上发表了《漫谈台湾美术界》

《市场口》(李石樵绘)

（评论台湾第一届美术展览会的文章）。但是我在复刻的该杂志上没有找到。从文章的内容和当时的情况来推测，这或许就是上面引用的，寄到《新新》的这篇文章，而"踏影"估计是苏新的笔名。

从这两篇评论来看，一九四六年的"木刻画展"和"省展"在中山堂互相影响，使人感到了即将开始的相通脉动。"画什么"，这似乎成了台湾美术界的"主题"。

然而，这一切并没有逃过当权者的眼睛。很快，国民党党部就出面干涉，苏新的上述评论也"受到理事长游弥坚的注意"。据他讲，国民党党部对这篇评论很有意见。[17] 甚至连受到陈仪保护的《台湾文化》以及"省展"，也随CC派的插手而再难维持。

黄荣灿把苏新的评论用画表现出来时，所谓的"注意"已变为"镇压"。在"二·二八事件"当口，他刻了版画《恐怖的检查》，把油画《卖烟》中所描绘的孩子们的将来从正面进行了刻画，果敢地告诉世人现在应该"画什么"。他把台湾的现实刻入画中，而在画的背后刻的是对台湾美术界"沉默"的批评。

在台北中山堂

今日台北市的中山堂就是日本统治时期的台北公会堂。日军的投降仪式也是在此举行的。其后，戏剧、舞蹈、音乐会、美术展等相继在此举行。它成了新生台湾的文化中心。四楼是台湾文化协进会，《人民导报》社也近在咫尺。

从一九四六年到一九四八年，黄荣灿除了为在此举办的音乐、戏剧、舞蹈提供幕后帮助之外，还尽心地照顾了从大陆来的文化界人士。

马思聪小提琴演奏会，中山堂，一九四六年九月七日～八日

青年艺术剧社演出《雷雨》，中山堂，一九四六年十一月四日～六日

台中市一九四六年十一月二十五日～二十七日

新中国剧社公演，中山堂，一九四六年十二月三十一日～四七年二月

剧目：《郑成功》、《牛郎织女》、《日出》、《桃花扇》，蔡瑞月创作舞蹈第一回发表会，中山堂，一九四七年一月七日～八日

剧目：《印度之歌》、《村娘》、《牧童》、《天鹅》、《壁画》等上海观众话剧演出公司，中山堂，一九四七年十一月九日～十二月六日

一九四八年一月十五日／三月五日～十二日

剧目：《清宫外史》、《岳飞》、《爱》、《万世师表》、四月四日开始在台中公演。后又到虎尾、新营、屏东等地巡回演出。

音乐家李凌以台北市交响乐团三科科长的身份来台，为马思聪准备住所，并与黄荣灿住在那里等候马的到来。李凌五月份返回大陆，随后上海音乐协进会就派来了马等一行五人组成的音乐访问团。黄荣灿包揽了从生活到演出的一切事务。据莫玉林回忆，他召集吴忠翰、吴乃光等文艺界友人，为广告、小册子的制作、宣传、会场的设置等前后奔走。[18] 作为宣传的一项内容，黄在《大明报》（一九四六年九月七日）上刊发了马思聪的《祝音乐访问团》和白克的《欢迎音乐访问团》两篇文章，并附上团员们的速写，向《人民导报》投寄了《欢迎善良的音乐家》（九月九日）和《马思聪要离开沙漠》（十一月四日）两篇文章。音乐访问团在台南公演的时候，又在《和平日报》（十一月十日）发表了《介绍马思聪的音乐》。但是，去听音乐会的人好像不多。这除了马思聪的名字尚不广为人知外，入场费也过高，也有说是宣传不足。[19] 即使如此，与台湾音乐家的交流还是取得了巨大的成果。台湾文化协进会特意为他们与台北音乐家提供了交流之机会。据说，席

音乐访问团团员（黄荣灿速写）

间，马思聪"我们音乐家也要向民众学习"的话，感动了在座的所有人士。[20]

> 中国的抗战正是一种建设、各方面同时的建设，在文化上同时也看到其他方面如文学、木刻的成就，它们的成长是跟着抗战的年数而增进的。
>
> 我们从西洋接受了一些象牙塔的艺术。但象牙塔一到中国早就被毁于远大的战火，炸弹使我们感到大家的命运是休戚相关的、不分彼此的，因而大家都学会了去关怀别人，因为我们要别人也来关怀自己，大家都知道象牙塔保不了生存的安全，只有把个别的个人融入大众的海洋里才能自救。[21]

然而，对马思聪来说台湾好像是处在一片"沙漠"之中。黄荣灿所计划的全岛演出计划被取消，在台南演出之后，马思聪就回了上海。[22]

与以语言和演技为手段的戏剧界的交流，未能像音乐界那样展开。因为双方在语言和管制方面都存在很大的障碍。应行政长官公署宣传委员会的邀请，新中国剧社于一九四六年十二月十二日来台。十九日，台湾文化协进会

高雄水泥工厂外貌 1947（吴中翰刻）

举行茶话会表示欢迎。十二月三十一日以四个剧目开始了公演,在最后的《桃花扇》演出结束时,他们被卷入了"二·二八事件"。舞台装置、小道具均被毁坏,预定到高雄、台南、台中以及基隆等地的演出不得不被迫终止,[23]三月二十一日乘复航后的第一艘轮船离开了台湾。

在台北的公演,中山堂大厅二千零六十五个座位每天都有七成左右的观众,盛况空前。当初,宣传委员会是为了"普及国语"而邀请的剧团,但关键的台湾观众却很少,大多数观众是从大陆来的人。虽然人们对于这次演出的评价不错,可他们并没能和拥有一百三十三个团体的台湾戏剧界人士很好的合作。虽然聚会了好几次,但是却没有一次推心置腹的谈话,甚至都没有互相交换意见。直到第三次公演完了之后的一月末,在和几个民间演员的数次会面之中,才了解到原来他们误以为新中国剧社是政府的剧团,不敢接近。另外通过交谈,还了解到台湾的观众听不懂台词这个问题,于是在第四次公演《桃花扇》的时候,他们就印制了大量的剧本,廉价发售给观众。不管是介绍吕诉上等台湾演艺界人来参加聚会,还是准备这些台词,都是黄荣灿在做。[24]吴忠翰、雷石榆等的"文人会"也主动承担了宣传的任务。[25]

在基隆上岸的时候，去迎接他们的宣传委员会的一个人曾对领队的欧阳予倩说"台湾没有文化，你们的这次演出将成为对他们的启蒙运动"。但是，实际上剧团的演出要受到四个机关的审查，取得许可。即要通过宣传委员会、教育处、党部、警备司令部中三个部门的许可，方可出演，其中通过两个，还要开会决定。而警备司令部却在没有其他机关同意的情况下，也可直接禁止上演。"台湾剧人很怕，还说，暗中的制裁更可怕"。欧阳予倩在彻底领受了严厉的"台湾省剧团管理规则"和"胜利者"的政策后，对台湾戏剧界人士的言行有了清晰的了解。

> 台湾人对于祖国的一切实在异常隔膜。日本人统治的时候，连平剧都不许唱，其他可知。光复以后，既没有充分的领导，有些人又把在内地一套不好的表现，搬了过去，致令台胞把祖国人民优秀之点一概忽略，只把一些不愉快的事实，毁灭了他们过分的期望。[26]

黄荣灿在柳州的时候，曾参加过国民政府军事委员会政治部所属抗敌演剧宣传五队，据说此次"剧团"的成员之中就有当时的伙伴。又有说他和抗敌演剧宣传九队出身的许秉铎关系不一般。所以每天到作为剧团宿舍的三义旅馆（旧台北旅馆）照料大家。"二·二八事件"发生的时候，他一直守候在旅馆做护卫，直到团员们安全返回大陆。

这是又过了一段时间之后的事。一九四七年十二月，田汉、安娥夫妇和女儿玛利应泰山影片公司邀请来台的时候，黄荣灿把自己的家腾出来，让他们居住。除了在生活上全面照顾他们之外，还承担着他们在台北市的向导。[27]据说，同年的十一月，民间剧团上海观众话剧演出公司应台糖公司的邀请来台的时候，黄荣灿也同样曾照料他们的日常生活。

以上是和大陆文化界人士的交流。除此之外，黄荣灿也参与了策划台湾文化界人士的活动。"蔡瑞月创作舞蹈会"是为了救援台南地震灾民而举办的。由长官公署交响乐团伴奏，节目单由颜水龙刻了版画，白克等人协助卖票。黄荣灿也在此为宣传、卖票、幕后工作而奔走忙碌。两天的演出大获成功，除了经费之外，共得募捐款二万元。[28]

黄荣灿在台湾市外勤记者联谊会中还组织了"业余剧团"，在青年艺术剧社的协助下，演出了《雷雨》。公演之际，黄荣灿分别化名为"苏原"、"黄平"、"苏开"，负责舞台装置及道具，并任司幕。在台北公演的目的是协助外勤记者联谊会募集基金，在台中的公演则是由台中市记者公会招待。从此我们看到黄荣灿在舞台及组织方面也曾异常活跃。这次公演虽然是非专业的，但恐怕可以说是大陆的话剧演员与台湾戏剧界的初次合作公演。[29]

在回归和交流时期，黄荣灿除了为作为他的专业的美术界、新闻界，也为音乐界、戏剧界、电影界、舞蹈界的交流一直进行着幕后的努力。可以想见那时出现的困难和"隔膜"比美术界还要大。但是，正是靠着大陆和台湾文化界人士仅有的这点联系，让他们认识到了这层"隔膜"，并因而踏出了台湾文化再建的第一步。一九四六年，两岸的文化界人士以此为起点踏上了新的征程。

《文化交流》

杨逵把两岸文化界人士间存在的"隔膜"称之为"澎湖沟"。他依照自己的体会，对这种状况作了如下说明。

> 我是殖民地的儿子。在日本帝国主义的阻断下，在我少时的读书生活中，固然也读到过中国历史名人，

例如孔子、岳飞、文天祥一类的故事，但那毕竟是出于日本人改写后的东西。对于中华文化，我和绝大多数当时"新式"知识分子一样，所知不多。[30]

杨逵在战争结束的同时创刊了《一阳周报》（共九期、一九四五年九月～十一月），在一九四六年加入台湾评论社，另外还负责编辑《和平日报·新文学》栏目，并参加了《文化交流》的前身《新知识》（一九四六年八月创刊）的编辑。在这么短的时间内，他在努力介绍中国新文学的同时，也构筑了"台湾文学议论"的基础。在战争结束一年之后，他有如下的反省。

> 回顾一年间的无为坐食，总要觉着惭愧，不觉得哭起来，哭民国不民主，哭言论、集会、结社的自由未得到保障。哭宝贵的一年白费了。
> 朋友骂我太懦怯，他说民主是要老百姓大家去争取的，听来不错，于是，拭了眼泪写备忘录："自今天起天天是争取民主日，今年是争取民主年。"我坚决地想，不要再哭了。[31]

一九四七年一月，在反省的基础上，他和《和平日报》的王思翔一起编辑《文化交流》的同时，出版了中日文对照的《中国文艺丛刊》，再一次表现了要填平"澎湖沟"的决心。在这一年中，沐浴了刀光剑影的杨逵的确可以说是"压不扁的玫瑰花"。他为新的交流的大地"垦荒、播种、灌溉、施肥、除害虫"，[32]踏踏实实地迈出了第一步。

这就是首先冷静地分析交流的现状，他把民主和大众化放在心头，开始着手两项活动。一是创刊《文化交流》，以新的方式来促进文化界人士的交流；二是出版《中国文艺丛书》，把被语言所阻碍的交流切实地送还到"人民大众"的手里。

《文化交流》吸取了去年被封刊的《新知识》的失败教训，首先创立了文化交流服务社，"不谈政治、只是介绍大陆与台湾的文化"，[33]致力于交流。王思翔负责编辑"祖国的历史、文物和文化活动"，杨逵则编辑"培养台湾的文化"。[34]冷汉对《文化交流》的目的有如下记述。他总结当时的交流现状，认为不仅未能填平这道"鸿沟"，反而使其日益扩大，并表明了要阻止这种情况，让两岸文化人协力进行"台湾文化再建"的坚强意志。

> 本省人说外省人文化低落,外省人说本省人文化低落;这种片面观测,无理吵闹,都是要不得的!(略)
>
> 其实台湾和"外省"都是国家的一环,低落不低落,都是整个国家低落不低落,(略)还做什么吵闹我长你短,这样不前进,是有损合作精神的。
>
> 创办文化交流服务社负责者,他以为要达成上述合作目的,必先从文化人与文化人间的交流合作做起,始能打开吵闹局面,推进一切一切的合作。[35]

创刊号在介绍和评论许寿裳的论文《国父孙中山先生和章太炎先生》,杨逵的阿Q论、茅盾、《抗战八年木刻展》的出版等新文化的同时,关于台湾文化,专题介绍了"台湾新文学二开拓者"——林幼春、赖和。主张"五四"文化运动为大陆和台湾所共有、白话文学已萌芽、大陆和台湾共同拥有反抗日本殖民统治的"抗日文化"。这是杨逵对长官公署经常宣称的"台湾没有文化"、"台湾人被奴化"这类看法的回答。同时也为台湾文化是"中国文化之一环",台湾人民反抗日本殖民地统治的见解提出了确凿的证据。在这一期中,还讲了台湾的历史,批判了台湾残存的封建思想。杨逵和王思翔的编辑如上所述,表明了在

《文化交流》封面（陈庭诗绘）

台湾近代史上具有划时代意义的见解。

第二期的编辑结束之后,在他们向李何林、胡风、叶以群、许杰等约次一期的稿件时,爆发了"二·二八事件"。上述见解尚未在台湾的文化人的心中扎下根,《文化交流》就被迫停刊了。

另一个"澎湖沟"就是语言的障碍。杨逵在此极其现实地看待这个问题。虽然对此有各种各样的议论,但在一九四六年十月,政府宣布禁止报纸杂志等宣传媒介使用日语。台湾的文化人被剥夺了表达自己意见的工具。杨逵在战争一结束,就自动放弃了用日语进行创作,开始跟着当时只是小学一年级的二女儿从发音开始学习汉语的日常会话。而且在很短的时间内就用汉语写出了优秀的论文、文学、戏剧脚本。《台湾新文学二开拓者》是他用汉语写的第一篇文章。

当初,他曾经用日语出版了在日本统治时期禁止发行的短篇小说集《鹅妈妈出嫁》。但是在学习汉语的过程中,他又想到了一个妙主意,那就是编辑中日对照的《中国文艺丛书》,这样一项不仅能帮助读者学习汉语,还能使读者更深入地理解中国近代文学的一举两得的工作。

当杨逵拿到胡风托楼宪转交的译本《山灵》时,[36]他才头一次知道了他的小说《送报伕》在祖国受到怎样的欢迎。在序文中，胡风写道：

> ……渐渐地我走进了作品里的人物中间，被压在他们忍受的那个庞大的魔掌下面，同他们一道痛苦、挣扎，有时候甚至觉得好像整个世界正在从我的周围陷落下去一样。在这样的时候看到像………《送报伕》等篇的主人公的觉醒，奋起和不屈的前进，我所尝到的感激的心情实在是不容易表达出来的。[37]

这篇小说是胡风从《文学评论》（第一卷第八期、一九三四年十月）上翻译过来的，收入了"世界丛书"——《弱小民族小说选》（一九三五年五月、生活书店刊）。后来加上吕赫若的《牛车》和朝鲜作家张赫宙等人的三篇作品，以《山灵》为题（一九三六年四月），由巴金的文化生活出版社出版了单行本。再以后，世界语工作者叶籁士又将其翻译成了拉丁化的新文字，由新文字书店以《送报伕》为题，于一九三七年一月出版发行了单行本，到一九五一年为止共印了五版。[38]从这件事也让我们看到大陆的人们对台湾的深切关心。

杨逵马上把胡风的译文和日语原文对照排版，由台湾出版社出版了中日对照本《新闻配达夫》。并由此想到要通过中日对照来介绍中国文学。他在《中日文对照·中国文艺丛书发刊序》中对出版的意义作了如下说明。

> 但是,一切的一切正由今天开始。因为受了五十年的隔绝,今后要真正理解祖国的文化,或者使我们学习得更为正确,我们六百多万同胞,不能不加紧努力学习。不但要真确地理解认识祖国的文化,而且要哺育它,使它更为高尚,更为灿烂,使其真正的精华宣扬全世界。[39]

杨逵的翻译本和中日文对照本,按出版的顺序排列如下。

杨逵著《鹅妈妈出嫁》,日语,三省堂台北分店,一九四六年三月
△杨逵著,胡风译《新闻配达夫》,中日文对照,台湾评论社,一九四六年七月
△鲁迅著,杨逵译《鲁迅小说选》,中日文对照,台湾评论社,未刊
△赖和著,杨发译《赖和小说选》,中日文对照,台湾评论社,未刊
*鲁迅著,杨逵译《阿Q正传》,中日文对照,东华书局,一九四七年一月
鲁迅著,王禹农译《狂人日记》,中日文对照,标准国语通信学会,一九四七年一月

＊郁达夫著，杨逵译《微雪的早晨》，中日文对照，东华书局，一九四七年八月

含有《出奔》一篇

鲁迅著，蓝明谷译《故乡》，中日文对照，现代文学研究会，一九四七年八月

＊杨逵著，胡风译《送报伕》，中日文对照，东华书局，一九四七年十月

＊茅盾著，杨逵译《大鼻子的故事》，中日文对照，东华书局，一九四七年十一月

含有《雷雨前》、《残冬》两篇

鲁迅著，王禹农译《孔乙己·头发的故事》，中日文对照，东方出版社，一九四八年一月

鲁迅著，王禹农译《药》，中日文对照，东方出版社，一九四八年一月

＊沈从文著，黄燕译《龙朱》，中日文对照，东华书局，一九四九年一月

＊郑振铎著，杨逵译《黄公俊的最后》，中日文对照，东华书局，不明

△是杨逵编辑的《中日文对照·革命文学选》（台湾评论社刊）

＊是杨逵编辑的《中日对照·中国文艺丛书》（东华书局刊）

从此也可以看出，在这个方面，杨逵也是在发挥着中心作用的。现存的这些书籍的版权页所显示的再版数，说明了中日文对照本是符合大众需要的。蓝明谷翻译的《故

乡》，后来被选入了中学的国语课本，其他的书籍也同样从中学逐渐传播开来。

杨逵不得不在自己用日语写的小说里附上胡风的汉语译本，而在鲁迅的小说里增加日语译文。不仅如此，虽最终未能出版，但在赖和用汉语所写的小说里，也不得不加上日语译文。在殖民地时代，他也曾把赖和用汉语写的《丰收》译成了日语，[40]这是为了在统治者的面前表明由台湾人自己所创造的新中国文学是存在的。但这次却恰恰相反，附上日语是为了要在台湾的民众面前证明台湾人用汉语所创造的新中国文学是存在的。这种耻辱让他不得不重新体味由于日本殖民地统治所造成的"隔绝"的严重性。从总体上看，杨逵等的斗争是微不足道的，可是却表明了，即使在长达五十余年的日本殖民地统治下，尤其是在皇民化运动下，中国文化依然没有被完全根绝。

一九四七年二月，黄荣灿在《文化交流》发刊的同时，也出版了《新创造》，努力消除横隔在两岸文化界人士之间的"隔膜"。这是"二·二八事件"前夜的事。杨逵通力协助，给他投了稿。这可能是杨逵用汉语所写的第二篇文章。现在因尚未找到这篇文章，内容不明，但可以肯定其主张一定是与上述见解相一贯的。

《阿Q正传》封面

黄荣灿在一九四六年一月，或者是二月，通过池田敏雄见到了杨逵。在池田敏雄的帮助下，立石铁臣为三省堂台北分店出版的《鹅妈妈出嫁》的封面刻了木刻画，黄荣灿为接着出版的《阿Q正传》和《大鼻子的故事》画了阿Q的速写。[41] 在《和平日报》（一九四六年十月十九日）为鲁迅逝世十周年而出版的特集中，黄还为杨逵的诗配刻了《鲁迅像》。另外，台湾评论社出版的《送报伕》封面上的两幅版画可能也是他刻的。据黄永玉讲，"二·二八事件"后，即使在《桥》的时期，黄荣灿和杨逵以及史习牧（歌雷）等的来往也没有间断。[42] 由此来看，他们的交往从黄荣灿来到台湾，直到杨逵因一九四九年四月的《和平宣言》被捕，持续了三年多。同年二月，黄荣灿在随麦浪歌咏队到台中公演的时候，也应该与在台中图书馆举办座谈会的杨逵见过面。

　　从黄荣灿来台后的行动来看，他是寻着杨逵的轨迹迈进的。没有一点傲气，冷静地观察台湾文化人以及人民于此的现实。踏踏实实不断前进的杨逵，对黄荣灿来讲，才是真正的台湾人。他像是陪着杨逵奔走一样，从《人民导报·南虹》专栏到《台湾文化》，从《台湾文化》到《文化交流》、《新创造》，一直是一步步扎扎实实地迈进着，最终与杨逵走到了一起。

注释

1 《近事杂记（五）》，杨云萍，《台湾文化》，第二卷第四期，一九四七年七月一日
2 《杨云萍—记一个台湾作家》，范泉，《文汇报·笔会》，一九四七年三月七日
3 《谈台湾文化的前途》，同前注
4 《本省中学校校长会》，《人民导报》，一九四六年二月十日
5 《台湾读者公鉴》，广告第五卷第一期，一九四七年七月
6 《文艺春秋》，广告第六卷第三期，一九四八年三月
7 《文艺春秋第五卷第一期》，《中华日报》，一九四七年八月十七日
8 《日本人的归台梦》，马锐筹，《前线日报》，一九四六年八月八日
9 《台湾文化的再建设》，社论，《文汇报》，一九四五年十一月十六日
10 《台湾归来》（续），扬风，《文汇报》，一九四七年三月五日
11 《冬初话台湾》，扬风，《文汇报》，一九四六年十一月二十一日
12 《本社缘起》，《文化交流》，文化交流服务社，一九四七年一月十五日
13 《艺讯》，《新生报·星期画刊》，一九四六年九月二十二日
14 《木刻在台湾》，鸣冈，《今日台湾》，第二辑，一九四九年三月五日
15 《也漫谈台湾的艺文坛》，甦甡，同前注
16 《卖烟记》，踏影，《新新》，一九四七年一月
17 《苏新自传》，苏新，同前注
18 莫玉林致曹健飞书简，一九九七年十二月
19 《也漫谈台湾艺文坛》，甦甡，同前注
20 同19
21 《祝音乐访问团》，马思聪，《大明报》，一九四六年九月七日
22 《马思聪要离开沙漠》，黄荣灿，《人民导报》，一九四六年十一月四日
23 《新中国剧社在台湾》，《文汇报·浮世绘》，一九四七年二月十三日

24 《桃花扇·予倩未定稿》，欧阳予倩，新创造出版社，一九四七年二月
《本省文化消息》，《台湾文化》，第二卷第一期，一九四七年二月一日

25 《漫谈剧运》，吴忠翰，《和平日报·新世纪》，一九四六年十二月？日
《戏剧的力量》，雷石榆，同上
《送〈新中国〉台湾之行》，于伶，同上
《从昆明到台湾》，何立，同上

26 《一个戏剧工作者的"二·二八"见闻》，欧阳予倩，《台湾时报》，一九九〇年二月二十八日

27 《剧运导师——田汉先生》，马莎，《中华日报》，一九四七年十二月三十一日

28 《台湾舞蹈的先知——蔡瑞月口述历史》，同前注

29 《台湾电影戏剧史》，吕诉上，银华出版部一九六一年九月

30 《悼念老友徐复观先生》，杨逵，《压不扁的玫瑰花》，前进出版社，一九八六年四月一日

31 《为此一年哭》，杨逵，《新知识》，一九四六年八月十五日

32 《我有一块砖》，杨逵，《压不扁的玫瑰花》，前卫出版社，一九八六年四月一日

33 《昙花一现的〈中外日报〉》，周梦江，《台湾旧事》，时报文化出版，一九九五年十月

34 《忆杨逵》，王思翔，《台湾旧事》，时报文化出版，一九九五年十月

35 《吵闹要不得》，冷汉，《文化交流》，一九四七年一月十五日

36 《烟云如梦话台湾》，楼宪，《证言2·28》，人间出版社，一九九五年十月

37 《弱小民族小说选》，生活书店，一九三五年五月

38 《胡风回想录》，胡风，人民文学出版社，一九九七年
《胡风晚年作品选》，胡风，漓江出版社，一九八七年一月

39 《中日对照·中国文艺丛书发刊序》,苏维熊,《阿Q正传》,东华书局,一九四七年一月
40 赖和著、杨逵,译《丰收》,《文学导读》,第二卷第一号,一九三六年,一月
41 根据梅丁衍的验证
42 《不用眼泪哭》,黄永玉,《这些忧郁的碎屑》,古椿书屋,一九九三年

第四章 新创造出版社

设立

黄荣灿于一九四六年一月创立了新创造出版社。《人民导报》于二月四日刊登了《新音乐选集》（李凌编）的出版预告，这是该社创立的证据。它可以说是在台大陆的民间文化人所设立的最早的出版社之一。据说创立的时候，黄荣灿得到了马锐筹、李凌、朱鸣冈三人的资助。每人一百元，共计四百元。

马锐筹是《大明报》和《新生报》的骨干，同时也是《人民导报》的创始人之一。《人民导报》迁移香港后，成了该报的编辑之一。在重庆的时候，他曾经任《扫荡报》、《商务日报》、《新湖北日报》的编辑主任或主笔。[1] 著作有

《台湾史》（出版社不明、一九四九年九月）。他和黄荣灿是在重庆时认识的。

李凌是比黄荣灿大三岁的音乐家，本名李绿永。从鲁迅艺术文学学院毕业之后，抗日战争中，在重庆、桂林指导西南一带的"歌咏运动"。尤其是编辑了月刊《新音乐》，致力于理论方面的指导工作。战争结束后，他马上回到上海，创立了新音乐总社和上海分社，创刊了《新音乐》的华南版、昆明版，指导了国民党统治区的"歌咏运动"。[2] 一九四六年，他以台北市交响乐团三科科长的身份来到台湾。他既是国民党军中校，也是共产党员。如前所述，他是王琦的朋友，跟黄荣灿是在重庆认识的。

朱鸣冈比黄荣灿大一岁，是版画家。毕业于苏州美专。在抗日战争中，他参加了中国木刻研究会，活跃在闽南和赣南。战争结束后，他作为"教育部赴台招聘教员"之一来到台湾，在行政干部训练团任音乐教师，后任台湾省立台北师范学校美术教师。他在《人民导报》上看到了黄荣灿的版画和文章后，两人开始了来往。在大陆虽然没有见过面，但却是书信往来的好友。在台湾他也是《日月谭》的美术编辑。[3]

这样，两个版画家、一个音乐家和一个新闻工作者同心协力创建了新创造出版社。

接手东都书籍株式会社

一九四六年二月二十四日早上,黄荣灿在立石铁臣的陪伴下拜访了池田敏雄。这一天对于留在台湾的日本人来说是很重要的一天。因为,虽然在此之前盟军所决定的日本人归国日期截止到一九四九年,但二十三日行政长官公署却发出了"截止到一九四六年四月中旬"的正式通知。二十四日,对日军家属发出了"二八日集合"的通知,遣返即将成为现实。十五日到十六日,由一艘美舰和六艘日本船组成的遣返船队已驶入基隆港。

此时,新创造出版社已经出版了刘白羽的《成长》和张天翼的《新生》两本"新创造丛书",并已着手李凌编辑的《新音乐选集》的出版。除了沙龙以外,黄荣灿正在物色事务所和印刷所。作为东都书籍的一名职员,立石十分了解黄荣灿的愿望和自己公司目前的处境,所以他把黄荣灿带到了池田处。据滨田隼雄回忆,在此之前,黄和分店店长持田辰郎曾就咖啡馆的转让进行了交涉。面临接收的新阶段,立石就拜托池田从中帮忙。

池田在他的《战败日记》[4]中详细记录了那一天的情

况。两人见面后几乎商量了一整天。首先是在池田家"说先找找参考资料,于是翻看了各种各样的日本旧杂志",黄荣灿提出购买万华胶印厂宝文社,于是,接着和立石三人一起去了宝文社。和立石分手后,两人一起看了日本电影,后又一起吃了晚饭。饭后去看望人民导报社的苏新。在那儿请苏新做翻译,进行了商榷。

两人谈了关于《新创造》杂志的创刊、我与黄先生的合作、台湾文化、我在万华的生活、台湾人的生活改善和传统文化等问题,黄先生均抱有极其进步的意见,对我再三讲述了中国最新的民主主义动向。

傍晚开始的暴雨一直不停,于是他们二人就留宿于旧新高宾馆。隔天即二十五日,走访了新台湾出版社和民主日本社之后,去了东宁书局。

黄先生说要把"前线日报台北支局"和"新创造出版社"的牌子挂在"东宁"。还说到新创造社将来的计划。

东宁书局是东都书籍战败后的名称。关于它的历史，河原功在《三省堂和台湾》[5]一文中有详细的介绍。由此可知东都书籍是三省堂的一个旁系公司，一九三四年一月在台北设立了分店，持田辰郎从开业到归国一直任店长。在持田应征入伍期间，由田宫权助代为掌管。当初只是代购代销一般书籍、杂志和中等教科书，而后又开始了官报的贩卖和出版，尤其是《民俗台湾》使东都书籍在台湾内外有了名声。日本战败后的十月六日，分店长持田辰郎复员归来，将东都书籍改名为东宁书局，在经营旧书籍买卖和咖啡店的同时，"出版了几本符合新时代精神的书"。

池田是《民俗台湾》的实际主编，他参与了从一九四一年七月创刊到一九四五年一月总共四十三期的全部刊行工作。他通过这份刊物，表明了如何在皇民化运动中保留风俗习惯等传统的抵抗态度。此外，他也是民俗学家金关文夫、国分直一、冈田谦、画家立石铁臣、作家滨田隼雄、三省堂职员末次保、东都书籍的持田辰郎、田宫权助等在台日本文化人的中心人物，和杨逵、苏新、吕赫若、杨云萍、陈逸松、陈绍声、黄得时等台湾的文化人有着密切的往来。

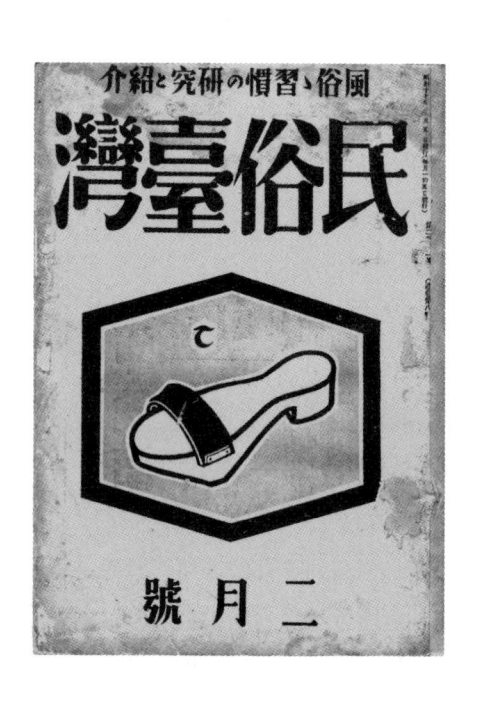

《民俗台湾》封面（立石铁臣刻）

在黄荣灿拜访池田的三天后，即二月二十七日，台湾省接收委员会日产处理委员会台北分会（游弥坚兼任主任委员）正式起动。这使得持田必须在短时间内决定如何处理东都书籍。他接受了池田的提议，"委托"黄荣灿"使用，并请他办理手续，在确认基本上可以获得中国政府的许可"之后，把东都书籍转让给了黄荣灿。一九四六年三月，持田把"经营权转让给了黄"，"结束了长达十二年的经营"，[6]并于当月的二十六日匆忙归国。

> 我方东都书籍、东宁书局、东宁咖啡店转让给下方
> 京汉贵《大刚报》驻台特派员
> 上海《前线日报》驻台记者黄荣灿
> 《人民导报》驻台兼记者
> 在台公司名称为"新创造出版社"。[7]

两层楼的事务所已被政府所接收，在他和黄荣灿之间并没有金钱的授受。所谓手续只是接受后的事务所允许黄荣灿"使用"。有了这个手续，持田即把器具备品都转让给了黄荣灿，并约定将"剩余的出版物寄回日本，或卖掉后把钱直接寄回日本，抑或把卖掉后的钱作为新创造出版

社的投资将来把利润寄回日本"。[8]持田只拿了不足一千日元的器具备品费。

从二月末到五月末,除去被留用的日本技术专家六七千人(另含家属三万七八千)以外,有二十八万多人以及二十七万军人,共计五十五万多人被遣返。池田由黄荣灿介绍的朱鸣冈推荐,留在了行政长官公署宣传委员会出版部,后又调到了编译馆台湾部工作。立石被台湾大学留用,而田宫则留在了新创造出版社。此后,三人和黄荣灿的交往更加亲密,不遗余力地为杂志《新创造》的出版而努力。

开店

三月,黄荣灿在柳庆师范时期的学生莫玉林到刚开业不久的新创造出版社来找他。这是自广西省宜山分别以来三年后的重逢。一九四四年六月黄荣灿离开宜山,五个月后的十一月,日军打到宜山,柳庆师范的师生离散。莫玉林逃往故乡南宁,好不容易到了家,但家人也早已离散。战火中走投无路的莫玉林被国民党军抓了壮丁,后经越南到达台湾。身处异地一筹莫展之时,他在《新生报》上看到黄荣灿的版画和文章，就到报社询问黄荣灿的住址。编辑部马上就给了他答复，于是他就匆匆由花莲来台北，终于再次见到黄荣灿。于是留在新创造出版社成了职员。

虽然田宫以留用的名义留在了台湾负责旧书籍的贩卖，但还是在十月份被送回了日本。出版社又雇了新竹出生的游秀英和福建女性"颜小姐"，后来，没有多久颜就辞了职，最终，新创造出版社只有莫玉林和游秀英两名职员。

从东都书籍继承过来的事务所是两层木制楼房，位于桦山町二十一号［即战后的中正路二十一号（后为中正东路三百二十一号），现在面朝忠孝东路，绍兴南路和杭州南路之间］，二楼是宿舍和事务所，一楼被用作店铺。莫玉林刚来时，在入口处挂着经营许可证，店内摆着旧书架、柜台、桌子和保险柜等。书籍大都是委托贩卖的日本旧书，刚出版的《新音乐选集》高高地堆在店铺前面。[9]

黄荣灿在刚到台湾的时候，住在大正町三条通的原官员宿舍中，李凌来到台湾后，为了马思聪一家，俩人同住在为马思聪租来的房子里，那是中山路上朝着北门町的一所日式平房。最初的客人是吴忠翰和吴乃光。一九四六年后半，他又搬到位于办公室后面的东门街。雷石榆十月份从高雄搬来台北的时候，曾在此暂住。从一九四七年一月开始，曹健飞、胡瑞仪夫妇也曾在此共同生活。田汉、安娥在一九四七年十二月来台时，也是寄宿于此。此外，《新生报·桥》副刊的骆驼英（罗铁鹰，罗刚）也在此疗养过。

当投资者、事务所、职员、住处都安排好了之后，新创造出版社及其宿舍也成了外省和本省文化人，甚至包括被留用的日本人经常聚会的地方。版画家朱鸣冈、荒烟、吴忠翰、麦非、陈庭诗、陆志庠、章西厓、王麦秆、戴英浪、戴铁郎、杨漠因等，诗人雷石榆、田野，小说家杨逵、吕赫若，以及剧作家欧阳予倩、田汉、安娥，演剧家许秉铎为首的新中国剧社的成员，新闻界的马锐筹、白克、苏新、吴克泰等，音乐家马思聪，舞蹈家蔡瑞月，美术家李石樵、陈澄波、杨三郎、蒋荫鼎、蒲添生等人，再加上与《民俗台湾》有关的日本人和中国台湾人等，都曾经常出入于此。

职员莫玉林在写给曹健飞的信中，对当时的黄荣灿这样回忆道：

> 我回忆中与黄一起时间较长，他交往的都是进步朋友和艺术家。我和他虽有师生关系，但从未与我谈

朋友间或他工作之事，吴乃光、吴忠翰来台、来家，田汉、安娥来往，你受总店派来与之合作等等，前前后后一点未透露给我知道，保密得很，看来是有所考虑。（略）黄在经济上、政治上对我虽帮助较少，但我并不在意。你来台时，他的书店收益少，工资稿费有限，还招待来台朋友。（略）经济上不能帮我，我仍理解。总的来说我仍是感激他。[10]

三联书店的指定

过了日本人被遣返的三月，池田的《战败日记》开始经常中断，没有记载的日子明显增多。但是有关新创造出版社的一些事却被偶然记录了下来。

（一九四六年）

四月二十七日、星期六。

晚上，在音乐家李敏豫先生家聚餐。出席者有金关、国分、立石、松山、池田、黄荣灿、庄某，以及其他四名中国人。

干杯、干杯、宴会过半，主客皆沉醉。夜半，因蚊虫叮咬醒来，方知卧于李先生家。后又沉睡。

四月二十八日、星期日。

宿醉。过九时方归宅。（中略）赠贝多芬第九予李敏豫先生。

四月二十九日、星期一。

午休时，顺道至新创造出版社（原东都书局）。陈绍声来访。（中略）傍晚，又来到新创造出版社，见李先生。

五月二十日、星期四、晴。

黄荣灿兄急需一千元。使颜小姐至家来取。（中略）傍晚，顺路去新创造社。前日送李敏豫先生贝多芬第九，作为回礼，收到了三张一套贝多芬月光奏鸣曲。最近米价又涨，现一斤二十四元。订婚戒指也要一千元一个。（略）

五月七日、星期二、晴。

中午，与H会合于新创造社。与荣灿兄一起在旁边一家菜馆共进午餐。（略）

五月八日、星期三、晴。

（略）中午，往新创造出版社访荣灿兄，不在！

五月十九日、日、晴。

傍晚，新创造出版社的田宫来访。李敏豫先生家举行为他上海之行的送别宴会,邀我出席。新创造出版社的颜小姐、H也应邀前来。三人冒雨前往李先生家。参加宴会者计有黄荣灿、庄某、高雄某报记者雷某、颜小姐、立石兄、我等。金关先生、松山、国分没有来。首先是黄兄表演的戏法,非常巧妙。黄兄还做了四川料理。午夜过后,散去。

"音乐家李敏豫"即是李凌。这是他在台湾时所用的名字。因此所谓的"李敏豫家"其实指的就是北门町的家。"庄某"可能是庄孟侯,据说他从大陆带来木刻画。"高雄某报记者"是《国声报》的雷石榆。"H"指的是池田的夫人黄氏凤姿。"其他四名中国人"不详。

李凌在五月末与朋友分别后,去了香港。七月份回到上海,继续指导全国的歌咏运动。

黄荣灿计划把新创造出版社改为三联书店的分店,作为大陆出版书籍的贩卖据点。这可能也是李凌的想法。李到达上海后,马上带着这个想法拜访了三联书店的负责人黄洛峰。黄考虑"在台湾发行进步的出版物,就有着极为重要的政治意义",就"代表三联书店同意了黄荣灿的建议"。[11]

那年的年末，黄洛峰派曹健飞和夫人胡瑞仪去台湾，指示他协助黄荣灿开设分店。而且特别"叮嘱……要注意工作方法，要隐蔽，争取长期生存"。党组织的领导者冯乃超也指示说"鉴于台湾刚光复不久，情况复杂，所以不必带党的关系，也不要和当地党组织发生任何联系。"[12]

曹健飞和李凌一样，是和冯乃超"单线联系"的党员。因此，在"一个由三联书店领导的、取名'新创造出版社'的书店……"，曹健飞用了"曹泽云"的假名。[13]

有关三联书店进驻台湾的讨论用了半年。从李凌一九四六年七月回来，到一九四七年一月曹健飞去台湾期间，内战已由局部扩展到全国，国共分裂已成定局。在认清事态动向的基础上，三联书店终于决定在台北开设分店。

三联书店台北分店

一九四六年九月，国共合作宣告破裂，内战正式爆发。这正是"抗战八年木刻展"即将举行的准备之时。展览会闭幕不久的十月份，周恩来要求陈烟桥、王琦、李桦等版画家分散势力躲避危险。

> 很快大家就分散了,人集中在一起,力量大,可以形成一个文艺运动的高潮,就象现在上海的木刻运动那样,但总不能老集中在一起,有时集中,有时分散。[14]

同年十一月,周恩来决定撤离上海到延安。在此之前的几天中,他和三四十名文化界人士举行了恳谈会,并说了如下的话。李凌也出席了这次会议。

> 南京、上海、重庆等中共办事处,都要撤回延安去了,你们要做好思想准备和工作准备,要用一切办法揭露美、蒋的阴谋,反对内战,反对迫害,同时要迅速安排好一、二、三线工作。[15]

当时,台湾的文化状况也已经浓重地反映出了内战的矛盾。一九四六年八月十二日,《文汇报》以《寂寞的台湾》为题,如下述及了当时的状况。这篇文章由中外文化联络社的叶以群所写。他和《和平日报》的楼宪、王思翔、周梦江之间的关系,同范泉、陈烟桥、王琦、黄荣灿之间的关系一样,对两岸文化界人士的交流起着重要作用。叶以群和范泉也是朋友关系,在中外文化联络社从香港迁回到上海的时候,为《文联》在上海的出版竭尽了全力。[16]

台湾文化的寂寞,足以令人窒息。国内报纸,在台湾能看到的仅有"和平"、"大公"和"中央"三种。

★

台湾党部已明令禁止"周报"、"民主"等十一种民主刊物发售,一切的"黄色刊物"则不在禁止之列。

★

台湾各地也有些"民间"(?)报。有一次,某些报社论竟大骂日本人民阵线,而公开拥护宰割台湾五十年的日本军阀。这种舆论,大使台胞惊异。

★

台中最近将出版一个综合性的月刊《新知识》,为王思翔与周梦江二人主编,主旨为向台湾读者介绍更深一层的大陆现况。

——文联社[17]

出售介绍"大陆现况"的书和发行杂志,是满足台湾民众需求的一项当务之急。新创造出版社一手承担了这两项任务。台湾的各方面都相继要求书店早日开业。台湾人吴思汉就是其中的一位，他特意到上海，拜访了中国共产党在上海的据点周公馆，说明书籍出售的必要性。[18]在他们的呼声推动下，三联书店加快了进入台湾的步伐。

次年的一九四七年一月，曹健飞夫妇携带大量书籍来到了台北。黄荣灿和曹健飞约定互不干涉彼此的工作，虽有点不符合常规，两人同时出任了社长。黄负责出版，曹负责书籍的出售。薪水上黄荣灿和曹健飞都是一万元，胡瑞仪四千元，莫玉林三千元。

商定之后，马上对店内进行了整理，花了十几天的工夫陈列带来的书籍，于二月一日正式开业。在店前摆满了鲁迅、郭沫若、茅盾、巴金等著名作家的作品集、时局评论集、文艺书、实用书、教养书还有连环画等。刚一开店，就不断出现书籍告罄、匆忙向上海订购的盛况。其中最受欢迎的是评论时局的《时代》、《文萃》、《周报》、《民主》等杂志。这些杂志和毛泽东的著作都不在店内出售，而是"通过可靠的读者"出售。许寿裳、李何林、雷石榆等则是通过学生得到这些书籍后在学校内出售。有的通过邮寄贩卖。后来在高雄、台中、嘉义也都开了代理店。台北市内也出现了好几家代理店。

曹健飞和李友邦还曾商量过扩大销路的问题。一九三

右起黄荣灿、许秉铎、曹健飞、胡瑞仪,摄于中山堂前

九年，台湾义勇队就去过与曹健飞所在的三联书店有协作关系的读书出版社（贵阳）。一九四二年十月，台湾义勇队和台湾少年团转移到福建省龙岩后，又向桂林的生活书店、新知出版社订购过书籍。这些都说明了三联书店和台湾义勇队有着密切的关系。[19]

正当一切顺利发展的时候，"二·二八事件"发生了，营业被迫中断。店铺位于行政长官公署的斜对面，正处骚乱的中心。在和上海重新恢复了联系的四月中旬，黄荣灿代表书店，赴上海三联书店总店商量书店今后的问题。由于当时情况的不稳定，最后决定静观其变。

据曹健飞的回忆，在那年的五月或是六月份，他在台北的路上与一个特务不期而遇。该人是前年一九四五年六月，关闭了曹所负责的广州兄弟图书公司的那个人。从那天起，书店开始受到特务们的监视。曹健飞在台北不敢有丝毫举动，每天只是站在二楼关注窗外。店里不断有警察和特务前来检查、没收书籍，从总店和其他出版社运来的书籍也被扣留。最后，由于连店里的客人都一一受到监视，为了避免被封锁，在等到总店的同意后，于是年十一月决定"自行停业"。

书店关闭的时候，曹健飞把剩余的图书以及职员莫玉林等人均委托给开明书店的章士敏，然后匆匆返回了上海。[20]

损失达二十万元，黄荣灿和曹健飞各承担了一半。莫玉林在书籍运送完之后，搬到了开明书店，游小姐由曹健飞的关照，到贸易局做了接待员。"黄处没有书、没有人，值钱的保险柜又卖了，不能继续开"。[21]

这样，新创造出版社不到两年就解散了。剩下黄荣灿究竟如何处理了店铺和书架，已无人记得。

出版

根据《人民导报》和《台湾文化》得知，新创造出版社出版或是计划出版的书有如下五本。由于现在没有留下其中的任何一本，故对这一事实无法确认。但整理一下现有资料，可以弄清以下情况。五本书是：

一、刘白羽著，《成长》，六元，新创造文艺丛书，一九四六年二月出版

二、张天翼著，《新生》，六元，新创造文艺丛书，一九四六年二月出版

三、李凌编，《新音乐歌选集》，六元，一九四六年三月出版

四、黄荣灿编，《珂勒惠支画集》，五十元，一九四六年七月预告出版

五、黄荣灿编，《新创造》，不明，一九四七年三月预告出版

《成长》和《新生》属于"抗日小说选集",是作为"新创造文艺丛书"之一,于一九四六年二月十一日两本同时出版发行的。总经销是东方文艺出版社。《成长》的出版事实,可通过《钟理和日记》(一九五〇年十二月十九日)的记载来证明。[22] 既然是"丛书",当初的设想肯定打算继续出的,但是事实上可能仅出版了这两本。尽管如此,这在光复后的台湾已是大放异彩。因为有关抗日战争题材的小说只有这前无古人后无来者的两本。而且是以描写知识分子的苦恼为主题而见长。《成长》的选定,也深深地反映了作者自身的体会和"心灵的历程"。

该书描述了一个孤儿少女,被社会所惊醒,成长为一名妇女救护队员的过程,以及养育她长大的三个青年,因了她的"成长",也不断进步的情形。据刘白羽的自传《心灵的历程》所讲,这三人是以刘白羽自己、叶紫和张天翼为原型的。在北上少女的启发下,"我的身子随飘浮的船只向南走,但我认识到我的位置应该在北方……(略)我决心到延安去"。这种"心的历程"就是这部小说的主题。

另一本《新生》正如原来就在题目上加了引号一样,描写的是地主出身的作家、艺术家的知识分子,在抗战中的蜕变和纠葛,交织着幽默和感伤的情绪。这部作品和作者的代

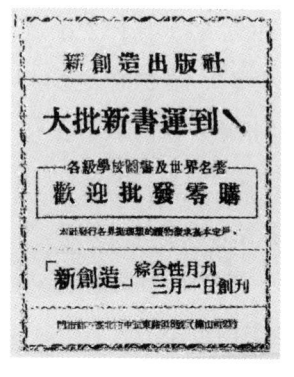

《和平日报》一九四七年二月十四日刊登的广告（左）
《人民导报》一九四六年五月刊登的广告（右）

表作《华威先生》一样,围绕着是否应该描写抗日阵营内部的缺陷问题,成了争论的对象。把作品中出现的关于珂勒惠支的议论和黄荣灿的选定一起来考虑,可能不无道理。

关于《新音乐歌选集》,一九四六年二月四日的《人民导报》即作了出版的预告,二月十一日的评介说"在付印中"。五月十二日的《人民导报》再次刊出有定价的广告。莫玉林初次来到书店的时候,说看到这本书已高高地堆放在店前面。这么说来,新创造社在开业伊始的三月已有书籍出版看来的确是事实。据田野讲,该书所载曲目曾由吕泉生指挥的台北合唱团演唱,在广播里播放过,谢旭分别用国语和闽南话配了解说。[23] 该书的出版发行,在李凌等指导的全国歌咏运动中发挥着作用,因此也对麦浪歌咏队等在台湾的活动做出了贡献。黄荣灿也参加了歌咏队。

《珂勒惠支画集》于五月十二日发出出版预告,十七日发出"一本五十元,七月上旬出版,欢迎预定,七折优惠"的广告。《和平日报》的《每周画刊》第十二期、第十三期(一九四六年十一月二十四日、十二月一日)、《台湾文化》第二卷第一期(一九四七年一月一日发行)以及《新生报·桥》副刊的第一百六十一期(一九四八年九月六日)都刊登了黄荣灿的题为《版画家珂勒惠支》的文章,但是却没有关于此书是否曾出版的任何线索。虽然内容多少有些差异，但是这些文章都是为这本书所写的，或许是没能出版才在各报上发表的吧。

关于综合艺术科学杂志《新创造》，在《台湾文化》第二卷第二期（一九四七年二月五日发行）的《文化消息（四）》专栏中预告说"定于三月一日创刊"，并介绍其内容如下：

陶行知《创造宣言》
茅盾《和平、民主、建设阶段的文艺》
雷石榆《文艺的批评方针》
黄荣灿《关于台湾美术运动之建立》
外有欧阳予倩、许寿裳、杨逵等人的力作。

据《和平日报·文教短波》（一九四七年二月六日）介绍，其他还有田汉、马思聪的论文，以及灵强、青苗、丁聪、张光宇、叶浅予的版画和漫画，甚至还有珂勒惠支的作品。谢里法说，王白渊也向这份杂志投了稿。[24]

关于杂志的出版日期，莫玉林说，当时和《新音乐歌选集》同时摆在店里。这是在预告一年以前，有可能是和别的书混淆了。吴步乃说是于一九五〇年十二月创刊，[25]

在新创造出版社解散三年之后出版则又很难想象。雷石榆在《我的回忆》中写道，一九四九年六月，他被逮捕之后，"黄某最近办一个刊物"，拜托他翻译日本左翼评论家的文章。这里的"最近"颇为费解，如果他的译文被刊载，那么说黄荣灿正"办"的刊物，只有《新创造》，而这是一九四七年三月的事。据他讲，由于封面的印刷质量不好，与印刷厂家发生了争执，除了分赠给著者和作广告用的几本之外，其余的没有接受。

但是，新创造出版社的曹健飞和莫玉林都证实确实"出版了"。又据说，读书出版社的范用于"二·二八事件"之后，在上海得到了此书。他是木刻家王琦的好友。

然而，从整体状况来看，这份杂志没有广泛流传的痕迹。《许寿裳日记》[26]对此留有确凿的证据。

> 一九四七年二月十四日（星四）雨。
> （略）瑛儿代撰一文（《摹拟与创造》）应"新创造社"之索。

此后过了六个月，即八月二日，许寿裳收到了黄荣灿的一封来信，内容恐怕是对《新创造》出版情况的说明。

许在十四日给《台湾文化》的总编杨云萍看了这封信,转达黄荣灿的意思,并"询问黄荣灿寄来的稿子是否已收到"。上面的原稿由黄荣灿转给杨云萍,在十月一日发行的《台湾文化》(第二卷第七期)中再次刊发。许寿裳在《台湾文化》上发表的文章都是在发刊之前半个月才写好的,只有这篇文章是在结稿七个月后才发表。在这七个月中,爆发了"二·二八事件",八月,黄荣灿向许寿裳提出退还稿件。

到底在这期间《新创造》发生了什么事情?如果像雷石榆所说,是与封面的印刷不好有关的话,那么换掉就应该可以了。即使他说的是事实,恐怕也不会是全部情况。

第一,从二月份征稿到八月份,其间正好是"二·二八事件"爆发及其后的镇压期。《人民导报》、《民报》、《大明报》、《中外日报》、《重建日报》、《新新》等多家报纸和杂志都被查封或被迫停刊。就连半民半官的《台湾文化》也休刊至七月。许多新闻记者和文化界人士被逮捕、处决。其中即包括新创造出版社的投资者之一、《大明报》的主编马锐筹。他和同事王孚国于三月十一日被捕,[27]一九五二年被杀害。

第二,纸张不足以及以此为手段进行的思想统治。从一九四七年一月到二月的一个月里,纸价"日日上跳,不知所止，致使印刷业者无法承印，虽有意承印，也无法估计，纵估计了，印刷成本竟涨至三倍以上"。[28]《台湾文化》再次发刊时，不得不采取措施，页数由原来的三十二减为二十四，而价钱却由原来的五元上调至二十五元。纸的限制和检查的强化结合起来，成为限制言论的重要工具。"假使所办的报纸敢明目张胆的攻击台湾省政，纸业公会不配给纸"。[29]事件后，各界纷纷起来抗议由纸张的限制而对言论自由权的剥夺和对文化的毁灭。

最后，如前所述，三月、四月，新创造出版社都处于停业状态，至五月、六月以后，在警察的监视下重新开业。而且所经营的书籍也受到了限制。

这样看来，杂志《新创造》在诞生后刚发出第一声啼哭，就被剥夺了出售的权利，夭折于严酷的言论管制之下。

综合文艺科学月刊《新创造》

《新创造》刚发出第一声啼哭就夭折了。但是根据它的名字再现一下它的内容，仍是能够生动地体会到黄荣灿的思想。

他把陶行知的《创造宣言》放在卷首，以此作为发刊词。似乎让人们听到了陶行知在对"创造""真善美的活人"的呼唤。这文章原来是《文萃》(第四十一期一九四六年八月一日)为了追悼他而重新刊登的,黄荣灿又把它转载了过来。这里面恐怕不仅包含着对在育才学校时关怀过自己的陶行知的缅怀,更是为了悼念战斗在民主运动前沿的陶行知的逝去吧。

> 处处是创造之地,天天是创造之时,人人是创造之人,让我们至少走两步退一步,向创造之迈进吧。(略)……就能开创造之花,结创造之果,繁殖创造之森林。[30]

陶行知在抗日战争中,不断在育才学校的教职员和学生面前朗读这则《宣言》,一再宣扬"从无到有"的创造精神。战争结束后,在寻求新的起点时,他认为,这创造之路正是引导抗战胜利的原动力,也是创造新生中国的力量。这许多的道理都是黄荣灿从陶行知和民众的现实中学来的。

> 友穷,迎难,创造。一切为创造,创造为除苦。[31]

黄荣灿认识到"抗战中的木刻运动"也是"走中国漫

长而坚苦的路,在这坚苦的日子里愈觉苦却愈觉有办法,有创造"[32]。而且,来到台湾之后的他,更是和台湾人民共同拥有在抗日战争中所孕育的"新的创造",并希望以此为基础产生出更大的"创造",实现"台湾文化的再建"。

> 新的青年朋友,我愿在这里郑重的向你们诉述:我们今后的世纪要我们自己来创造。[33]

"许寿裳的论文"是指由其长子许世瑛代笔写的《摹拟与创作》。从内容来看,是特意为《新创造》创刊写的文章。

> 说文贵创作,不尚摹拟,(略)自我创造,万万不要为图省事省力,摹古拟今。[34]

许寿裳领会了编者黄荣灿的意图,从古典出发阐明了"创造"的必要性。

茅盾的《和平、民主、建设阶段的文艺工作》是一九四六年三月,在广州的文艺三团体所开的欢迎会上的讲话稿。他在从避难的香港返回上海的途中,表明了北上的决心和对内战的态度。对于今后的文艺运动,发表了自己的看法。

一、今后的文艺工作必须和民主运动相配合做长期的打算。

二、在长期的斗争中，要加强认识，认清敌友，实践"文章下乡"，真正地替老百姓服务。

三、改造我们的生活内容和生活方式，创造我们的民族形式的文艺。

这里有两个要特别注意的地方。一是表明对民主的赞成、拥护和为推进民主要团结所有文艺家朋友。二是在文艺运动和民主运动不可分割的关系中，要深入大众，谋求人民的民主，参加各种争取自由的斗争。[35]黄透过这篇文章，传达了大陆民主化的实际情况以及理念，也表明了自己决定挑起此任的决心。

从题目来看雷石榆的翻译，可能是藏原惟人的《马克思主义文艺批评的基准》（一九二九年九月、《文艺战线》）。翻译的时候，原文中被删去的字未被复原，所以标题中仍然没有"马克思主义"五个字，题目叫《文艺批评方针》了。[36]

最重要的文章如黄荣灿所著《关于台湾美术运动之建立》以及杨逵、王白渊、欧阳予倩、田汉等人的文章都未见到。因此也无从得知他们关于"台湾文化再建"的具体意见，这实在是非常遗憾的事。

以上资料虽不太齐全，但我们从中所约略看到的《新创造》的主张可以归纳为以下四点。

一、共同拥有在抗日战争中所构筑的文化。

二、把基础性的创造精神作为"台湾文化再建"的基盘，实行"文章下乡"，为民众服务。

三、配合大陆的民主运动，构筑和平、民主、自由的社会。做好长期斗争的准备。

四、改变生活内容和生活方式，创造民族形式的文艺。

从一九三七年的《创造宣言》到一九四六年的"和平、民主、建设阶段的文艺工作"，黄荣灿所走过的历史道路，正是中国从抗日民族统一战线过渡到民主统一战线的一段路程。《新创造》是他来台之后经过一年多的构思而出版发行的。因此，他的主张是把台湾的解放放在了自孙文以来的中国革命的延长线上，与当局所推行的"统治一个新的殖民地"[37]政策有明显区别。对他来说，"二·二八事件"反映的就是这两种流向的"冲突"。

《文汇报》，一九四七年三月六日刊登的广告

《文汇报》所代表的上海进步知识人士也是有着相同的见解的。范泉在三月三日听到"二·二八事件"的消息之后,写下了《记台湾的愤怒》,并于六日印制成单行本发行。在文章的末尾,他这样写道:

> 这次暴动,却已经说出了台湾人的愤怒,已经证明了台湾同胞对于统治者的政治和经济的失望和灰心。而且在贫穷、饥饿和被压迫里,他们已由内心的隐忍而开始行动了。(略)
>
> 现在,台湾从异族的铁蹄下重又归返祖国的怀抱。对于这样一块富有历史意味和民族意识的土地,我们应当用怎样的热忱去处理呢?是不是我们要用统治殖民地的手法去统治台湾?是不是我们可以不顾台湾同胞的仇恨和憎恨,而拱手再把台湾送到第二个异族统治者的手里呢?
>
> 说起台湾,我不禁淌下了辛酸的眼泪![38]

在事件中,大陆的文化人士不仅强烈谴责当权者"用统治殖民地的手法",更加担心他们会把台湾拱手送给"第二个异族"——美国。这并非无稽之谈。因为不久美国政府就提出了"托管"台湾提案。台湾问题再次由中国内部问题变成了"国际"问题。

在抗日战争中所构筑、孕育的世界开始在黄荣灿眼前轰然倒塌。这是和统治者之间新的斗争的开始。他把遗憾和决心全都深深地刻入版画《恐怖的检查——台湾"二·二八事件"》。其后,《新创造》被查封,最后等待着的只是新创造出版社的解散。

注释

1 《台湾动乱后、台北报界遭逢厄运》,《文汇报》,一九四七年三月二十七日
2 《忆周总理和新音乐运动二、三事》,李凌,《人民音乐》,一九七八年第一期
3 《难忘四十年旧游地——木刻家朱鸣冈忆台湾之行》,吴埗,同前注
4 《战败日记》,池田敏雄,《台湾近现代史研究》第四号,一九八二年十月
5 《三省堂和台湾——战前台湾日本书籍的流通》,河原弘,《台湾新文学运动的展开》,研文出版,一九九七年十一月
6 《东都书籍株式会社台北分店概况报告》(昭和二一年四月三十日),持田辰郎,《三省堂的百年》,三省堂,一九八二年四月
7 同6
8 同6
9 莫玉林致曹健飞书简及曹健飞证言
10 同9
11 《三联书店在台湾》,曹健飞,《新文化史料》,一九八八年第八期
《忆台北新创造出版社》,曹健飞,《新知书店的战斗历程》,一九九四年五月
12 同11
13 同11
14 《从"中国木刻研究会"到"中华全国木刻协会"》王琦,同前注
15 《忆周总理和新音乐运动的二、三事》,李凌,同前注
16 《文海硝烟》,范泉,黑龙江人民出版社,一九九八年五月
17 《寂寞的台湾》《文汇报》,一九四六年八月十二日
18 《台湾赤子之心的典型代表吴思汉》,徐萌山,《台湾同胞抗日五十年纪实》,中国妇女出版社,一九九八年六月
19 《生活·读书·新知,留真影集》,三联书店,一九九八年十月

《活跃在抗日前哨的台湾少年团》,《台湾同胞抗日五十年纪实》,中国妇女出版社,一九九八年六月

20 《三联书店在台湾》,曹健飞,《新文化史料》,一九八八年第八期
《忆台北新创造出版社》,曹健飞,《新知书店的战斗历程》,三联书店,一九九四年五月

21 莫玉林致曹健飞书简,一九九七年十二月

22 《钟理和日记》,钟理和,《钟理和全集5》,一九九七年十月

23 《思想起——黄荣灿》,吴埗,《雄狮美术》,第二百三十三期,一九九〇年七月

24 《王白渊·民主主义的文化斗士》,谢里法,《台湾文艺》,一九八三年第十一期

25 同23

26 《许寿裳日记》,北冈正子、黄英哲编,东大东洋文化研究所,一九九三年三月二十六日

27 《台湾动乱评定后台湾报界遭逢厄运》,《文汇报》,一九四七年三月二十七日

28 《纸荒——文化破戒的前兆》甦牲,《台湾文化》,第二卷第三期,一九四七年三月

29 《台湾归来》(续),扬风,《文汇报》,一九四七年三月五日

30 《创造宣言》,陶行知,《陶行知全集》,四川教育出版社,一九九一年八月

31 陶行知致陶晓光书简(一九四二年四月十八日),《陶行知家书》,辽宁古籍出版社,一九九六年四月

32 《抗战中的木刻运动》,黄荣灿,同前注

33 《愿望直前——迎一九四六年》,黄荣灿,同前注

34 《摹拟与创作》,许寿裳,《台湾文化》,第二、七期,一九四七年十月

35 《和平、民主、建设阶段的文艺工作》,茅盾,《文艺生活》光复版第四期,一九四六年四月十日,《中原、文艺杂志、希望、文哨、联合特刊》,一九四六年六月二十五日

36 《马克思主义文艺批评的基准》以及《后记》,藏原惟人,《藏原惟人选集》晓明社,一九四八年十一月

37 《台湾文化的再建设》,《文汇报》社论,同前注

38 《记台湾的愤怒》,范泉,文艺出版社,一九四七年三月六日,《创世纪》,寰星图书杂志社,一九四七年七月

第五章 版画《恐怖的检查——台湾"二·二八事件"》

力军（黄荣灿）所作版画《恐怖的检查——台湾"二·二八事件"》，现收藏于日本镰仓市的神奈川县立近代美术馆，是一九七四年内山嘉吉所赠作品中的一幅。作品既没有作者的签名，也没有题名，印刷张数也未注明。空白的落款让我们看到了作者的沉默。而这沉默又正是敢于面对"恐怖"的最好证明。

一九四七年二月二十七日

版画《恐怖的检查——台湾"二·二八事件"》是一幅高十四厘米、宽十八点三厘米的小作品。

左端的后半部分和右端的前半部分是完全不同的两

《恐怖的检查——台湾"二·二八事件"》

个世界。后面处理为规则化、机械化的呆板的警官与查缉官，和前面不规则、有动感的民众相对峙。前面的另一位置，寂静的空间躺着牺牲者的遗体。司机与卡车上的四个警官凝视着四方，似乎是在监视着画面外的众多的群众。其中一个人半蹲着，一幅冷酷无情的面孔冲着正面的群众。在这冷酷的目光下，看画的我们，似乎跨越了时空，也被卷入现场，成了群众中的一员，听到了怒吼。烟摊被查缉官推翻，香烟散落一地，又被风刮得四下飞扬。

右端的一个女性拼命地伸着手，想把烟收起来。一个警官用枪托向她的头砸下，血顺着她的额头流了下来。即使如此，那个女性要夺回今天一家人的口粮的手仍然拼命地伸着。孩子一只手护着母亲，一只手挡着又要落下的枪托。中央靠左的另一个女性，躬着腰，摇着一只手，肯求着不要开枪。穿着木屐的另一个女性由于愤怒和恐怖，头发倒竖着，两手举向高空，正对着查缉官的枪。为了威慑人们的抵抗，一个便衣扣动了扳机，一个人倒下去，被击中的另一个人一面倒下一面仍伸着双手叫着阻止开枪。在这一瞬间，呼应她们的群众一拥而起，涌入画面，向肇事后逃走的查缉官们追去。

黄荣灿并未目击"二·二八事件",然而其作品却非常逼真。因为有两位友人目击了"二·二八事件"现场,并留下了证言。[1]

事件当天,《中外日报》记者周青碰巧正在现场附近的天马茶室喝茶。听到喧嚣他即赶到现场,从派出所到警察总局,又从警察总局到宪兵队本部,他一直在追赶犯人的人群中。《中外日报》记者吴克泰在路上遇到了追赶犯人的群众,也从警察总局追到宪兵队本部。在那儿他遇见了周青,两人随即商量了写纪实报道的事。事件的前一部分由周青负责,后一部分则由吴克泰完成,并于隔天的晨报即发出了报道。事件的详细经过因此由台北市向台湾各地传播开来。

吴克泰、周青都是黄荣灿在《人民导报》的同僚。吴克泰在事件前后都常常出入新创造出版社。周青是曾住在黄荣灿家的雷石榆的朋友。黄荣灿间接地了解到的事件现场详细情况大部分来自这两个台湾青年。

据两人的证言,当天发生的事情如下所述。

二月二十七日,傍晚七点多钟,专卖局的六名查缉官和四名警官乘坐卡车在淡水一带取缔私贩香烟。

大陆和台湾同属一个国家,相互商品流通属正常的国内交易，但当局却延续殖民地时代对烟、酒、樟脑等的专卖制度。一方面把它作为获利的工具，独占市场，同时还强化取缔，实施合法的掠夺。

那天，在他们毫无收获的返回途中，在延平北路天马茶室前，急速停下了车，为了泄愤而追赶私贩香烟的人。一个女性因跑得慢，香烟和钱全被抢去。那个女性叫林江迈，丈夫已过世，卖烟的本钱也是从别人那儿借来的。她请求把钱和香烟还给她，哪怕只还专卖局制造的香烟。她拼命地哀求着。

但是，查缉官用枪托向她的头部猛烈地砸去。血从头部流了出来，她昏倒在地。她身旁的女孩哭喊不止。被激怒的人们围住了打算溜走的查缉官们。查缉官们见势不妙，于是仓惶地朝永乐路方面逃走，同时向后方胡乱射击。人群中一个叫陈文溪的人中弹当即死亡。人们从派出所追到警察总局要求逮捕凶手。然而，警察当局没有对此做出处理。在大约一个小时的争执中，群众发觉凶手已被移送到宪兵队本部，于是人们又一齐涌向那里。这时已经九点多了。群众围着本部要求交出凶手。这就是"二·二八事件"的肇始。

二月二十八日，台北市内从早晨开始就显得躁动不安。

警察总局和宪兵队本部围满了蜂拥而至的抗议群众。人们游行示威，高呼罢工。途中，袭击了派出所，然后到了专卖总局。又从专卖总局到了台北分局，并将专卖品及文书资料等拿到外面点火焚烧。最后到行政长官公署请愿。公署由武装部队担当警卫，当游行队伍一靠近，机关枪就开始从房顶往下乱射。当场打死六人。民众的愤怒达到了顶点，抗议变成了暴动。当日，警备司令部发布了临时戒严令。

画与事实相比较，体现了黄荣灿的艺术性与思想性，表现了超越现实的现实。他把二月二十七日傍晚数十分钟内发生的事浓缩在一幅画面里。时间从画的右端到左端沿着一条弧线发展。在画的后部表现的是，在光复后的一年里，统治者的压制、盘剥和凌辱。与此相应，在画的前半部分描绘了民众的愤怒与反抗。警官威吓的眼光，让我们看到了画的外面的众多群众。高高举起的几只手暗示着即将崛起的反击。

民众都是徒手面对着武器。那个女孩虽然在哭嚎着，但仍然用一只手护着母亲，另一只手挡着落下的枪托。这一只只的手表现了不向压迫屈服的台湾民众的气概与勇气。

一九四七年三月

新创造出版社在行政长官公署的斜对面,正处于混乱与危险的当中。最初,台湾民众把来自大陆的人亲切地称为"祖国来的人",不知什么时候起,有些人开始称他们为"中国人"。

长官公署继承了日本统治时代的殖民地政策,公署长官一人独揽大权,统管政治、经济等所有领域。其结果,在光复后不足一年的时间里,渎职泛滥,掠夺、盘剥肆无忌惮。街上到处都是失业的人,其数目达七十余万。台湾的财富因内战和中饱私囊而消失殆尽。民众终于"由希望变成失望、由失望变成绝望、由绝望变成积极反抗"。[2]

二十八日,由于机关枪乱射,群众异口同声地喊:"打阿山(大陆来的人)!"事态发展到不加区别地袭击外省人的地步。

黄荣灿在危险中却能坦然处之。他推着破自行车挨家看望朋友,告诫大家尽量不要外出。当天下午,数百名群众攻击了国民党省党部。当他们知道党部的人员都已转移后,随即前去包围了作为新中国剧社宿舍的台北站前的三义旅馆（旧台北旅馆）。后来，其中的五十人进到旅馆中，打算把男性团员全部带出来。新中国剧社的领队欧阳予倩通过旅馆的老板和两个台湾学生向群众说明"既非官吏，又非商人"。[3] 两个台湾学生中之一就是吴克泰。据他说，欧阳予倩毫无胆怯地站在群众面前，把剧社的来意作了说明，"表示完全支持台湾人民反对国民党法西斯的斗争"。群众乐见他们的支持，包围随即散去，并在此后一直保护着"剧社"一行之安全。[4] 黄荣灿从这天开始在以后的二十天里，从未离开三义旅馆，成了他们的身边护卫。[5]

新创造出版社的成员也同样被周围民众划入"好阿山（好中国人）"，受到他们保护，度过了那一段难挨的日子。[6]

三月二日，"二·二八事件"处理委员会成立，并连日举行会议。任何人都期待事态的缩小和向着民主化方向发展。但是，陈仪却在悄悄地等待着来自大陆的援军。七日，再三妥协的陈仪突然改变了嘴脸。同一天，他拒绝了委员会提出的"三十二条政治改革方案"。因为他知道援军已经从上海和福州出发了。

八日，宪兵第四团到达基隆。九日，国民党军队第二十一师团也到达了基隆。在他们到达的同时，即从船上开始向陆地开炮，登陆后，血洗了基隆，并急速向台北行进。八日夜里十点半多，在台北报复的枪声此起彼伏。持续几日"见人即开枪"，[7]实行无差别的杀戮。牺牲者达数千乃至数万人。

"七日自治"很快就结束了。

三月九日

（中略）枪声整日继续。前些日子外省人躲起来；今天则本省人也都缩着头了。人的脸上失去了笑容；进出也少了，且都是默默的，失去了声音。[8]

由于军队掌握了"治安"权，于是掠夺开始了。

三月十二日

（中略）街上行人稀少，走来走去的多是女人老头子老太婆和小孩。街上哨兵并不多，且无枪声，大多数人怕出外的理由之一，是前天很多台人在街上失去了手表、戒指乃至钞票。在"搜查武器"的名义下，被搜查一光的并不是武器。[9]

黄荣灿于事件前每天必去的中山堂里，彻夜工作着的数十名青年人被殴打、杀害，"剧社"的大、小道具、服装等以及相当于一百八十余万元的物品被毁坏。这里既是处理委员会连日举行会议的场所，也是台湾文化协进会的事务所。杀戮、掠夺、破坏就发生在他的身边。黄荣灿等外省人，最初接受台湾人是不是"好阿山（中国人）"的质问，这次又被当局质问是不是"台湾人的同伙"。

三月二十一日，上海航线恢复。新中国剧社终止了在台南的公演，乘第一班"台南轮"安全地离开了台湾。[10] 黄荣灿也终于回了自己的家。九日开始的"扫荡活动"结束，接着从这一天开始，在"维持治安"的名义下，开始"绥靖、清乡工作"。军警搜查了民宅，逐一逮捕与事件相关者。一方面在街上四处张贴通缉者的照片，强化密告制度，同时发出关于与事件相关者七月三十一日以前必须自首的布告。搜查不仅仅限于城市，也在向偏远的农村扩展，并一直持续到年末。

> 活泼的学生套上了"保障"的枷锁；多少有点自由的人民戴上了"连坐"的脚镣；几家勉强敢说几句话的报纸是再不能发出声音了。[11]

十五日《大明报》、《人民导报》、《中外日报》、《重建日报》、《民报》等五家报社被警备总部查封，致使台湾人民不仅失去了舆论的载体，甚至连人们说话的权利都被剥夺了。

黄荣灿在这一片沉寂的台北开始悄悄地制作他的版画。因为"第一届全国木刻展"即将在上海举行。他肯定考虑到这是向大陆同胞传递"台湾人民的舆论"的绝好机会。

荒烟和朱鸣冈也在台北受到了事件的洗礼。二人离开台湾后也拿起了雕刻刀。荒烟对此经过有如下的记载：

> 看到了激烈的群众斗争，心潮澎湃，不能自已。随后人民起义被镇压下去，接着是大逮捕、大屠杀。一片白色恐怖。我蛰居寓所，不太外出，而要用木刻刀参加斗争的愿望却异常强烈。（略）直接刻画"二·二八事件"是不可能的，而另一幅表现群众斗争的木刻构思却在我心中成熟了，那就是《一个人倒下去，千万人站起来！》。[12]

事件一年后的一九四八年，荒烟逃至香港后，刻画过

《一个人倒下去，千万人站起来！》（荒烟刻）

闻一多中弹倒地的形象，以此来讴歌台湾民众的斗争。

朱鸣冈在一年半后的一九四八年九月离开台湾，之后创作了版画《迫害》，描述了事件的恐怖。也有说这是他借离台的机会，以此记录下了许寿裳被害的真相。

黄荣灿比他们两位更大胆。因为版画全是自己画、自己刻、自己印的，而且同样的版画可以印出多幅，因此具有任何压力也阻挡不了的生命力。黄荣灿充分利用了这一特性。没有人看见过他制作过程中的情况，甚至做成的作品也没有让任何人看过。作品大概完成于四月初，余白处的题名、签字、印刷张数都没有写，以防各种干涉。

黄荣灿描绘的内容也与上述两位不同。同样为了表现台湾，荒烟选择的是闻一多，朱鸣冈选择的是许寿裳，而黄荣灿选择的是台湾民众的现实。黄荣灿在来台后的一年多里，经常到街上去写生。有时也去工厂、农村，还去过渔村。映在他眼里的是劳动的人们和生活在苦难中的孩子们的身影。因此，黄荣灿能用与他们相同的视线看"二·二八事件"，在笼罩着"灰色的忧郁"[13]的另一幅作品《卖烟》中，他以纤细的线条"黑与白的分划"，鲜明地刻画了台湾人民内心所受的凌辱与激起的反抗。

《格尔尼卡》

毕加索的《格尔尼卡》是高三百四十九点三厘米、宽七百七十六点六厘米的大作。毕加索在《格尔尼卡》中"明确地表现了对把西班牙置于水深火热的军阀的憎恨"。黄荣灿在不足《格尔尼卡》千分之一的《恐怖的检查》中，表现了对中国"军阀的憎恨"。两个人都是怀着同样的"憎恨"、同样的愤怒创作了各自的作品。就此意义来看，还有哥雅的作品《一八〇八年五月三日》也属此例。

《恐怖的检查》所描绘的民众的手，让人想起哥雅在《一八〇八年五月三日》中所描绘的白衣男子的手和毕加索的《格尔尼卡》中所描绘的民众的手。白衣男子在枪口前手高高地举向天空。因为破坏"格尔尼卡"的不是枪，而是最新式武器——燃烧弹的滥炸。因而，毕加索在画面上并没有展现军阀和他们的武器，而是通过夸张牺牲者的手来强调恐怖程度。黄荣灿描绘的也是面对枪口高举双手的民众反抗的样子。中国的民众面临的更为残酷的现实是，在没有任何准备的条件下即死于同胞之手。三幅画描绘的都是徒手面对为政者的枪口和武器，在表现受战争与政治摆布的民众的愤怒与反抗的同时，也象征着他们的气概和勇气。

把《恐怖的检查》与《格尔尼卡》放在一起看，构图极其相似。《格尔尼卡》中"共和国军的士兵"一手握着折断的剑，在画面的左前方，睁着眼永眠于地。《恐怖的检查》则与这个位置相反，画了横躺在地的牺牲者。与"从窗口跳下的女人""上前救助的女人"及"抱着死去的孩子哭喊的母亲"相对照，几乎在相同的位置，黄荣灿画了"举着手倒下的女人""躬着腰肯求的女人""护着母亲阻止枪托落下的女孩"。代替牛的位置的是停在那里的卡车，在举灯女人的位置上，黄荣灿描绘的是脚穿木屐，因恐怖和愤怒而倒竖着头发，双手举向天空的女人。

象征和平之"鸽子"和意味着备受凌辱的人民之"马"被省略了，这是黄荣灿对毕加索笔下抽象化乃至象征化的东西以写实手法加以还原。

还有一点是毕加索在士兵的手里画了银莲花。《恐怖的检查》与《格尔尼卡》完全不同的是前者表现了母子关系，而《格尔尼卡》画的则是一个抱着已死去的孩子大声哭喊的母亲。这里面恐怕有由于日本军在长沙的滥炸而丧生的黄荣灿的妻子和孩子的影子。[14]尽管如此，不，正是因为如此，黄荣灿在《恐怖的检查》中刻画了护着母亲对

毕加索所绘制的《格尔尼卡》

抗敌人的孩子，并以护着母亲和向着敌人的孩子的双手，表现了毕加索借银莲花所要表现的再生与和平的愿望。我们看到为政者蛮横无理的镇压竟被孩子的手挡了回去。同时，用"脚穿木屐的女人"那高高举起的手，表现着毕加索寄托于"举灯的女人"的希望。

再有一点想说明的就是牛。关于《格尔尼卡》中的牛有种种议论，有人认为象征着西班牙和西班牙人民，也有人从牛的凶猛性认为是指佛朗哥，还有人认为，牛看着远方的神态象征着旁观西班牙内战的法国。黄荣灿在牛的位置刻的是卡车，车上载着军警。他们的刺刀恰似牛的角。如此看来，按黄的理解，牛一定指的是佛朗哥。而且黄荣灿也没有忽视牛那望着远方的漫漶的目光及毫无表情的神态，我们看到监视群众的军警和卡车司机尽管处在事件之中，但都表现出一副自己并非当事人的麻木神情，望着远处。上着刺刀的枪也没有指向群众而是朝向天空。这到底意味着什么呢？事实上国民党军警的大多数都是大陆贫苦农民的孩子，战时被抓壮丁，如今又被带到台湾。展现在他们眼前的生死恐怖场面就是昨天他们自己的身影、今天自己家族的影子。黄荣灿的画中不仅描绘了同胞压制同胞的矛盾，同时也表现了同胞对同胞的同情。

以上是从主题和构图上来看，很清楚黄荣灿是受到了《格尔尼卡》的触动与启发。与毕加索创作于远离格尔尼卡的巴黎不同，黄荣灿则是在事件中雕刻《恐怖的检查》。这就使作品更具有写实性，也强调了记录性。但引人注目的是作品仍然暗含着抽象化以至象征化意义。这恐怕就是他想要从台湾"二·二八事件"中抽取中国的现实，描绘出对于人类来说具有普遍性的东西。

从风格来看，《恐怖的检查》可以归入他的作品中《走出伊甸园》系列。但与其他生活风景等写实性较强的作品不同，他的这两幅作品描绘的是人的内层侧面。

《走出伊甸园》（《月刊》一九四五年十二月）可能是参考了希罗尼穆斯·博斯（Jheronimus Bosch）的《人间乐园》和《干草车》。画面结合中国的现实，刻了人生前所犯"七大罪恶"——怠惰、愤怒、食欲、暴食、嫉妒、虚荣、邪淫。果树下一个胖男人正在和女性嬉戏。下面另一个胖男人正摇着大蒲扇焚烧书籍，另外两个男人在一旁忙着。其他的男人们在用箭到处追赶鹿和小鸟，已经把乐园踩得七零八落。象征着和平的鸟已被射穿，鹿也已中箭倒地，不知是不是被流箭射中，一个农民抱着镰刀倒在地上。比起刚才那些人，这个农民瘦得可怜，躯体又正被秃鹰和蛇盯着。消瘦的手握着一棵麦穗，几粒种子从麦穗上落下来，画的右端新的生命已经萌生。这一切表现的是言论自由被剥夺，农民深受压榨，和平被破坏，财富与快乐被少数人独占的中国现实。这中国"乐园"的丧失，正如"流浪的游客"离开"干草车"那样，一个知识青年抱着头准备远行。这苦恼的神态所表现的正是黄荣灿自己的心情。

黄荣灿究竟是在何时何地见到的《格尔尼卡》？对此黄荣灿没有给我们留下任何记录。但是，其他一些相关资料告诉我们下面一些情况。

在抗战开始时，一个西班牙医疗团曾投入中国的抗战，活动于重庆、贵阳、桂林等地。他们是以西班牙共和国军方面的义勇军身份参加到欧洲各地巡回医师组织中的十六人。[15]因此，国内进步报纸、杂志开始讨论西班牙内战，赞扬世界反法西斯统一战线的成立。[16]其中涉及《格尔尼卡》的文章有两篇。即《皮（毕）加索的名画："哥尔尼加"（今译：格尔尼卡）》（荃著，重庆《新华日报》一九四四年十一月十八日）和《记法国大画家毕加索》（Simone Tery 著，胡品清译，《文联》第一卷第六期一九四六年四月十五日）。两篇文章中都介绍了这样一段趣话。德国的谍报机关问毕加索："这是你画的？"他回

"走出伊甸园" / "失去的乐园"（黄荣灿刻）

答说,"不是,这是你们让我画的,请您带回家去,作为纪念品吧",并把复制的《格尔尼卡》交给了德国人。于是《格尔尼卡》乘着全世界反法西斯的潮流传播开来,使中国的艺术家感到了自己的责任,促成了中国的文艺工作者的觉醒。

上述两篇文章中,前一篇发表于黄荣灿在育才学校工作的时候,后一篇与黄荣灿的友人之一周梦江的《战时东南文艺》一文发表在同期杂志上,后来周梦江又在自己编辑的《和平日报》上转载过(《新世纪》第八期、一九四六年五月二十日、二十一日)。可见,这两篇文章都在黄荣灿的手边。另外,一九四一年,香港新艺社出版的《果耶(今译哥雅)画册》也到了重庆。内容是哥雅的《战争的灾难》,共八十三幅。王琦对此十分珍爱,除多次介绍给美术家[17],还时常在育才学校绘画组举行"西洋名画展",广泛地介绍这些作品。在迎来战争最后阶段的一九四四年,中国木刻研究会在重庆举办了"世界版画展"。画展中展出了以戈米兹(Helios Go'mez Rodori'guez)的版画《组画西班牙》为代表的介绍西班牙内战的作品。据说《格尔尼卡》就是这一时期介绍过来的。黄荣灿自己也在这次展览会上展出了作品。

"西班牙系列画作 1931—1936"

这样看来，从哥雅到毕加索主张反法西斯的美术早已深深地刻在了黄荣灿的心里。他在创作《恐怖的检查》时，全国的木刻家也都在担心"快使中国变成西班牙第二"了[18]。来台后，黄荣灿得到了日本人留下的《毕加索画集》（伊原宇三郎编一九四二年二月），一直十分珍爱。据台湾省立师范学院的学生李再钤说，一九四八年以后，黄荣灿的"风格比较接近毕卡索"[19]。另一个学生黄铁珊也说，黄荣灿在《新艺术》座谈会上多次说过他爱慕毕加索。[20]

一九四七年四月—五月

事件后，为了向三联书店总部报告"二·二八事件"后的状况，商谈今后的方针，黄荣灿与曹健飞必须有一人去上海。黄荣灿好像是无论如何也要去，因为他希望在"第一届全国木刻展"上展出他的作品，向大陆的朋友告知"二·二八事件"的真相。而曹健飞又已在"特务"的监视下，因此，黄作为新创造出版社的代表去了上海。[21]

四月十三日，黄荣灿从基隆出发，乘"台南轮"前往上海。吴克泰、周青与之同船而往。但是，为了隐瞒身份，他们彼此没有打招呼。据周青说，他的胸前戴着"警备总部的徽章"。那以后，周青一直以为他是"特务"。[22]吴克泰对此持否定态度。他认为如果他是"特务"，他们早在上海被捕了，而且，回台北后，也不会专门到新创造出版社去访问他。《人民导报》的创始人之一白克就在白崇禧的身边，所以他应该很容易得到徽章。[23]这样看来，他把作品藏在行李深处，带着"警备总部的徽章"是为了掩盖自己的身份。

十五日，"台南轮"安全抵达上海。他急忙赶到大名路上的中华全国木刻协会。可是，"第一届全国木刻展"已在三天前的十二日闭幕了。

中国木刻研究会经过陈烟桥和黄荣灿的私下准备，于一九四六年一月正式决定转移到上海。四月实施决定，本部从重庆转移到了上海。五月，分散于全国各地的二十余名成员都汇集到上海，六月四日，中国木刻研究会正式改名为中华全国木刻协会。一直按照战前的体制进行着的"抗战八年木刻展"的准备，从此日开始，正式进入紧锣密鼓阶段。展览会比预定晚了半年，终于在同年九月于上海和伦敦同时开展。在开幕前的七、八月份，与各地理事的联系终于恢复，并召开了战后第一次的理事会。会上首先改选了工作班子，推选李桦、王琦、野夫、陈烟桥、杨可扬为常务理事，并决定每年举行春秋两届展览会和重新开办木刻函授班。

"第一届全国木刻展"在上海大新公司画廊于一九四七年四月四日开幕。展出了来自南京、上海、北平、天津、福州、重庆、桂林、广东、香港的四十八名艺术家的一百八十件作品，十二日闭幕。不知道黄荣灿是不知道会期还是没有搭上合适的班船，遗憾的是他带来的作品未能参展。

但是，展览会闭幕两周后的四月二十八日，《恐怖的检查（台湾"二·二八事件"）》在《文汇报·笔会》栏目以力军的笔名发表了。可能题名由黄荣灿拟定，而括号内的附注是编辑附加的。使用"力军"的笔名可能是考虑到，这在柳州时代常用的笔名，大陆的同行都熟悉，而对台湾当局来说不会暴露自己的身份。可能还有告知旧友自己仍然在世的意思。

把该作品拿到编辑部的可能是陈烟桥和王琦。当时编辑部有索非、扬风，《和平日报》的楼宪（尹庚）和周梦江，王思翔所认识的叶以群担任《新世纪》栏目的编辑。唐弢负责《笔会》的编辑。此外，还有范泉、索非的友人柯灵等人在，显示出他们对台湾问题的较深的理

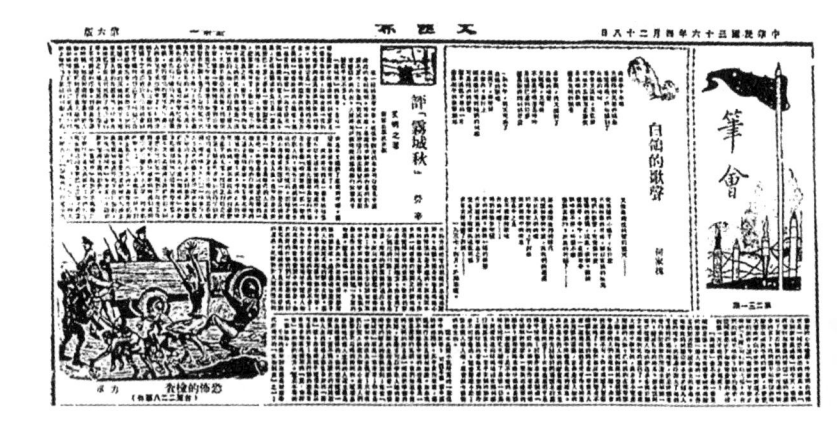

《文汇报·笔会》，第二三一期，（一九四七年四月二十八日）

解力。再加上《文汇报》和中华全国木刻协会关系密切，一直为协会提供着发表作品的场所。特别是《笔会》栏，从一九四七年三月一日的一百八十二期到即将停刊前的二百四十六期（五月二十四日），每期都介绍木刻作品。黄荣灿的作品刊登在第二百三十一期（四月二十八日）上。

一九四六年十二月开始的学生运动，由"反对美国驻军，反对不平等的中美通商条约"、"要吃饭，要和平，要自由"发展为"反饥饿、反压迫、反内战、反美和争取民主的运动"。一九四七年五月十八日，蒋介石发表了谈话，要求严处学生运动，政府发布了"维持社会秩序临时法"，接着镇压开始了。二十日，大城市的学生举行了全国规模的大游行，对此表示抗议。政府出动了军队、警察、特务，数以百计的学生遭到逮捕。二十五日，支持此运动的《文汇报》、《联合晚报》、《新民晚报》三社被突然查封。这是《恐怖的检查》发表后不足一个月的事。于是，"二·二八事件"随着黄荣灿的这幅版画也卷入了这场斗争。

据莫玉林说，黄荣灿在上海只待了不过十几天，四月末或五月初即返回台北。

协会将"第一届全国木刻展"展出的作品准备了三份，打算一份送到香港，一份送到湖南，另一份赠给台湾。湖南的部分由曾景初带回长沙，并于五月举行了展览会，后又在衡阳展出。香港于五月二十八日在香港宇宙俱乐部由中华全国木刻版画协会、人间画会及香港中外文艺联络社（茅盾、叶以群为骨干）共同主办了展览会。

台湾部分的几十件作品由王麦秆、戴英浪、章西厓三人于七月带回。[24]《台湾文化》第二卷第五期（一九四七年八月一日发行）的"文化动态"上有如下报道。

> 全国木刻展览会作品已运达本省。此间本会与美术界准备筹划在台北公开展览。[25]

该展览会以台湾文化协进会美术委员会为中心进行筹划，但是，"二·二八事件"中，委员会成员之一的陈澄波牺牲，王白渊、欧阳文以及廖德政的父亲廖进平被捕。担负着《台湾文化》中心的苏新、范文龙也避难在大陆。在这样的状况下，"公开展览"反对内战和"和平和民主的方向"等[26]作品的力量，在"台文协"已不复存在。何况现实也不允许通过展览会"要用刻刀一般锐利的眼光去区分出民主的真伪，而且还需要用刻刀去戳穿假民主的面孔"[27]。因此，"第一届全国木刻展"的台北展在计划阶段即告夭折。

244

上海版画界同仁与"反内战、反饥饿"的学生运动联合，后来取得了非同寻常的成果和发展。避难至上海的几位台湾人在出版《前进报》时，创刊号的封面也采用了描绘农民起义的彩色木刻。[28]但是在台湾，黄荣灿却失去了与全中国民主势力相结合的场所。

一九四七年十一月

没有赶上"第一届全国木刻展"的黄荣灿的作品，在同年秋天举办的"第二届展"上得以展出。地点与"第一届"一样，仍然是上海大新公司画廊。一九四七年十一月三日开幕，十五日闭幕。共展出了六十余名艺术家的二百二十八件作品。其中描绘台湾的作品有十几件。

力军作《恐怖的检查（台湾"二·二八事件"）》
朱鸣冈作《台湾椰子》、《台湾小贩》、《星期日》、《请教》、《殓》
麦秆作《台湾煤场》、《高雄田野》、《新竹采茶女》、《蕃女捣米》、《晨忙》、《采果》、《台女挑鸭》、《桃园之农家》

朱鸣冈在"二·二八事件"后避难到上海。因为妻子尚留在台湾，所以在他返回台湾时被宪兵逮捕。以后再也

《台湾椰子》(朱鸣冈刻)

《三代》(朱鸣冈刻)

未允许他制作版画。一九四八年九月，他把台湾省立师范学院艺术系的职务让给黄荣灿之后去了香港。

麦秆于一九四七年七月，为看望岳父母来到香港，他的作品均为"二·二八事件"后创作的，是他回到上海后亲自拿到"第二届全国木刻展"参展的。

因为内战的扩大，国民党统治区的镇压也日益激烈，"第二届全国木刻展"上海会场以外的展览均未获准。在抗战中，尚能在七至八个地区一起开展，展览后还可以在地区内的市区村巡回展出，但是，尽管抗战胜利了，"第一届"展却只能在四个地方，"第二届"展只能在上海一个地方展出。

打破这种闭塞状态的方法就是在外国举办展览。中华全国木刻协会在战前几次用这种方法摆脱困境。这次他们也积极地运用了这一方法。

首先将一九四六年九月举办的"抗战八年木刻展"的八百九十七件展出作品中的一百八十三件赠予伦敦，一百五十件由钱瘦铁带到日本，还有百余件赠予中日文化研究所的菊池三郎。

将一九四七年十一月举办的"第二届全国木刻展"中展出的二百二十八件作品全部赠予了内山嘉吉。并于

《朱门外》（朱鸣冈刻）

一九四八年夏指定李平凡为中华全国木刻协会日本联络事务所代表，将"第一届"展、"第二届"展、"第三届"展的优秀作品共百余件赠予日本。

从一九四七年至五十年代初，"中国版画展"在日本各地相继举办，掀起了中国版画热。展览会多达百余次。它成了反省战争和民主化的基础因素，对"活生生的中国人"的理解也成了人们的一种渴望。

黄荣灿的《恐怖的检查》是送到内山嘉吉手中的二百二十八件作品中的一件。内山的长兄内山完造在"抗战八年木刻展"之际尚住在上海。参观后他提出想把所有作品带回日本展出，但是，作品已经没有了，协会"拟另行征集复制件及新作、以应其请"。[29] 结果一九四八年二月，嘉吉收到了中华全国木刻协会寄来的小包。里面是"第二届"展展出的二百二十八件作品。直到一九七五年七月，陈珂田指出这一事实为止，嘉吉一直以为这些作品是"抗战八年木刻展"的作品。从上述经过来看，这也是不无道理的。[30]

没过多久，汪刃锋寄来了一封信，说："如果在东京可以举行这些版画展，我将很荣幸，特此拜请。"[31] 于是，嘉吉一点一点地把每幅版画都衬上衬纸，然后借给了人

《桃园之农家》（王麦秆刻）

们。当时，大学的文化节已复活，中国研究组织陆续诞生，鲁迅研究也兴盛起来。学生频繁借阅相关资料和版画。嘉吉认为这"比起一个时期在一个地方举行大型展览会，能给观众以更深的印象"。因此，一直以大学生为中心借出这些版画。据说"这些版画一个接一个地借出"，"反响很大"。[32]

但是，在上海和日本展出的《恐怖的检查》究竟获得了怎样的反响，在日本和中国都没有留下任何记录，这是件非常遗憾的事。

据说日本人知道"二·二八事件"是通过一九四九年出版的杰克·贝鲁宁的《中国震撼世界》[33]。实际上，黄荣灿的版画比他早一年已到达日本。虽然在上海的展览会和《文汇报》上都向民众作过介绍，但是，他所带来的信息究竟是如何传达给了中国大陆的人们和日本人，对此目前尚未发现详细资料。

大东亚战争画

"西洋画坛的权威"李石樵自光复以来仍然精力充沛地继续他的创作活动，给台湾美术界注入了新风。在

《台湾煤场》(王麦秆刻)

一九四六年至一九四九年间举办的两届"台阳展"及四届"省展"上，他共展出作品二十二件。早在战争一结束，他即开始标榜"民主主义文化"，举起"主题美术"的旗帜。用他自己的话来说，就是要"有明确的目标"，"力求挖掘现实的一贯态度"和"对美的价值的感悟"，让自己"存在于社会、与大众共存"。[34]

苏新对李石樵在"第一届省展"（一九四六年九月）展出的两幅作品《市场口》（一九四五年作）及《合唱》（一九四六年作）给予了肯定的评价。[35]黄荣灿也对李在"第十一届台阳展"（一九四八年六月）的参展作品《老农妇》（一九四七年作）及"第四届省展"（一九四九年十一月）作品《田家乐》（一九四六年作）给予了"创作精神"的"进步"的评价。[36]苏新称赞他捕捉到了"台湾的现状"，黄荣灿也按照李石樵自己规定的课题，评价他正在向着描绘"现实"的方向努力。

然而，黄荣灿又指出，"从题材内容上分析，确难找见描绘现实的真理，主题的表现也难找到"。接着批评作品是"没有主题发展而失去情感组织的"。[37]

李的二十二件作品中，以"现实生活为题材"的作品不过四、五件。在黄荣灿的眼里，这些似乎都是随波逐流，迎合"现代的'时髦货'"。[38]他很可能知道李石樵的《建设》(一九四七年作(第二届省展)展品)在构图上是模仿了自己的《建设》。[39]

黄荣灿是按照李石樵从战前开始的创作过程来看待这四、五件作品的。

李石樵在"决战期"举行的"第十届台阳展"(一九四四年四月)中展出过《歌唱的孩子》。一个光头少年抱着婴儿,一只手拿着歌词正在唱歌。看上去像少年弟弟的另一个孩子抱着他的腿,另外两个少女和一个少年围在他身边正在跟他一起歌唱。坐在地上的又一个少年正仰头看着他们。这是当时"大东亚战争画"乃至被称为"圣战画"的作品之一。

但是,他在战后"第一届省展"展出的作品《合唱》"是描写台湾光复当初,几个小孩子,在被美空军轰炸成为废墟的街头,一人奏口琴,其余合唱,欢天喜地,庆祝台湾的光复"。[40]

这两幅作品难道都是各自时代"挖掘现实"的结果吗?台湾民众到底是反对"圣战",还是赞美"圣战"?从前一张画里少年们的表情上既看不出对"圣战"高兴,也看不出憎恶。李对此暧昧处理,也许是在有意地回避统治者要求的赞美"圣战"。但是从"现实的真理"来看，画面中也的确很难看出台湾民众对"圣战"的批判和反抗。结果，把他理解为通过展览会赞美"圣战"也是很自然的。那么，他又是如何从赞美"圣战"变为"欢天喜地，庆祝台湾的光复"的呢？显然，在他的绘画里并没有表现这些。似乎李石樵所谓"挖掘现实"所得到的"主题"，在"决战期"是赞美"圣战"，而在光复期就成了所谓的"民主主义"。黄荣灿所说的"现代的'时髦货'"指的正是这一点。

日本统治时代，台湾美术界的目标是日本的"帝国美术展"。战争时期，是为"大东亚战争画""圣战画"尽力。台阳美术协会战后重新开始的时候，他们虽然自己总结日本统治时代并强调：自己是敲响"警钟的木铎"，"反对'台展'之先锋"。然而，很难说他们的画的多数是现实而且积极地表现了与日本统治者的对峙。实际是作为一个避难场所存在。在殖民地统治下，它不可避免定位于殖民地官学机构。战争结束后，虽然台湾美术界也被群众要求努力从殖民地文化中脱却出来，力求"自己变革"，但却要拖着殖民地文化的残渣，又不思反省，无批判地实现"民主化"的转换。因而，也就无批判地纳入了新的体制。针

《建设》（李石樵油画）

对台湾美术界的这种随波逐流的状况，黄荣灿指出，其本质上有"现实的真理"和"主题表现"上的欠缺。要求他们继续"自己变革"。

然而其结果，在面对"二·二八事件"时，他们中的多数均保持沉默。其后，一下子落下了"民主主义"的旗帜。放弃了"存在于社会，与大众共存"这一课题。"回到"了单纯地追求"色彩"的"无主题"艺术的老路。因此，"表现着彷徨在新的烦恼中"。[41]

李石樵在"十一届台阳展"上以花为依托，表达了这种"新的烦恼"。和《老农妇》一起，李石樵还展出了《洋兰》。到了"第十二届展"（一九四九年五月），两位后辈模仿该作品并以同名参展。对这种"传染"，黄荣灿以气愤的口气批评这是"现代的'时髦货'"，并对后辈这种逃避现实的选择规劝道："在此次展出的作品中，却无视于当前残酷的现实问题，差不多对于今天人们遭受的艰苦和自己所体验到世乱年荒的现象都遗弃了"。[42]从这种"赶时髦"，热衷于"赶时髦"的过程来看，很明显，他们实际上根本没有"挖掘现实"的意思。

关于这一点我将在后面详加讨论，总而言之，"二·二八事件"之际，黄荣灿不仅仅是描绘了"历史的

《歌唱的孩子》(李石樵油画)

现实"，而且是以描绘"现实的真理"这样一种气魄展现在台湾美术界面前的。他虽然是学毕加索而刻了《恐怖的检查》，但这也是对台湾美术界的迎头棒喝。他要表示的是，经历了八年抗战的中国美术界是站在与侵略战争和法西斯政治誓不两立的毕加索的相同的立场上的，表现了美术家在对待政治问题时应该采取什么样的态度，同时为台湾美术界面临再次"回到"沙龙美术老路的危险敲响了警钟。他通过这幅画告诉人们，为实现民主主义，必须描绘"现实的真理"。这就是这幅版画刻在台湾美术史上的又一意义。

上述问题并不限于被殖民统治的台湾美术界，它同样也是作为殖民统治者的日本其美术界在战后直接面对的问题。只是它照例未能成为美术家们讨论的中心。

以对台湾美术界有过较深影响的伊原宇三郎为例，即可看清他们相同的素养。伊原宇三郎是"帝国美术展"的主导，推进大东亚战争画与日本西洋画坛的权威。据说，黄荣灿来台后一直十分珍视《毕加索画集》（《西洋名画家选集四》），而该画集正是他于一九三八年出版的画集中的一册。

他在巴黎留学期间即景仰毕加索。在太平洋战争爆发后的一九四二年二月，他发表了《大东亚战争与美术家》，对《格尔尼卡》有过如下的评述。

> 据说毕加索如今仍然被德军关押着，正如大作《格尔尼卡》所表示的那样，他反对佛朗哥，并以此为信念，果敢地，为他所爱的祖国西班牙创作了此作品，并把信念付诸于行动。令我们感到非常遗憾的是，他选择了与轴心国完全相反的方向。而毕加索本人则因为他对祖国有着忠贞不渝的爱，所以即使身陷囹圄也仍然处之泰然。唯独令我不可思议的是，即使把对祖国的爱暂且放下，那样忘我工作的他为何始终没有感到轴心国方面所拥有的"力量的魅力"。从风格上说，毕加索的艺术绝对是德国的，从某种意义上说也给美术界带来了新秩序。那样毫不眷恋旧艺术，如猛牛般勇往直前的他，为什么突然像忧愤多思的年轻人一样，沉湎于少年时代的情结，借毁坏的美丽古都发泄积愤，我无论如何也理解不了。[43]

然而，战争结束后，伊原宇三郎又像什么事也没有发生过一样，若无其事地把舵转到"一百八十度的相反方向"，站在了再建"和平国家"美术的排头。在这个过程中，伊原不仅没有对自己在战争中所起的作用进行过反思，也没有对在台湾鼓舞"圣战"，要求台湾人民贡献生命的责任有过追问。他不仅把美术界的诸多责任转嫁他人，甚至自己俨然成了被害者的一员。《格尔尼卡》的"主题表现"即使到了战后依然未被伊原理解。他对毕加索的理解有着本质上的歪曲，充其量不过是想从表面上加以模仿。这与的确抓住了事物本质的中国新兴美术家的理解实在是泾渭分明。从此可以看出日本式的对西洋美术的翻译。这种模仿与追从是对西洋美术自卑的表现，也反映了日本文化上的殖民地性。

日本模仿西洋，又以前辈的身份拿自己的模仿品让台湾美术界再模仿。这种自豪与帝国主义式的管理，其手法正是自己对西洋自卑的角色替换。把这个称为"世界水准"[44]，实在是无从谈起。但是，台湾美术界却似乎正是处在这样的"殖民地化"之中，他们是通过日本美术界的眼睛来看自己的身份的。

针对这种双重的殖民地性，黄荣灿提出"现实的真理"，这是对殖民地性的严厉的批判。他的批判甚至通过台湾美术界触及了殖民统治者日本美术界所持有的态度。

注释

1 《一条曲折前进的认同之路》,蓝博洲,《沉尸·流亡·二二八》,时报文化出版,一九九一年六月《从纺织厂童工到进步记者》蓝博洲,同上《"二·二八事件"亲历记》吴克泰,《证言2·28》,人间出版社,一九九三年二月

2 《台湾旅沪六团体要求实行自治》,《文汇报》,一九四七年三月六日

3 《一个戏剧工作者的"二·二八"见闻》,欧阳予倩,同前注

4 《一条曲折前进的认同之道》,蓝博洲,同前注

5 曹健飞证言

6 《三联书店在台湾》,曹健飞,同前注
《忆台北新创造出版社》,曹健飞,同前注

7 《台湾之春(续)——孤岛一月记》,董明德,《文汇报》,一九四七年四月二日

8 同7

9 《台湾之春(续完)——孤岛一月记》,董明德,《又汇报》,一九四七年四月三日

10 《新中国剧社自台湾归沪》,《文汇报》,一九四七年三月二十七日

11 同9

12 《我的创作道路》,荒烟,《兴宁文史》第十四辑

13 《卖烟记》踏影,同前注

14 《黄荣灿君——终战后的台湾轶事》,田隼雄,同前注
《木刻画》,田隼雄,同前注
《创作版画的发祥与终结——日本占领时代的台湾》,西川满,《仙女座》,二百七十一期,一九九二年五月

15 《中国的歌声》,A. 史沫特莱,美铃书房,一九五七年三月

16 一九三七年至一九四〇年《新华日报》、《抗战文艺》、《中苏文化》、《文

艺月刊》等均集中翻译刊发了论述西班牙内战的论文。此外，在这一时期重庆、上海、汉口的生活书店也出版了诸如从军记等单行本。

17 《从几本外国版画册想起来的》，王琦，《美术笔谈》，河北美术出版社，一九九三年二月
18 《木刻工作者在今天的任务——"抗战八年木刻展"告全国木刻同志》，《文汇报》，一九四六年九月二十二日
19 《黄荣灿疑云——台湾美术运动敌禁区》上中下，梅丁衍，同前注
20 《再谈黄荣灿》，黄铁珊，《雄狮美术》第二百三十八期，一九九〇年十二日
21 莫玉林书简及曹健飞证言
22 《从纺织厂童工到进步记者》，蓝博洲，同前注
《三位台湾新闻工作者的回忆——访吴克泰、蔡子民、周青》叶芸芸编，《证言2·28》人间出版社，一九九三年二月
23 吴克泰证言
24 《中国左翼美术在台湾》，谢里法，前同注
25 《文化动态》，《台湾文化》第二卷第五期，一九四七年八月
26 《木刻工作者在今天的任务——"抗战八年木刻展"告全国木刻同志》，《文汇报》，同前注
27 同26
28 《来自北京景山东街西老胡同的见证》蓝博洲，《沉尸·流亡·二二八》时报文化出版，一九九一年六月
29 《文化动态》，《台湾文化》第二卷第一期，一九四七年一月
30 《后记二三事》内山嘉吉，《鲁迅与木刻》，研文出版，一九八一年六月
31 《鲁迅与木刻》内山嘉吉，《鲁迅与木刻》，研文出版，一九八一年六月
32 同31
33 《中国震撼世界》杰克·贝鲁宁（Jack Belden），筑摩书房，一九五二年

34 《访问西洋画坛权威——李石樵画伯》黄俊明,同前注

35 《也漫谈台湾艺文坛》甦牲,同前注

36 《漫谈美术创作的认识并论台阳展作品》黄荣灿,《中华日报·海风》,一九四八年八月三日

《美展之窗》黄荣灿,《新生报·艺术生活》,一九四九年十二月十日

37 《美展之窗》黄荣灿,同前注

38 《湿装现实的美术——评"台阳美展"》黄荣灿,《公论报·艺术》第九期,一九四九年六月五日

39 版画《建设》黄荣灿,《月刊》第一卷第二期,一九四五年十二月

* 后改名《重建家园》,由《新生报》转载,一九四六年一月一日

* 后改名《筑隧道》,由《和平日报》转载,一九四六年十二月十五日

40 同35

41 《正统美展的厄运——并评三届"省美展"出品》黄荣灿,《新生报·桥》,一九四八年三月二十九日

42 同38

43 《大东和战争画与美术家》伊原宇三郎,《新美术》,一九四二年二月

44 《谈台湾文化的前途》,《新新》第七期,一九四六年十月十七日

第六章 融合与分裂

"二·二八事件"使台湾社会产生了新的联合和分裂。社会矛盾尖锐化,"祖国"也因此对不同的群体而言呈现出不同的面孔。台湾民众对不同的"祖国"及台湾之处境也逐渐有了更清醒的认识。"二·二八事件"刺激了大陆学生和台湾学生的联合,促进了两岸文化人士交流的发展,直至出现了"台湾新文学论议"。尽管许多人都议论说战后由于"二·二八事件",几乎所有的(好的)可能性都丧失了,但实际上,台湾正是由此步入空前的社会重组与进步的时期。虽然有人说作为原动力的青年们对时代和社会表现得很"懵懂",但实际上敏感地捕捉时代,并迅速地对时代潮流做出反应的正是青年们。交流促进了融合,融合又交织着新的分裂。

"奴化"论批判

《许寿裳日记》从一九四六年末到次年的一月九日均"失记"。可能是忙于为一九四七年一月十一日召开的教科书编辑委员会议做准备。

一九四七年二月二日,许寿裳写了题为《教授国文应注意的几件事》的演说草稿。这是为在台湾省地方干部训练团(二月十八日)进行的演讲所准备的。演讲后,又加以整理发表在《中等教育研究》创刊号上(一九四七年四月)。

初稿是用自来水笔写在台湾省戏剧协会的稿纸上的,后用毛笔作了订正。开头的一段这样写道:

> ……全省公务员四万多人中间有百分之八十七是本省人。他们以前所受的教育纯粹是敌人统治下的奴化教育……[1]

改过的地方有两处。一是把"百分之八十七"改为"四分之三以上",另一个是将"奴化教育"改为"殖民地教育"。修改是在写完初稿之后,经过推敲,马上就进行的,还是为了在杂志上发表所作的修正,现已不得而知。但是,无论怎样,都是"二·二八事件"前后的事。

十一日,教科书编辑委员会如期召开。会上选出了五名常务委员,教科书的编辑工作终于在新学期到来之前得到落实。常务会后,马上就召集了学校教材组的组务会议。会上,许寿裳在全体职员面前"宣布三大要点"。据《日记》中记录,即"(一)进化;(二)互助精神;(三)为大众"。后来,出席会议的贺霖对宣言内容做了这样的转述。

> "我们编教书须要有进化的思想,不能复古,不能开倒车;须要有自由平等民主的思想,以人民利益为出发点"(大意)[2]。

李何林对此也有类似的记忆。并在上文"民主"的后面加了"科学"两字,把"人民"改为"人民大众"。[3]这正是五四新文化运动的精神。

许寿裳的不许"复古"、不许"开倒车",不仅是五四精神的体现,也是对以五四精神为根据,一九四六年一月的政治协商会议所采纳的"和平建国纲领"的具体体现。

因为"纲领"中规定,"根据民主与科学精神,改革各级教学内容"。但是,正在许寿裳"宣布三大要点"的前后,大陆却出版了"国定本"中小学教科书。其内容与台湾省编译馆的编辑方针完全不同。国民政府在教科书的编辑中践踏了"纲领"的规定。

上海《大公报》在《星期论文》栏中,以"落后、倒退和违反民主的精神"对此进行了严厉的批判。许寿裳将这则新闻剪下来,让全体职员传阅,表明了不向中央政府妥协的决心。此后,职员们更加警惕"特务"的出没。

"宣布三大要点"和"奴化教育"的订正为同一思想所贯穿,虽然通过以上过程已经十分清楚,但是,这种推敲与订正到底包含着什么意义呢?"奴化"二字的消除,表明了如何对待担负着"台湾文化再建"重任的台湾民众的问题,也是关系到文化政策的根本的问题。

如果寻求答案,就必得追溯到台湾刚光复时,围绕"奴化"论所展开的论争。

在抗战即将胜利之时,国民政府国防委员会中央设计局台湾调查委员会(主任委员:陈仪)于一九四五年三月公布了《台湾接管计划纲要》。其中一条将文化政策的目标规定如下。

接管后之文化设施，应增强民族意识，廓清奴化思想，普及教育机会，提高文化水准。[4]

光复后，台湾省行政公署在施政时，将这一条作为"心理建设"的中心。此后，与日本统治时期的皇民化运动相对，陈仪推行了"中国化运动"。[5]将社会一般宣传工作，包含社会教育的所有教育工作分别交给台湾行政长官公署宣传委员会和编译馆负责，由长官公署统辖。

宣传委员会迅速展开了"奴化"批判运动。不失时机地对台湾同胞在政治、经济、文化方面所受"奴化"、甚至连语言文字、姓名都被"奴化"等进行了批判。[6]国民党"中央"宣传部和台湾省党部也都支持了这次运动。

在陈仪的直接请求下就任编译馆馆长的许寿裳，对此，希望以五四新文化运动为"中国化"和台湾地方文化再建的思想基础，普及作为其精神支柱的鲁迅思想，在台湾掀起"一个新的五四运动"。众所周知，鲁迅是他自日本留学以来的亲密朋友。他于一九四六年六月末来台，八月三日组建台湾省编译馆，并就任馆长。[7]这是"奴化"批判运动开始一年之后的事。

其间，台湾省文化界人士是如何来对待"奴化"批判的呢？在宣传委员会通过宣传媒体清除"奴化教育"的"遗毒"，分发总结中华民族思想的宣传文件，同时派遣"政令宣传员"到各地解释、宣传中国的政治制度和法令等一系列活动时，本省文化界人士并没有发表任何意见，然而当他们得知"再中国化运动"以台湾民众被"奴化"为理由，拒绝他们参与政治之后，即一起将批判的目光指向了行政长官公署。

吴浊流在下面这段话中，指出了"奴化"批判的本质是为了"维持他们的政治生命"。

> 政治上的谩骂，即所谓"本省人接受了奴化教育。既然接受了奴化教育，那么或多或少就带有奴化精神。而这种奴化精神，必然成为国民精神上的缺陷。因此也就不能向对待祖国人民那样对待他们。在一定时期内作为政治者就不能不忍耐"。如果按照这种思想讨论下去，实在是对本省人的极大污辱，也纯粹是维持自己政治生命的愚论。[8]

王白渊也从另一个角度，揭露了这一用意。

亦有挂羊头卖狗肉的民主主义，中国的军阀和官僚的民主主义，均在此类。中国的军阀亦倡民主，官僚亦一样大吹民主，但是民国革命以来三十多年"民主"两个字不是空谈，就是奴化的工具而已。然而经过这次八年抗战，中国的民众亦醒过来了。军阀已完全肃静，而官僚亦无从前的权势，所以不能完全指马为鹿，台湾是一个民主主义的处女地，容易受骗，所以台胞在这光复之秋，宪政实施之前夜，应该研究谁是民众之友，以期民主政治的完全实现。[9]

上述两人异口同声地指出："奴化"批判其实不过是拒绝本省民众参与政治，阻止民主主义的实现的借口，他们所谓的民主其实是以对台湾省民众的另一种"奴化"为目的的。也就是说，他们的实际用心是禁止台湾省民众自己脱离殖民地社会，建立民主社会。借用鲁迅的一句话来讲就是"不准革命"。这句话杨逵曾译为日语"革命に参加させず"（直译"不准参加革命"）。许寿裳来台的一九四六年，杨逵在《送报伕》（台湾评论社）的广告宣传中写道："台湾青年决不奴化！请看这篇抗日血斗的故事"。[10] 并选择这一时期，翻译了《阿Q正传》，对新的当政者对台湾省同胞"不准参加革命"进行了批判。

如上所述,他们揭露了"新的统治者"的意图的同时,并分析了日本统治时期"奴化教育"的实质。

王白渊用"台胞虽受五十年之奴化政策、但是台胞并不奴化;可以说一百人中间九十九绝对没有奴化"[11]反击了宣传委员会的看法。吴浊流以"在台湾,日本教育中的精神教育,即所谓的奴化教育并没有成功。相反却常常遭到失败""革命事件连绵不绝",以及"向着回归祖国,打倒日本帝国主义目标前进的志士也相当多"等台湾未被"奴化"的例子也进行了反驳。[12]"二·二八事件"之后,杨逵将问题做了整理,指出,"奴化教育是有的",但是"奴化了没有,是另一个问题"。他的结论是"大多数的人民,我想未曾奴化,台湾的三年小反五年大反,反日反封建斗争得到绝大多数人民的支持就是明证。"[13]

而且,他们在议论的过程中,对两岸社会进行了比较,教育的普及、科学技术的进步、工业的发展、法律秩序等的差异进行了讨论,重新考虑了"台湾文化的再建设"问题。虽然后来的一些论者发表过通过上述方面的优劣把"中国人"和"台湾人"加以对立的议论,但当时的论者都是把"台湾的现实"放在"整个中国历史发展阶段"[14]

中，加以重新考虑的。而绝不是强调所谓的"对立"。换句话讲，既不是为了肯定日本的殖民地统治，也不是主张台湾的"独立"。恰恰相反，他们的愿望是"还政于民"，用民众的力量来实现"台湾文化的再建设"，从而为中国整体文化的再建设尽一分力量。

杨逵、王白渊、吴浊流等人的议论以及他们的结论如实地说明了这一点。王白渊对议论作了总结，提出了"以台治台"即"台湾民众自己来治理台湾"的主张，"我们以为台胞应该负起历史的使命，不可将自己的命运送给外省人"[15]，把"以台治台"放在了"奴化"政策的对峙位置。

《政经报》（一九四六年五月）、《台湾评论》（一九四六年七月）相继以政治协商会议为特集，在介绍会议的经过和内容的同时，都在积极唤起世人对"和平建国纲领"所规定的"地方自治"的讨论。于是，上述对于"奴化"批判的反驳，更加促进了对于"地方自治"、"改正宪法"、"普通选举"等的议论。日本和国民政府常常把新旧"统治"比喻为"养羊刈毛"法和"杀鸡取卵"法，但是，他们对此均无兴趣，他们是要从所谓的"刈毛法"和"取卵法"中摆脱出来。他们的目标是要建立一个全新的世界——实现自己管理自己的民主社会。

作为来台文化人士之一,黄荣灿也参加了这次讨论。他早在《人民导报》的《南虹》副刊(一九四六年一月三十一日)就发表了题为《给艺术家以真正的自由》一文。记述了国防委员会通过了"四项诺言"的喜悦。但是,即使在"和平建国纲领"被采纳后,面对这写在纸上的约定,他也没有忘记提醒大家,"由少数统治者操纵一切,则一切的民权无从建立,社会的解放等于画饼"。他始终呼吁民众"自己变革",自己要从"奴化"中挣脱出来,参加到建立民主社会的事业中来。[16]

以上是我们看到的台湾文化人士以及来台的文化人士对于批判"奴化"运动的反击。从中也可以看到他们以政治协商会议为起点,并与会议纲领相呼应的发展经过。"会议"从一九四六年一月六日开始,三十一日闭幕。开幕当天,蒋介石亲自宣读了四项诺言,并宣布会议开幕。所谓的"四项"是指:第一,"保障人民享有身体,信仰,言论,出版,集会,结社之自由",并依此原则废止或修正现行法。而且"司法及警察以外机关,不得拘捕,审讯及处罚人民";第二,"保障政党之合理地位";第三,"积极推行地方自治,依法实行由下而上之普选";第四,释放政治犯。

基于此，国共两党、民主党派和无党派人士举行了为期一个月的会议。国防最高委员会一月二十八日承认了"四项诺言"，三十一日通过了《和平建国纲领》。《纲领》规定，"全国力量在蒋主席领导之下团结一致，建设统一，自由，民主之新中国"，为此，"要积极推行地方自治，实行由下而上之普选，迅速普遍成立省，县（市）参议会，并实行县长民选"。

可是，没过两个月，三月份国民党召开第六届第二次中央委员全会，完全否定了政治协商会议的决定，并宣布原预定五月五日召开的"国民大会"延期。大多数文化人士指责这个决定是在强迫民众成为在"国民党统治下的奴隶"。[17] 反对的呼声从要求遵守"和平建国纲领"、"停止内战"发展成包括台湾在内的全国规模的民主运动。在台湾展开的对"奴化批判"的反击，正处在这个民主运动潮流之中。七月三日，国防最高委员会决定于十一月十二日召开"国民"大会。七月十一日，中国民主同盟中央委员李公朴被国民党特务暗杀。十六日，同为中央委员的闻一多也遭到暗杀。上海文化界二百六十二人发表了《上海文化界反内战争自由宣言》，提出（一）停止内战；（二）保障人民自由；（三）保卫民族工业，确立民族的自主权；

《台湾评论》封面（黄荣灿刻）

（四）组织"联合政府";（五）反对美国把中国改为他们的殖民地等五条。尤其应该注意的是第四项"组织'联合政府'"的呼吁。因为它说明，文化界人士已经对通过《和平建国纲领》所规定的通过"改组政府"实现民主失去信心，而是重新着手通过建立"联合政府"，实现民主改革。

到了十一月，国民党将共产党、民主同盟、无党派人士的代表排除在外，强行召开"国民大会"，独自制订了宪法。政治协商会议的决议和民意完全被践踏了，通往"和平、民主、团结、统一"的道路也被完全破坏了。

在许寿裳"宣布三大要点"并订正"奴化"的一九四七年一月初，郭沫若把自己在一九四六年一年中的观察和感想做了如下的记述。

> 漂亮的四项诺言我自己的耳朵亲自听见宣读。政协的五项的决议有一部分我自己的手亲自参加过草拟。这些都吹掉了。沧口堂的石子、较场口的铁棒，我自己的头亲自看见过。民主报的捣毁、新华日报的捣毁，我自己的眼睛亲自看见过。由重庆的五百块钱一斤、到上海的四千块钱一斤的猪肉，我自己的嘴亲自吃过。打风遍天下，六月二十二日下关车站打人民代表，十二月一

日上海围剿摊贩，不佞也躬逢其盛。在重庆，我看见当局宣布废除了将近五十种的束缚人民权利的法令，到上海我又看见当局宣布了禁止将近五十种的呼吁民主和平的刊物，我看见《消息》被迫停刊、《周报》被迫停刊、《民主》被迫停刊、《群众》、《文萃》不准在街头贩卖、还未出版的《文群》在胎中遭了禁止。这到底是什么时代，怎样的环境呢？我想这样说，大概总不会过分吧？我想这样说：这是零下三十五度的政治冬季，而且冰雪满地的岩田。我自己没有住在温室里面，敬谢不敏，实在迸不出芽，扎不起根，还不忙说开花结实。[18]

正是在这"打风遍天下"的环境中，许寿裳抱定遵循《和平建国纲领》，决不退缩的决心，开始教科书编辑工作的。在他从"奴化教育"删除了"奴化"二字，将其改为"殖民地"的时候，是因为在肩负着实现"台湾文化再建"重任的台湾民众中，看到了所蕴含着的未被"奴化"的强韧精神。他修改了"台湾接管计划要领"这一条，意味着台湾民众自己向着再建"台湾文化"和"台湾社会"的道路迈出了第一步。"奴化"批判的加强，决定了他与推进"中国化运动"宣传委员会的裂痕。陈仪的政策，在台湾文化人士的批判面前，正从内部开始崩塌。

"不准革命"

在许寿裳决心决不退缩的一九四七年一月初，以"起来，不愿做奴隶的人们！"开始的《义勇军进行曲》响彻街头，人们喊着"美军从中国滚出去"的口号。一月九日，台北的大学生、中学生一万余人掀起了"反美反内战"的爱国运动。这是台湾学生运动史上最大的一次集会游行，外省大学生也来参加了。青年们和全国的学生运动相配合，在台湾岛内初次实现了和外省学生的联合。那一天，大家呼吁结成"台湾省学生联盟"。青年学生们以自己的实际行动来对抗新的"奴化"。

"二·二八事件"发生于此后不到两个月的时间里。事件在发生的同时消息就传到了大陆，其后的经过也随时被报道。其报道的活动我们在第三章的《宣传台湾》一节中已经讲过，在此，我们来看一下其内容。

在事件发生后的第六天即三月六日，《文汇报》的社论，根据台湾旅沪同乡会等台湾人团体发来的消息，对事件的经过作了介绍，并加了如下的评论。

> 关于台省统治当局的根本错误、在于长官公署一切方针，仍继承了日寇统治台湾时所施行的殖民地统治政策。在名义上，台湾民众从日本帝国主义者手里解放出来了，但在政治、经济上、还处处受桎梏、一切还是统制，甚至统制得更严。[19]

《文汇报》的报道姿态从接收开始始终如一。早在一九四五年十一月就刊登社论，指出不能做新的"殖民地统治"。[20] 在其后的一年多中，一直揭露"殖民地统治"的真正面目。

如长官公署继承延续香烟、酒、火柴等专卖制度，独占进出口权；通过接收公有土地以及日侨的私有土地，已占有了全部耕种面积的百分之七十以上；在接收工厂的基础上，出卖原料以及部分生产设备，把米、砂糖运往大陆，致使耕作地带的农民不得不靠甘薯维持生命；切断与大陆货币联系等经济上的控制；以及害怕对这些政策的批判而强化的言论管制；剥夺日语使用权，还有，外省人占据政府机关的上层位置，实行严酷的政治统治；民众不仅失去了就业机会，甚至也失去了生产场地；失业者达七十多万人等等情况做了逐一报道。它使大陆的人们了解到，战后以来，台湾所积蓄的社会矛盾已到达随时都会爆发的饱和点。

社论分析了根据扬风等台湾特派记者发来的实际情况，指出事件的间接原因在于当局"继承殖民地统治政策"。文章的最后警示说，如果当局"还要用恐怖、镇压、甚至屠杀的手段，将民众的骚动压服下去，那就太对不起台湾同胞了"。果然，三天后的三月九日，国民党军开始了疯狂滥杀。这些报道更深地寄予了读者对台湾民众的同情和支持。

第二篇社论（三月十一日）提出了事件的解决方法。

> 事实上，今天举国都正为所谓"官僚政治作风"所笼罩，所以无论派什么人到台湾代替陈仪，恐怕都免不了要把这台胞所深恶痛绝的作风带过海去的，从而也就都难于使台胞满意。惟一避免或至少是逐渐革除"官僚政治作风"的有限办法，只有实行民主，让台湾同胞多多自己治理自己。在这一点上，我们认为台胞所提出的三十二条要求中，除掉蒋主席所指出的少数几条外，大部分应该是都可以接受的。[21]

通过这一事件，大陆的人们重新认识到，台湾处在与整个中国社会相同的矛盾之中。他们积极地声援台湾的民主化，把原有的"官僚政治作风"和从日本"继承"来的政治称为"新的殖民地统治"，告诫台湾民众，要想从这双重压迫下挣脱出来，实行"二·二八事件"处理委员会所提出的《三十二条政治改革方案》，进行自治是唯一的解决途径。

台湾的文化人士和大陆的文化人士对此意见统一，互相支持。大陆文化人士对"新殖民地统治"的批判和台湾文化人士对"奴化"批判的反驳与"官僚政治"批判是一体的，分别从不同的角度得出了相同的结论——即"以台治台"。

《三十二条政治改革方案》是根据《和平建国纲领》制订的，是在国民党统治地区头一次提出的最富具体性的"地方自治"要求。大陆的进步文化人士也对其投以热情的目光。

第三篇社论（三月十六日），传达了台湾人民的心情，并对台湾人民寄予了深深的理解和同情。

> 国内若干人士亦承认高压政策并非善策，其理由是：台胞既在日本统治与祖国政府管理，两相比较以后，发生了不满，如再加高压，不免造成离心的现象。这种看法，其实还不够了解台胞的。今天台胞绝无"人心思日"的心理。他们的愤怒绝不会舍有半点背弃祖

国的成分。他们仅仅恨贪官污吏，但仍热爱祖国。所以他们提出了实行自治的合理要求。[22]

对于两岸文化人士的理解，中央政府和台湾当局却向大陆这样传达了"事件的真相"。根据杨亮功（福建省台湾监察使）、何汉文（监察院监察委员）的报告以及台湾省行政长官公署的报告，认定事件的主要原因之一，是日本"奴化教育"的影响太深，台湾民众的祖国观念太薄。另一个是"共产党乘机煽动"。[23]

对这种没有说服力的说法，似乎没有必要再做说明。不过，把这种说法反过来看，也能发现真实的一面。那就是，国民政府素来就是把反对自己的势力都看作是"共产党的煽动"，并借这个名义来肃清要求民主的人们。这在八年抗战期间以及抗战后都没有改变过。民众常常能从他们言论的反面找到真实。大陆的人们基于同样的考虑，从而知道了在台湾寻求民主的各种组织正在澎湃而起。事实的确如此，与行政长官公署的"殖民地统治"相对抗，各地都出现了群众组织，并开展着异常活跃的运动。特别是学生组织，跨越了学校的界限和省籍的阻隔，加深了互相之间的联系，并开始和大陆的学生运动相结合。

另外，如果把所谓的"奴化教育"影响深刻这一说法反过来看一下的话，同样也从相反的方向证明了台湾民众并未听从行政长官公署的摆布。台湾民众早就看穿了"新的殖民地统治"的本质，拒绝新的"奴化"政策。大陆的人们对此完全理解。在"二·二八事件"处理委员会和台湾当局对峙的时候，当局难免恐惧未被"奴化"的台湾民众的反抗。但事件后，他们仍然是企图把台湾民众打成日本殖民地的"奴隶"。做法是，拒绝台湾民众参与政治，并调转矛头，把政治上失败的原因推到人民身上。这实在不过是想为无端杀戮找托辞而已。

这种说法，在两岸的文化人中当然行不通，也不可能掩盖事件的本质。但是，当局却对不屈服新"奴化"政策、谋求民主的人动用武力，从生命到精神对其进行压制，并在以后的四十几年中，一直封锁事实。基于这种策略，他们进一步加强了对"奴化"的批判。《新生报》在四月一日发表了社论《向外省公教人员进一言》，文中说：

> 我们来到边疆工作，和在其他一般省份工作不同，除了应尽的职守而外，还得负有特殊的任务！这个任务就是要使本省问题摆脱日本思想的桎梏，消灭日本

思想的毒素，充分认识祖国，了解祖国！这一次事变，既不是什么政治改革要求，更不是什么民变，完全是日本教育的回光返照，日本思想的余毒在从中作祟。

国民政府和台湾当局完全是想叫台湾民众"不准革命"，把他们封固在"奴隶"的地位。利用批判日本统治时期的"奴化教育"，来推进他们自己的"奴化"政策。这种巧妙的"殖民统治继承"法，如果不是两岸隔绝，不在军事戒严令下推行是不可能维持的。我们应该把这一事实清楚地还原于历史的记忆中。

编译馆的解体

国民政府以武力平定了二·二八事件，随即废除了行政长官公署，决定设立省政府。陈仪被除职，魏道明出任台湾省政府主席。这是从政学系向CC派权力的转让。

魏道明五月十五日到任，第二天便召集了省政府委员会第一次政府会议，解散了行政长官公署编译馆，解除了许寿裳的馆长职务。结果，为编中小学教材所准备的近三百万字的原稿未能刊出即被搁置。至此，编译馆所发行的图书，未超过二十余册。其成果的大部分均未能问世。编译馆的学校教材组、社会读物组、名著编译组被教育厅所接收，台湾研究组被并入台湾省通志馆。设立不到一年的编译馆就此解体了。

事件不仅封杀了许寿裳等人的全部劳作，而且连大陆文化人士对他们的支持都被压制了。许寿裳曾召集许多大陆文化人士，竭力充实编译馆，其后也不断地得到大陆文化人士的鼎力协助。他曾几次给许广平写信，诉说文化工作的难处，寻求理解和援助。详细情况虽然不太清楚，但是，据说中华全国文艺协会鉴于"建设状况和作家之间的交流极度隔绝的现象"，在事件前曾决定派遣"作家台湾观光团"。在事件发生的消息传来的三月三日，他们召集紧急会议，商议对策。叶圣陶、许广平、梅林等列席了会议。[24] 考虑到和许寿裳的关系，笔者以为，当时预定派遣的"观光团"应该是以熟悉国语教育的叶圣陶和鲁迅的夫人许广平为中心。由于事态的发展，此次行动虽未实现，但却是两岸文化交流史上不容忽视的一条。

被解职的许寿裳没有"复古"，没有"开倒车"。六月，他就任台湾大学文学系主任后，马上把原招聘到编译馆的李霁野、李何林、杨云萍、国分正一、立石铁臣等人也领进了台湾大学，尽心关照。而此时文学院和法学院也由受过五四运动洗礼的教授们拿起了教鞭。除了许寿裳，台静农、钱歌川、李霁野、黎烈文、夏德仪、盛成、杨云萍、黄得时、李何林、雷石榆等年轻一代的学者也加入了此行列。

许寿裳在执教的同时，又专心于《鲁迅传》和《蔡元培传》的著述。他把来台后，发表在各报的文章汇总起来，于一九四七年六月出版了《鲁迅的思想与生活》（台湾文化协进会刊），同年十月出版了《亡友鲁迅印象记》（峨嵋出版社），同时又在《台湾文化》、《新生报》、《时与文》等发表了相关的文章。不时地发表了诸如《台湾需要一个新的五四运动》（《新生报》，一九四七年五月四日）等文，毫不畏惧地宣传鲁迅精神和五四精神。此外，从十二月十二日到二十日，邀请台大的教授在校外，分七次举行了"中国现代文学讲座"，以继承和宣传五四运动以来的现代革命文学成果为目的，由李何林、台静农、李霁野、钱歌川、雷石榆、冼洗群（观众演出公司理事）、黄得时各担任一次。主办方是台湾文化协进会。[25] 这是他在"台文协"所做的最后一项工作。

第二年的二月十八日夜，即在"二·二八事件"一周年之前，许寿裳在台湾大学的宿舍惨遭杀害。据警务处的公开报道称，是原台湾省编译馆的杂工——高万俥辅入室

"迫害"（朱鸣冈刻）

偷盗，被许寿裳发现，从而导致凶杀。李何林等人否定这种说法，认为这是国民党CC派的"政治性暗杀"。[26]

对CC派来说，许寿裳是台湾文化教育界进步势力中最具影响力，威望最高，年龄（六十六岁）最长的一位，因此被看作是反对派中的领导者。再加上他反对法西斯教育，赞赏鲁迅对实权派的战斗，并曾被解除过西北联合大学的职务。在他们眼里，他与在西南联合大学被暗杀的闻一多（一九四六年七月十五日被暗杀）是同一种人。因此，李何林等把这称之为"政治性暗杀"自有道理。大多数文化界人士都从警务处的公开报道中感到，许寿裳的死是一场新的镇压正在开始。

《台湾文化》的时代结束了，《桥》的时代开始了。失去了中心的"台文协"逐渐从运动中游离出来，其机关杂志《台湾文化》也逐渐变为学术杂志。《新生报》的《桥》副刊取代了它的位置，继承了文化交流事业。

交流的恢复

因"二·二八事件"而被断绝的两岸交流，却因了这次事件而得以深化。

通往大陆的海运航线于一九四七年三月末恢复。首先是欧阳予倩率领新中国剧社返回上海，接着是许多文化界人士到大陆避难。其中以黎烈文、楼宪、王思翔、周梦江、黄荣灿、朱鸣冈等为首，还包括蔡子民、吴克泰、周青、陈炳基等台湾青年。被公开通缉的谢雪红、杨克煌、陈文彬、苏新等人也秘密地离开了台湾。王白渊和杨逵被逮捕，杨被投入牢狱达一百零五天。

形势稳定后，上述这些人中的一部分回到了台湾。黄荣灿首先于五月回到新创造出版社。黎烈文、朱鸣冈、吴克泰、周青、陈炳基等人也于八月份回到台湾。在事件前就到上海避难的扬风可能也在此前后再次回到台湾。杨逵于八月九日被释放。不久，王白渊也得以返回社会。

另外还有新的力量加进来。七月，麦秆、戴英浪、戴铁郎、章西厓等木刻家来台，不久，张正宇、陆志庠、黄永玉等木刻家、摄影家郎静山等也加入此行列。画家刘海粟也是同船来到台湾的。秋天，诗人罗铁鹰（骆驼英）来台，就任建国中学的教师。歌雷（史习枚）可能也是这前后来到台湾的。此外还有考取了台湾各大学的外省新生。十一月，观众剧团来台。直到第二年四月，他们一直在台湾各地演出。十二月田汉、安娥也为拍电影的事来到台湾。

在这一时期，文化界人士和青年的两岸往来主要起因于"二·二八事件"的爆发，但是，由于国共内战而被迫重新来台的人也不在少数。

当时，内战在两个战场展开。

一个是军事战场。一九四六年七月，国民党军进攻西南及山东的共产党统治区，国共内战正式爆发。在直到第二年六月的一年之中，在共产党领导的解放军的反击下，国民党部队由"进攻"转为"防御"。一九四七年七月，解放军转入全国规模的反攻，攻入国民党统治地区。国民政府实行全国总动员法，战线向东北、山西、山东、西南一带扩展，不久南下，逼近长江。

另一个战场是在国民党统治地区的学生运动。从一九四六年十二月开始，"反饥饿、反内战、反迫害"的民主、爱国运动高涨，十二月二十四日发生的美军对女大学生的暴行事件引发了北京、上海、天津、南京等数十个大中城市的学生运动，直至一九四七年一月。要求美军撤出中国和反对内战的罢工和游行不断，在五四运动纪念日，上海各高校的学生举行了声势浩大的"反饥饿、反迫害、反内战、反美、求民主"示威游行。工人也以罢工和游行与此呼应。运动迅速扩展到全国范围，被逼迫的政府于五月十八日发布《维持社会秩序临时办法》，镇压也逐步升级。二十日，天津、南京发生了"五·二〇流血事件"。瞬间，抗议的呼声就响遍了六十余个城市。呼声动摇了国民政府的根基。各地运动随着军事战场的扩大，也逐渐融合成为一体。

把台湾的学生运动置于上述背景中，就会更加明确它和内战的关系。

一九四六年五月四日，台湾在基隆举行五四运动纪念集会。会后，大家唱着《义勇军进行曲》举行了游行，并与警察和特务发生冲突。七月，为抗议涩谷事件，不断有反美游行。十二月，为抗议国际法庭驱逐台湾华侨的判决，在美国领事馆和长官公署前举行了示威游行。一九四七年一月，台北各大学、各中学学生一万余人，举行了声援全国"反饥饿、反内战、反迫害、反美"游行的集会，并游行。外省学生也有很多参加了进来，组成了大陆和台湾学生之间的联合。同时，应大家的呼吁成立了台湾省学生联盟。二月，在"二·二八事件"时，组织了武装队，三月五日，计划失败，在国军的屠杀和镇压下，有的人牺牲了，有的人到大陆避难，还有一部分转入地下。到大陆避难的人加入了"五·二〇"斗争。

文化人士以及青年们和大陆之间的往来，促进了大陆人民对"二·二八事件"和台湾的理解，也让台湾人民了解了内战的真相。到大陆避难的青年们在接受了内战洗礼后，再次回到台湾，准备进行新的斗争。

其中，也有"台湾省行政长官公署教育处派遣内地留学公费生"。他们组织的台湾同学会在一九四七年八月向台湾派遣了有九人组成的"演讲团"。他们是在前年七月，经考试合格和三个月的训练后，于同年十月被派到大陆的九十八名学生。他们分别在北京大学、武汉大学、复旦大学、暨南大学、浙江大学、厦门大学等六所学校学习。但是内战不允许他们专心学习，一九四七年六月，武汉大学发生六一事件，武汉警备司令部用武力进行镇压，致使十几名学生受伤，三名学生牺牲。其中就有台湾公费生陈如丰。

回到故乡的"演讲团"从台南县开始，在嘉义、彰化、台中、斗六、台南市、高雄市、凤山、屏东、东港等地的小学校进行巡回演讲，向教员们宣传"大陆也有光明的一面，不要因为国民党政权的腐败就否定了祖国！"他们讲述了"二·二八事件"和大陆民主运动的联动关系，鼓舞了陷入低潮的台湾的运动。[27]

而且，也有外省青年学生参加了"五·二〇"斗争。

他们中的许多人被列入了当局的黑名单，一部分学生不被允许再返回学校，失去行动自由。有的人重新参加了台湾各大学的入学考试，有的人就了业，奔赴了新天地。又因为十月二十七日国民政府宣布中国民主同盟为非法组织，许多知识界人士纷纷离开上海，到台湾避难。

这样，祖国的分裂成了摆在台湾人面前的现实。人们都敏锐地感觉到形势的变化，话题都集中在国内的时事问题上。尤其是外省人对家乡发生的一切都感到非常不安。学校中出现了文化、艺术、哲学、历史等许多社团，读书会、展览会、演剧、合唱团的演出以及学习、宣传活动等也异常活跃，学校内部、学校之间以及两岸之间的联系更加紧密了。

黄荣灿仍然是走在这股潮流的最前端。他带着版画《恐怖的检查》来到上海，在向大陆宣传"二·二八事件"的同时，体验了内战中的大陆，然后又回到台湾。虽然失去了活动的据点——新创造出版社，但是仍然继续尽心尽力的照顾来自大陆的观众剧团和田汉、安娥等人。他依然是担负着两岸文化人交流的桥梁作用。不久，他又加入了已融入运动整体的青年学生集体之中。

注释

1 《教授国文应注意的几件事》草稿，北京鲁迅博物馆所藏
2 《许寿裳先生在台湾》贺霖，《许寿裳纪念集》，浙江人民出版社，一九九二年十二月
3 《提供许寿裳先生两年前在台被杀是政治性暗杀的种种事实》，李何林，《李何林选集》，安徽文艺出版社，一九八五年十月
4 《台湾接管计划纲要》，《台湾〈二·二八〉事件档案史料》，人民出版社，一九九二年
5 《陈仪长官在本生中学校长会上的谈话》，《人民导报》，一九四六年二月十日
6 《所谓"奴化"问题》，王白渊，《新生报》，一九四六年一月八日
7 许寿裳来台后的业绩，详见以下论文：
《许寿裳日记》，北冈正子、黄英哲编，东大东洋文化研究所，一九九三年三月二十六日《许寿裳在台湾的足迹——战后台湾文化政策的挫折》（上、下）黄英哲《东亚》二百九十一号、二百九十二号霞山会，一九九一年九月、十月；《台湾文化再构筑的光和影》，黄英哲，创士社，一九九九年九月五日
8 《黎明前的台湾》，吴浊流，同前注
9 《民主大路》，王白渊，《新新》第三号，一九四六年三月
10 《台湾评论》广告栏，《台湾评论》第一卷第二期，一九四六年八月一日
《告外省人诸公》，王白渊，《政经报》第一卷第二期，一九四六年一月二十五日
11 《告外省人诸公》，王白渊，《政经报》第一卷第二期，一九四六年一月二十五日
12 同8
13 《〈台湾文学〉问答》，杨逵，《新生报》《桥》，一九四八年六月二十五日

14 《在台湾历史之相克》,王白渊,《政经报》第二卷第三期,一九四六年二月十日

15 同11

16 《妇女要求民主》,荣丁,同前注

17 评坛"二中全会"《周报》第二十七、二十八期,一九四六年三月十六日

18 《新缪司九神礼赞》,郭沫若,《文汇报》,一九四七年一月十日

19 《台湾大惨案的教训》,《文汇报》社论,一九四七年三月六日

20 《台湾文化的再建设》,同前注

21 《赶快解决台湾事件》,《文汇报》社论,一九四七年三月十一日

22 《台湾问题的症结》,《文汇报》社论,一九四七年三月十六日

23 《台湾〈二·二八〉事件档案史料》(上、下),陈兴唐主编,人间出版社,一九九二年

24 《文协筹组台湾观光团》,《文汇报》,一九四七年三月三日

25 《文化动态》,《台湾文化》第三卷第一期,一九四八年一月一日

26 《提供许寿裳先生两年后在台湾被杀是政治性暗杀的种种事实》,李何林,《读李陈关于我父亲许寿裳在台被杀是政治性暗杀二文后》,许世玮,《许寿裳的审判人对于李何林文的补充》,陈兴民,
以上《鲁迅研究资料(14)》,鲁迅博物馆编,天津人民出版社,一九八四年十一月

27 《寻访被烟灭的台湾史与台湾人》,蓝博洲,时报文化出版,一九九四年十二月

第七章 《桥》的时代

《新生报·桥》副刊始于一九四七年八月一日，终于一九四九年四月十二日。一年八个月零十天的历程构筑了《桥》的时代。许寿裳惨案恰恰发生在这一时期的中间（一九四八年二月），可以说它把这一时期又划分为前、后两段。《桥》结束时正值"四六事件"高潮。当时有数百名学生被捕，杨逵也因"和平宣言"而再次被抓。

《红头屿去来》

从"二·二八事件"到许寿裳遇害的一九四八年二月的一年里，黄荣灿只发表过两篇文章（《台湾文化》）和抗日战争中的两幅作品（《中央日报》南京版）。特别是在新创造出版社被封的一九四七年十一月以后，他再也没有发表过作品。

半官半民的《台湾文化》，虽然在一九四七年七月得以复刊，但民间的大多数报刊都被彻底封杀。在大陆，黄荣灿以驻台记者身份工作的《大刚报》（南京版）也于一九四七年三月十七日被封。他失去了发表作品的场所，也断绝了收入。从新创造出版社关闭的一九四八年九月到就任台湾师范学院讲师之间约九个月的时间里，他一直没有固定的工作。

黄荣灿清理了新创造出版社，好像得到了一些钱。于是，他利用这些资金到红头屿去写生。红头屿即现在的兰屿，是距台湾本岛南端大约一百公里的一个岛屿，也是面向巴士海峡的最南端的岛屿。按照当时的交通状况，到该岛有自高雄直达和自台东经由火烧岛两条线路。黄荣灿似乎是利用铁道首先自台北至高雄，然后自枋寮经过排湾人居住的山区，再由东海岸的台东出发，乘船经火烧岛去的。火烧岛并没有去兰屿的定期航船，因此必须等待搭乘便船。黄荣灿在天津《综艺》上发表的《台湾高山族的艺术》一文，介绍了排湾人的风俗和工艺，说明他是经此路线去兰屿的，当时规定去离岛乃至深山都必须取得"出港证"和

"入山证"。

据田野[1]说，黄荣灿去过两次兰屿，而且每次往返都花了约两个月的时间。但据在黄荣灿身边的蔡瑞月说是去了三趟。[2]通过整理资料表明，一九四八年三月，他曾返回台北，随后又出发了。《第一届台阳美术协会展》期间（六月十九日～二十七日）又一次返回，[3]此后又去了一次。最后这次从他患疟疾急忙返回台北的情况来看，可能并未用两个月的时间。因此，除了三月发表的两篇文章以外，从一九四七年十一月到次年的八月，他没有发表任何作品，这也是可以理解的。

黄荣灿每次返回台北后，都寄宿在台北幸町的雷石榆家里。这里是台湾大学的宿舍，其夫人蔡瑞月在此开着舞蹈社。黄荣灿不在台北期间，把东门町的家和女佣人一起租给了罗铁鹰夫妇。当时罗铁鹰病倒了，其夫人柏鸿鹄从昆明赶来探望。她自一九四八年三月来台，连续三个月照顾病人，待罗铁鹰恢复后于六月返回大陆。[4]这时，黄荣灿在最后的旅行中患了疟疾，所幸他较及时地搭到了便船，被一直送到台北，抬进台大医院，终于保住了生命。出院后，他就住在雷石榆家休养。总之，三次出行都受到雷石榆夫妇的照顾。

第一次往返，好像有一个叫林亚冠的人与之同行。林亚冠是曾在朱鸣冈和黄荣灿所举办的木刻讲习会学习的台湾青年。室内素描练习结束后，到了社会生活写生学习阶段，于是他好像做了黄荣灿的陪同。黄荣灿返回台北后，随即在《新生报》发表了《关于学习木艺》一文，介绍了他们的学习情况和成果。

他在文章的开头写道，"初学的作品""不是什么'名作'"，然后评价林亚冠描绘雅美人生活的木刻画《鱼民》是"优秀的作品，那正是专心致志地从现实生活中产生出来的"[5]。这是给林亚冠的赠言，同时也是兰屿之行黄荣灿给自己布置的课题，或许也可以说是"二·二八事件"给他的教训。他抱着"美术家似乎不重视社会给他冷酷的阻害"[6]这样深刻的反省走向台湾的更底层。

在出发的前一天，黄荣灿给田野打来电话，说道："不入虎穴焉得虎子"。这句话除了有上面所说的反省的意思以外，也是他返回台湾后发表的言论中常说的一句话。他所谓的"虎穴"，就是台湾社会；"虎子"就意味着台湾民众的现状。所谓"入虎穴"，是他来台后不久对台湾青年学生的呼吁，也是这一时期杨逵对文艺工作者发出的号召。

杨逵对来台的文艺工作者的现状有如下的评论。

> 再看内地来的文艺工作者这一方面，大部分都深居书房里榨榨脑汁，发表出来的文章其数虽不能算少，但因为与台湾的社会，台湾的民众，甚至台湾的文艺工作者很欠少接触，所写出来的都离开台湾的现实要求，离开台湾民众的心情太远，……[7]

在此基础上，杨逵呼吁两岸文化人士"到民间去"。

> 切实的文化交流是今天在台湾本省外省文化工作者当前的任务，为达到这任务的完成大家须要通力合作，到民间去，去了解他们的生活、习惯、心情，而给它们一点帮忙，……[8]

对艺术家来说，"到民间去"，就是投身于历史现实，把握今天的主题。黄荣灿正是把杨逵的话忠实地付诸实施。这就是他的兰屿之行。黄荣灿通过这次体验，为再出发奠定了的基础。

> 学习有强韧性的斗争力，热情与勇气自然不会消失，自大的取巧是自我冷酷的阻害，这种态度绝对要不得，我们要吸此新鲜的空气，充实起来，负着艺术的时代使命学习吧！[9]

黄荣灿第一次返回时，正值黄永玉准备离开台湾。四十年后，对黄荣灿拿给他"虎子"时的惊诧至今他还记忆犹新。

> 黄荣灿去了火烧岛，红头屿，用草纸和红土，墨，白粉画回来的一尺多方的土人生活画，非常精彩，使我另眼相看。[10]

后来黄荣灿也对台湾师范的学生秦松讲过使他感动的红头屿。

> 土人捉鸟、捕鱼，在怒海惊涛中搏斗，是世上最美的，也是世上最苦的，并形成对艺术、人生的新思考，用火般炽热的色彩、情感，画一大队火把……[11]

黄荣灿回来后，把这些素描、木刻画以及收集来的木雕装饰在舞蹈社的各处,供来访的友人观看。蓝荫鼎对此赞不绝口,并叫他举行展览会。抗战中,在湘北写生时,曾与黄荣灿同行的刘仑对黄荣灿也极其认同,在大陆介绍了台湾少数民族的文化。一九四八年刘是作为教育部考察团成员来到台湾,回去后,举办了《台湾南部写生报告展》,并写了《在台湾南部那边》。他让黄荣灿写了《台湾高山族的艺术》,后在天津发表。一九四八年底,黄荣灿拜访了田野,告诉他正在编辑《"原住民"艺术图录》,并说打算把田野的几件作品也收在图录中,而且照了相。

图录也好,蓝荫鼎提议举办的展览会也好,以及他计划出版的《"原住民"题材版画集》恐怕均未实现。倒是对三次旅行加以整理写成的报告《红头屿去来》,从次年一月开始分三次在《台旅月刊》得以刊载,《记火烧岛》得以在《旅行杂志》刊载。遗憾的是笔者未曾见到《红头屿去来》的前两次,而且他的素描以及木刻画的大部分也均已散失,难以再见。然而,不知道是经过什么途径,《木刻选集》(一九五八年香港友谊出版社)却收录了他的版画《台湾耶美人丰收舞》(原题《黑花舞》,王建柱家族所藏)。版画充满了动感,至今仍然向我们传达着他从雅美人那里学到的艺术原点和"热情与勇气"。

高山族（刘仑刻）

出任台湾省立师范学院讲师

一九四八年三月,黄荣灿开始恢复创作。他在《桥》的时代发表的著作及作品,现在可以考证的有以下十二种。其他还应该有很多作品,但遗憾的是均已散失,甚至连题名也无从考查了。

著作

《法国木刻家马尔松》,《新生报》(新地),一九四七年七月十五日

《关于学习木艺——介绍陈或、林亚冠的习作》,《新生报》《画刊》,一九四八年三月二十一日

《美术家·美术教育/写于台湾美术节》,《新生报》(美术节特刊),一九四八年三月二十五

《台湾高山族的艺术》,《综艺》第一卷第八期,一九四八年

《漫谈美术创作的认识并论台阳画展作品》,《中华日报》《海》,一九四八年八月三日

《凯绥·珂勒惠支》,《新生报·桥》第一百六十一期,一九四八年九月六日

《正统美展的厄运——并评三届〈省美展〉出品》,《新生报·桥》第一百八十九期,一九四八年十一月二十九

《歌谣舞蹈做中学》,黄荣灿,《台湾民声报》《新绿》第一百三十九期,一九四九年二月八日

《台湾耶美人丰收祭》(黄荣灿刻)

《红头屿去来》（一）～（三），《台旅月刊》，台湾旅行社，一九四九年一月～三月

《国画的生命——记季康画展》（上下），《中华日报》，《海风》，一九四九年四月十二～十三日

作品

版画《秧歌舞》，无署名，《台湾大学麦浪歌咏队、歌谣舞蹈会》节目单一九四九年二月八～九日

虽然资料有限，但我们仍不难看到黄荣灿为两岸文化交流所进行的积极活动。他在这一时期的活动，可概括为以下五个方面：（一）举办木刻讲习会；（二）三次去红头屿；（三）参与《新生报·桥》副刊；（四）以《新生报·桥》副刊为据点展开美术评论；（五）参加台湾大学麦浪歌咏队。

此期间，正值国民党军队在大陆战场接连败退。

三大战役——辽沈战役（一九四八年九月～十一月）、淮海战役（一九四八年十一月～四九年一月）、平津战役（一九四八年十二月～四九年一月）中，国民党军均告失败，随之失去了东北及华北地区。

在这种变化不定的局势下，一九四八年二月发生了许

寿裳遇害事件。众多文化人预感到这是新的镇压的开始，于是纷纷返回大陆。首先是李何林避难到上海，接着是李霁野。木刻画家中，麦非与黄永玉于三月末避难至香港，八月以后，朱鸣冈、吴忠翰、荒烟、杨漠因、章西厓、王麦秆、张正宇、陆志庠、戴英浪、戴铁郎等人陆续离开台湾。罗铁鹰（骆驼英）也在这些人的前后去了上海。这是自三大战役前夜至结束这段期间的事。最后只有黄荣灿、陈庭诗、卢秋涛、陈其茂四个人留在了台湾。

黄永玉是于三月二十二日突然收到去香港的船票和五十元港币的，并接到指示说，次日早将有卡车来接。于是正如指示的那样，乘英国的船从基隆港出发避难去了香港。当时来接的卡车上已有麦非一家。随着"明天中午十二点特务要抓你"的消息，"特别的朋友"已做了全盘安排，于是就连黄永玉本人还尚未弄清事情原委，就慌慌张张地离开了台湾。[12]

朱鸣冈由于"二·二八事件"虽曾一度避难上海，但一九四七年八月来接妻子时被检举，以后一直处于特务的监视之下。一年后的一九四八年八月，台湾师范学院艺术系教授莫大元请已在台北师范学院的朱鸣冈到台湾师范学院来。因为从这个新学期开始，学院新设了体育、音乐、艺术三个系。但朱鸣冈在深思熟虑之后，把此机会让给了黄荣灿，十月避难去了香港。莫大元与黄荣灿以前即见过面，因此欣然接受，聘他做了艺术系的讲师。黄荣灿随即把家从东门町搬至教职员第六宿舍。后来他晋升为副教授。

上述人士的"撤离"虽然说明预测到了危机，但不知道这是不是有组织的行动。据吴步乃（吴埗）追述，杨漠因（陈耀寰）一九四八年八月曾通知朋友们"离开台北避往香港"。[13] 杨漠因在抗战中曾是中国木刻研究会贵州支部的理事。他一九四六年来台，在台北民航公司工作，曾向黄荣灿编辑的《人民导报·南虹》副刊投寄过两三篇诗稿，但在其他文化活动场合未见到他的名字。吴步乃还特意说及杨漠因来台前就是共产党员。因此，给人的印象，"撤离"似是有组织的行动。而且吴步乃还婉转地转述了杨漠因的话，说"惟一没有接到撤离通知的恐怕就是黄荣灿了"。当然，仅以此来说明黄荣灿最终留在了台湾恐怕理由是不充分的。事实上，即使"接到通知"，黄荣灿是否会离开台湾仍然是很大的疑问。因而不管怎么说，事实是他没有"撤离"，与上述人士相反，他最终留在了台湾。

冷酷的阻害

在黄荣灿三次往返兰屿之时,《桥》副刊上展开的"台湾新文学论议",促成了新创作的出现。黄荣灿身边的杨逵、歌雷、雷石榆、罗铁鹰、孙达人、欧阳明等人都投入了这场热烈的讨论。讨论的主题广泛,内容涉及了艺术的各个方面。黄荣灿不仅参加了"论议",同时也在将理论付诸实践。

《桥》副刊的编辑歌雷毕业于复旦大学新闻系,堂兄纽先钮是台湾省警备总部副司令。歌雷对美术也有较深的造诣,在编辑中发挥着自己这方面的才能。因此,尽管《新生报》有专门的《画刊》美术版面,但每期《桥》的版面上几乎还是都有木刻画。其大半是黄荣灿所收抗战木刻画,其中也包括黄荣灿自己的三件作品。黄在此还发表过两篇著作。除此之外,这一时期的黄在《画刊》与《中华日报》上也发表过五篇关于美术的文章。

《新生报》一九四六年一月一日创刊,是行政长官公署宣传委员会(当时的省政府新闻处)直属报刊。《中华日报》同年二月二十日在台南创刊,是国民党经营的报纸,一九四八年又发行了北部版。《新生报》与《中华日报》是"二·二八事件"后的新闻界的两大势力。这时,民间报刊的大半都被封闭了,《论议》成了残留在权力者手上狭小空间里的"自由论坛"。

与此相比,台湾美术界的活动却很活跃。他们在这一时期共举办了三次展览。

第二届台湾省美术展,于中山堂,一九四七年十月二十四日~十一月二日

第十一届台阳美术协会展,于中山堂,一九四八年六月十八日~二十七日

第三届台湾省美术展,于台湾省博览会,从一九四八年十二五日开始共六周

黄荣灿在三次往返于兰屿的同时,始终注视着"二·二八事件"后台湾美术界的动向。第二次返回台北的六月,正值战后第一次《台阳美术协会展》举行,它比预定展期延迟了一年半。此一经过我们在第二章中已述及,恐怕大家都还记得该展以及该台阳美术协会无批判地沿承旧体制的过程,故此处不再重复。这样,黄荣灿带着参观后的感想又一次去了兰屿,并把感想加以归纳写了《漫谈

《山野之朝·1948》（陈其茂刻）

美术创作的认识并论台阳画展作品》(《中华日报》《海风》副刊一九四八年八月三日)。另在展览会期间于《新生报·桥》副刊(一九四八年十一月二十九日)发表了(正统美展的厄运——并评三届《省美展》出品)。关于《第二届台湾省美术展》,展览目录上显示黄荣灿曾有一件《彩色的农村》参展(被归类在"西画部",应是水彩画),另有朱鸣冈的"画像"、麦非的"水碓"及戴英浪的"雪霁"。

黄荣灿根据兰屿的体验又是如何以《桥》的"台湾新文学论议"为后盾面对台湾美术界的呢?

在关于《台阳展》的评论的开头,他首先列举了米盖(开)朗琪罗、米勒、八大山人、珂勒惠支等人的画和罗丹的雕塑,赞扬"在他们的作品中对人生有深刻的启示,他们能把握时代的特色!负起指示人生的责任"。接着又以此为基准,对展出的作品逐一进行了评论。"李石樵的'老农妇'、杨三郎的'老船夫'、郭清汾的'采茶女',不也是想这样表现吗?""陈勇雨(陈夏雨)的接近生活的实际,形态的光暗感觉有些意义"。除了对这四件作品给予了较高的评价以外,他对其他作品也都有所批判。他在文章的最后说"总之以全盘的看来,每个作家都应该认识创作离不开现实给了我们的任务"。[14]类似的批判似乎也在组织内部酝酿着。雕刻家陈夏雨在展览会后即"因意见不合"[15]脱离了该会。

在《台阳展》期间,黄荣灿的评论虽然还停留在每个人的作风上,但到了《第三届台湾省美术展》(省美展)时,他开始对"台阳协"及其《省美展》做尖锐的剖析。他指出:《省美展》由"台阳协"的"所谓正统派者主持一切","弄得许多的画家丧失了希望,阻碍自由之成长,终于绝灭,正统派自身,也因此走向孤独"。并例举了放弃参展和受到冷遇的画家。预言用不了多久,该机构"将更趋激化成'委员美展'了!"对该机构的实态进行了揭露。

他接着就"正统'美展'本身带来的因果关系"做了如下的说明:

> 我在前次评"台阳美展"曾指出现代的画家应该要有头脑。因为世界历史上空前发展,把一切活动划分成"旧的"和"新的",没有一个人类生活底角落不扰动,也没有一个人不感觉到它,难道我们或保留旧的吗?画家无论你用怎样的形式活动,首先得有个目的,目的正确与错误的两方面,也必选其一,这是无可避免地存在的认识,又必然代表"艺术家"的思想精神活动。既是如此,我绝对的说,今天主持"省美展"

的工作者是因袭取正统派的外衣，相反的表现彷徨在新的烦恼中！因为他们没有确定的目的！综上种种原因，同时也影响一般美术爱好者，因为在现象分歧"过渡期"，艺术陷于混淆的局面，一部分的爱好者从平面的选取颜色美观悦目的作品，而似乎认为颜色就是绘画的生命！说来实在不无令人感到惊异之处，今日所谓画面的鉴赏，似乎离不开颜色，非但一般鉴赏者如此，即连画家亦复如此，他们把创作因素的各方面转移背向的发展；这样创作的"美展"又不复影响爱好者错误的心理！[16]

他所谓的"自大的取巧"，指的是那些以为"颜色就是绘画的生命"的作品，也就是游离现实社会的那些作品。黄荣灿正是从这一视角对作品一件一件地加以评论的，在此基础上，他又对今后的方向作了如下阐述。

今天"美展"的画家们新近走什么样的路呢？连正统派的东西也没有明朗的表现出来呢！总之我认为要克服缺点纠正错误的倾向，必须把民族形式与内容在理论和创作技巧上打成一片，应该有条件要接收古今中外绘画的精华，是不难养成一辈中国就绘画复兴的基石；因此了解本身的绘画环境，创作一种无意地伸展现实引起的情绪，有民族性的发挥，即是时代性的世界性的方向迈进。从此并脱出自高自大的那套圈子树立新帜。总之，在这次的出品在纯技巧上有所成就外，我希望在贫弱的部分——生命力，能解开小圈子的活动，走向现实中去发掘。[17]

这里重要的是他抓住了台湾美术界游离台湾社会与现实的实际状况这一主题，因为这并不限于台湾美术界，它也是两岸共同存在的问题。这也正是中国近代化过程中的中心课题，它包含着五四运动以来先驱者艰苦奋斗的历史。因而他首先把游离台湾社会与现实作为问题提了出来。接着指出逃向"颜色表现"和"自大的取巧"这些问题。虽然文学界与美术界在日本统治时代的历史不尽相同，但《桥》是以同样的基点讨论这一问题的。编辑歌雷的《刊前序言》发表了与黄荣灿相同的观点。

桥象征新旧交替，桥象征从陌生到友情，桥象征一个新地，桥象征一个展开的新世纪。………抛弃那些曾经终日呻吟的文字，那些文字就是使人钻小圈子，伤感，孤独，带有浓厚传染病菌的，因为，唯美主义与伤感主义在今日读者中已经没有需要……一个文艺工作者，最重要的是真实、热情与生命。[18]

杨逵对问题的所在有过更明确的揭示。

"混淆黑白"与"指鹿为马"是君子之道，我们大中华的君子人才太多了，因此，"巧"与"猛"掩蔽着天下，老实的人民的心情就无法表现。为国、为民、为子孙计，我们需要些傻子来当新文学运动再建的头阵，这不为"权"不为"利"斤斤计较的文学工作，只有傻子才肯定去担当，也只有傻子才当起来，文学虽然不是疗治百症的万应灵药，但它如得切切实实的表现人民的真实心情，其呐喊声终会把这昏迷若死的国家叫醒过来。[19]

杨逵好像更充分地表达了黄想要说的话。杨基于以上认识，为了"消灭省内外的隔阂，共同来再建，为中国新文学运动之一环的台湾新文学"，为此，他提出了如下六项具体提案。[20]

正統美展的厄運

——兼評三屆一省美展—出品

黃榮燦

《新生報·橋》第一八九期（一九四八年四月二十八日）

一、召开省文艺工作者大会。

二、结成一个文艺工作者自己的团体并发行文艺杂志及文艺新闻。

三、文艺工作者集合爱好文艺同志召开文艺座谈会,关于新文学诸问题的讨论、创作、批评、各座谈会的消息及报告在各杂志揭载。

四、文艺工作团体翻译并揭载以日文写的文艺作品。

五、使省内外的作家及作品活泼交流。

六、鼓励群众参加文艺工作及创抒、提倡写实的报告文学。

在这期间,除上述引文外,杨逵还在《新生报》、《力行报》上发表了《过去台湾文学运动的回顾》、《作家应到人民中间去观察、本省及外省作家应当加强联系与合作》、《台湾文学之道——文艺工作者合作问题》、《给各报副刊编者及文艺工作者的一封公开信》、《寻找台湾文学之路》等文章,总结台湾文学运动,倡导文学工作者相互协力,"到民间去",把握历史现实与今天的主题。

遗憾的是台湾美术界没有一位杨逵这样的人,也没有提出过类似的建设性方案。不仅如此,对黄荣灿的反论、批判、深入的"议论"等也均未出现。台湾美术界既没有赞成的声音，也没有反对的声音，没有形成促使黄荣灿继续前进和奋斗的环境。与"台湾新文学论议"相比，美术界实在是一片沉寂。在田野的眼里，当时的黄荣灿好像"不如以前活跃、木刻也不刻"了。[21]

关于"民族形式"、"民族性"的必要性，虽然欧阳明在"台湾新文学论议"开始时即已提出，[22]但半年后，它仍处"在'论争'以外"。[23]因此，黄荣灿把这个问题摆出来就显得很突兀。从一九四八年末到次年的一、二月，他通过麦浪歌咏队，师院台湾戏剧社的一般公演，真正的接触到了民众，并把这一问题的重要性直接地摆在了台湾文艺界面前。

抗战中，四十年代初论及的"文艺的民族形式问题"，追究到底就是艺术的"大众化的问题"。黄荣灿好像一直在思考，通过日本学到的西洋画和日本画影响的台湾美术界，正受到来自民众的"冷酷的阻害"，而解开它的有效的钥匙似乎就隐藏在"民族形式与内容"之中。关于这一点，我将在后面还会论及，于是黄荣灿参加到麦浪歌咏队中，并在歌咏运动中贯彻着自己的主张。

无论如何，他提出的上述两点批评并未得到台湾美术界的验证而被搁置，也未深入到关于"民族形式"的讨论。面对无声的台湾美术界，黄荣灿又一次在《桥》上介绍了"凯绥·珂勒惠支"，讨论现实主义的基点，这已是来台后第三次论及珂勒惠支了。

> 我承认我的工作是有目的的。我愿意帮助别人，愿意为追求生存喜悦的时代献身。

这是黄荣灿铭记在心的珂勒惠支的话。

架在两岸上的桥

《新生报·桥》副刊始于一九四七年八月一日，持续了一年八个月零十天，共计出刊二百二十三期。编辑歌雷还为台湾作家特意准备了日语翻译，促成了他们的参加。结果，以杨逵为首的台湾作家得以自由地发表意见，用日语写成的作品也都翻译后予以刊发了。而且在不长的时间里，还举行了十几次有作者、读者、编者参加的茶话会。不仅在台北，在台中、彰化、台南等南部地区也多次进行了热烈的讨论。在第一次茶话会（一九四八年三月二十七日）上，歌雷报告说常投稿的作家已有七十一名。此后基本上是按照前面介绍的杨逵的具体提案展开活动的。

应该说在《桥》副刊上展开的"台湾新文学论议"，在台湾文学史上具有划时代的意义。石家驹（陈映真）在他的《一场被遮断的文学论争》[24]中将"论议"的内容归纳为以下六点：

一、关于台湾新文学的历史和本质的问题
二、关于"奴化教育"的争论
三、关于写实主义和浪漫主义问题
四、关于"台湾新文学"的名实问题
五、关于"五四"的评价问题
六、关于理论和实践的关系问题

其中第一项是"论议"的中心题目，它又分为"台湾新文学与大陆新文学的联系问题"、"台湾新文学的历史和性质的问题"、"人民文学的提出"、"省内省外作家和文化人的团结问题"等四个论点。除此之外，还有包含表现形式问题的"台湾新文学的特质和特殊性"。

欧阳明的论文《台湾新文学的建设》[25]是可以作为"论议"基调的重要文章。上述第一项中的四个主题作为他提出的议题,"一直到翌年三月的讨论、可以说都是围绕在欧阳明在这篇文章所提出的议题开展的,而且,在一个意义上,其理论高度也很少超过欧阳明的水平"。[26]

欧阳明在该论文中直接引用了范泉的《论台湾文学》(半月刊《新文学》创刊号,一九四六年一月一日),沿袭了他的论点。其要旨和赖明弘呼应范泉的文章《重见祖国之日——台湾文学今后的前进目标》(《新文学》第二号,一九四六年一月二十八日)的内容基本一致。

范泉讨论了殖民地时代的台湾文学和台湾文学史,并得出了如下结论:

> 自然,台湾文学和大陆文学是不可分的,而且前者是属于后者的一环。但总结上述的意见,我们对于过去的乃至今后的台湾文学,却可以归纳到这样的三个时期(一)草创期,(二)建设期,(三)完成时期。而第一期又分为这样的两个阶段,即(一)大陆文学的共鸣阶段(二)表现形式改造阶段。而现在的台湾文学,则已进入建设时期的开端了,发挥了中国文

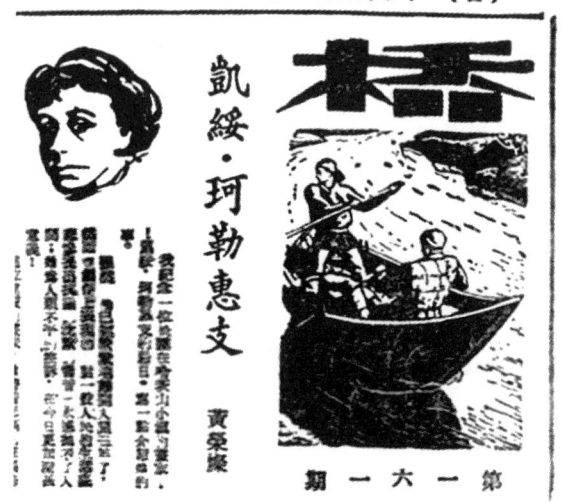

《新生报·桥》第一六一期（一九四八年九月二十六日）

学的古有的传统,从而更建立起新时代和新社会所需要的,属于新中国文学的台湾新文学。[27]

范泉从台湾文学中看出了"反帝反封建"的精神,论证了台湾文学乃是"中国文学之一环",并以此为基准,改写了台湾文学的时代划分。

《新文学》创刊号出版三天后的一月三日,赖明弘对范泉即有了如下反应。从这一点来看,他当时应该人在上海。

> 范泉先生引述亚夫先生的台湾文学理论与其划分四时期,大致可谓正确。毫无疑问的,台湾文学的主流,决不是以在台湾的日人为中心的文学活动,(其实他们的文学作品中,没有台湾人的灵魂存在着,所以绝少引起台人的关心与反响。)乃是台湾人自己的文学运动,才是台湾民族文学的惟一主体。
>
> 对于这种(范泉的)见解,我表示同意。台湾既然复成为中国疆土的一部分,那么,无论是政治、经济、文化、教育等各部门,已经不能再离开祖国而单独理论或划分立说。我们今后将要努力创造的台湾新文学,亦即是中国文学的一部分,换句话说:台湾的文学工

作者也就是中国的文学工作者。[28]

两人均认为台湾新文学的历史发端于五四运动，从新旧文学运动开始，经过乡土文学论争，发展到设立台湾文艺联盟，越过战争下的台湾文学的曲折经历，而纳入"中国新文学运动"。两人整理了殖民地时代论之未尽的讨论，指明了两岸文学家"议论"的基础与方向，促进了对台湾文学史的再总结。赖明弘还为促进两岸文化界人士的交流，呼吁设立沪台文化联谊会。

赖明弘，一九〇九年生于台中县，曾留学日本。是一九三一、一九三二年展开的中国白话文——台湾话文论争、乡土文学论争贯穿始终的参加者。一九三四年他提议设立台湾文艺联盟，并担任执行委员，后就任常务委员，从事机关报《台湾文艺》（一九三四年十一月创刊）的编辑。次年十二月，与杨逵、赖和共同设立了台湾新文学社。在编辑本社杂志《台湾新文学》的同时，在该杂志上发表了，《夏》、《魔力——或许一个时期》、《已婚男人》等作品。在这一时期发表的论文还有《做个乡土的感想》（《台湾新闻》一九三四年十二月二十四日）。战后，除了上面的文章外，还有《光复杂感》（《新知识》一九四六年八月)和《台湾文艺联盟创立的断片回想》(《台北文物》一九五四年十二月)两篇。

欧阳明的论文《台湾新文学的建设》是在范泉与赖明弘的见解的基础上,在上述两位的文章发表一年零十个月后发表的。杨逵、歌雷、扬风等主要论议参加者也都沿袭了这两个人的见解。据杨逵说,欧阳明另外还有一篇以《论台湾新文学运动》(《南方周报》,一九四七年十二月二十一日)为题目的论文。而且他看了这篇文章后"实在有所感悟"。[29]除此之外,还有王诗琅的《台湾新文学史》(《南方周报》,一九四七年二月十日),《台湾新文学运动史料》(《新生报》,一九四七年七月二日),王莫愁的《彷徨的台湾文学》(《中华日报》,一九四七年八月二十二日)。从这一点来看,《桥》副刊似乎还有一个序曲和伴奏曲。

欧阳明除了上述文章以外,还写过《鲁迅——中国的高尔基》[30]和《从玉井教员吃甘薯说起》[31]两篇文章。前一篇论文推荐了范泉翻译的小田岳夫的《鲁迅传》[32],书中的插图是陈烟桥发表在范泉所编《文艺春秋》第二卷第四期(一九四六年三月)上的版画——《鲁迅与高尔基》。因此,不论从哪个角度都可以看出他与范泉的关系。后一篇《从玉井教员吃甘薯说起》讲的是台南市玉井的教师的事情，考虑到他是向《南方周报》投的稿，似乎可以推测他可能出身于台湾南部地区。现行研究的一种意见认为欧阳明是"省外作家"[33]，但这里存在着很多的疑问。从他发表的论文来看，我们推测欧阳明也可能是赖明弘的笔名，但我不想在此即下结论。

杨逵用欧阳明的话，自命为"残留下来的不肖的后继者"。他决心继承"台湾新文学"的斗争与传统，"在祖国新文学领域里开出台湾新文学的一朵灿烂的花！"并提出了前面提到的六项具体提案。[34]"论议"正是把这一提案付诸了实践。随后在《桥》副刊上以朱实等的银铃会为中心的台中文化界联谊会，潜生（龚书森）、谢哲智等台南文学爱好青年团体，孙达人等台大学生组织，骆驼英（罗铁鹰）指导的张光直等的建国中学文学爱好者，纷纷发表作品，"论议"由这些无名的青年作家继承下来。

据范泉说，一九四七年七月或八月有一个叫"欧坦生"的台湾青年来上海拜访他，并带来了二、三个短篇小说。其中一篇叫《沉醉》。是以"二·二八事件"为背景，有关一个大陆青年和一名台湾女性的故事。范泉读后劝他修改。于是他花了几个星期做了修改[35]。改好后欧坦生回了台湾。后来就是书信往来，地址是基隆中学。

当时，基隆中学有两名国语教师，一个是欧坦生，另一个是蓝明谷。校长是钟浩东。

欧坦生，一九二三年生于福州，毕业于暨南大学。曾师从于鲁迅的弟子之一许杰。一九四七年二月来台，在基隆中学工作到同年七月，以后转到台南乌树林糖厂国民小学任校长。由许杰的介绍，在《文艺春秋》发表了六篇短篇小说。五十年代以后，开始用"丁树南"的笔名发表文章。

蓝明谷出身于冈山，和校长钟浩东的异母兄弟、作家钟理和是亲密无双的朋友。战后，两个人都一直在给创刊于北平的《新台湾》投稿。蓝以怪生的笔名发表了《一个少女之死》、《问答小天地》。钟理和以江流的笔名写了《白薯的悲哀》、《在全民教育声中的几点意见》[36]。汝南译《台湾高砂族歌谣》据说也是蓝明谷的作品。二人一九四六年归台，仍用同样的笔名向《台湾文化》投稿。钟理和发表过《生与死》，蓝明谷发表过《乡村》。此外、钟理和还在《政经报》发表过《逝》[37]。归台后、蓝明谷由钟氏兄弟推荐，就职于基隆中学。而钟理和却陷入长期的病痛之中。这时，蓝明谷和钟浩东校长都开始参加地下党的活动。一九四七年八月，蓝明谷由现代文学研究会出版了鲁迅著作中日对照版《故乡》。序文中仍然提到了范泉所译的《鲁迅传》。

《文艺春秋》始于《台湾文化》创刊的一年前，夹着"二·二八事件"，正好以《桥》副刊的终结而告终。在《桥》的时代，《文艺春秋》于一九四七年七月在台北市中山北路三百零三号设立了特约代理店"春秋书店"。转年三月，出版该杂志的永祥印书馆也在台北市馆前街七十二号设立了台湾分馆。欧坦生的上海之行大概也是在此前后。

　　杨逵在《〈台湾文学〉问答》中例举了欧坦生的《沉醉》，赞扬该作是"《台湾文学》的一篇好样本"[38]，并将小说收录于他所编辑的《台湾文学》（一九四八年九月）。在所附评语中他写道："认识台湾现实，反映台湾现实，表现台湾人民的生活感情思想动向，是建立台湾文学的最坚强基础"。

　　正如我们看到的，介绍欧坦生的小说、杨云萍的诗歌、林曙光的"台湾的作家们"那样，范泉《文艺春秋》的编辑是与《桥》的"台湾新文学论议"相辅而行的。因此，《新生报·桥》副刊确实可以说是作为植根于大陆与台湾两岸，连接"台湾文学"与"中国文学"的交流之桥，两岸文化界人士的友情交往之桥，作者与读者的意见交换之桥，和古今中外文化之桥而成长起来的。

"麦浪翻风"

一九四六年，台湾大学工学院的学生十几人结成了黄河合唱团。名字取自大家所喜爱的《黄河大合唱》(光未然作词、冼星海作曲)。"二·二八事件"后，扩大到三四十人，改名为"文艺社团·麦浪歌咏队"。"麦浪"之名是由电气系的张以淮和机械系的陈钱潮商量决定的。由于成员中多数为北方出身，他们心中都想象着故乡即将收获、因风摇荡的麦田。也许是由大家喜欢的《祖国大合唱》中的"田野上也波着麦浪和稻浪"而想到的。总之，由张以淮作词，楼维民作曲的四部合唱曲《麦浪》成了他们的队歌。

  阵阵春风吹起麦浪
  麦浪、麦浪
  夹带着芳香
  把金黄色的欢乐
  带给大地儿女……

"二·二八事件"后的半年，到了暑假，台大和台湾师范学院的学生再一次在校内开始组织合法"社团"。农学院的"方向社"、"耕耘社"，法学院的期刊《台大人》以工学院和文学院为中心的"蜜蜂文艺社"、"台大话剧社"、"自由画社"、"大家合唱团"、"师院剧团"、"师院台语戏剧社"、"社会科学研究会"等相继设立。这些主要都是外省人学生组织的，本省学生则组织了"GLEECLUB"（男声合唱队）。其中麦浪歌咏队是由台大与师范学院学生组成的最大的团体。黄荣灿指导的自由画社的成员也都参加了该组织。教职员中的参加者只有黄荣灿一个人。

麦浪歌咏队成立后，一直在校园内活动。到了一九四八年十二月，开始准备校园外的大规模正式公演。首先，由台湾大学各学院学生自治会联合会主办，以募集福利基金为目的的公演从十二月二十七日起在中山堂进行了三天，第一天的演出剧目如下：[39]

《歌谣舞蹈晚会》于中山堂

（一）齐唱

1. 大家唱，舒模曲

2. 别让它遭灾害，荣沙词，黄源曲

3. 祖国进行曲，吕冀配词

（二）舞蹈

4. 康定情歌，西康民歌

5. 马车夫之歌，新疆民歌

（三）女性独唱

6. 苦命的苗家，宋扬词

（四）舞蹈

7. 朱大嫂送鸡蛋，陕西民歌

8. 青春舞曲，青海民歌

（五）男性独唱

9. 控诉，东北民歌

（六）舞蹈

10. 在那遥远的地方，青海民歌

11. 王大娘补缸，河南民歌

（七）合唱

12. 祖国大合唱，金帆词，马思聪曲

休息

（八）舞蹈

14. 都达尔和玛丽亚，新疆民歌

15. 插秧歌，江南民歌

16. 一根扁担，河南民歌

（九）齐唱

17. 团结就是力量，牧虹词，庐肃曲

18. 你是灯塔

19. 青春战斗曲

20. 跌倒算什么

21. 光明赞

（十）歌剧

22. 农村曲（三幕）

公演后，"得到各界人士们很多宝贵的批评和鼓励，经过严格的自我批判和检讨以及短时间练习之后"[40]，又准备去南部公演。在派出先遣队的同时，于二月四、五日两日在台北第一女子中学进行了试验公演。据黄荣灿的文章记载，此前也曾在台湾师范学院公演。[41]并增加了《收酒矸》（台湾民歌）、《春游》（西藏民歌）、《沙利红巴哀》（新疆民歌）等节目。

准备就绪后，"麦浪"终于开始了"环岛公演旅行"。总数达五十余人的团队由台湾大学和师范学院的师生组成。公演旅行的目的，第一是向本省观众介绍中国各地的民间歌舞。第二是希望从内容上、技术上"能得到更多人士广泛的讨论和批评",并通过公演促成"英勇地担负起推广民间歌舞的这个重大责任"。[42]

二月七日,他们到达台中,并受到杨逵等文化人的援助,于八、九日两日得以在台中戏院公演。公演受到了热烈的欢迎,隔天即召开了文艺座谈会。杨逵对他们继续去南部公演不惜余力地给予了协助。就公演相关诸问题和当地的文化人进行了联系,为他们做了安排。[43]《台湾民声日报》于八日对"麦浪"做了宣传介绍,十七日又刊登了感想文章。黄荣灿也以"苏荣灿"的笔名发表了评论。

台中的公演后,又在台南、日月潭、高雄、屏东等地进行了公演。二月末,实现了预期的目标后,返回台北。台南公演后,一部分队员先行直接返回了台北,而黄荣灿"从头跟到尾"一直和团队在一起。[44]

返回台北后,他们在中山堂和一所中学举行了汇报公演,结束了"环岛公演旅行"。但是,这时反响发生了很大变化。公演的成功引起了官方的注意,在巡回演出途中即已受到特务的监视,会场的最前方"往往都是他们这些人"。[45]回到台北后,特务对于骨干人物的监视更为变本加厉。一部分队员不得不准备离开台湾。首先是队长方生

"歌谣舞蹈晚会"一九四八年十二月二十七日公演节目单

（陈实）三月二十日左右避难去了大陆。

同一天，两位台大学生因骑自行车带人受到盘问而遭非法拘留。听到这个消息，师范学院的学生二三百人随即举行了抗议，并与赶来的警察发生了冲突。二十一日，台大、师范学院学生五千余人结队，又进行了抗议活动。"麦浪"的全体队员也参加了这次活动。他们带头唱着歌，为游行队伍壮势。二十九日，台大、师范学院以及各校的学生自治会在台大法学院的运动场举行了"青年节"营火晚会。台北的中学以上学生、从南部赶来的台中农校、台南工学院的代表也前来参加。"麦浪"在台上表演了民歌、抗日歌曲和歌舞。当唱到大家熟悉的歌曲时，全体到场人员都跟着唱了起来。当唱到《王大娘补缸》时，到场的全体人员扭起了"秧歌"。最后，大会宣布以各校学生自治会为基础的台北市学生联合会成立，并宣布将着手准备设立横跨全省的学生联盟。

四月五日晚，"麦浪"队员在台大教务处后的食堂举行庆祝会，祝贺"环岛公演旅行"成功及"音乐节"，并就今后的公演计划进行了商谈。转天早晨，大量的宪兵和警察包围了台大和师范学院的宿舍，逐一逮捕学生。官方数据说逮捕学生数为二三百人，但学生说有五六百名台

國立臺灣大學麥浪歌詠隊
演出

歌謠舞蹈會

日期：三十八年二月八日九日
地點：臺中市臺中戲院

"歌谣舞蹈晚会"台中公演节目单，一九四九年二月八—九日

大和师范学院的学生遭到逮捕。这就是由警备总部挑起的"四六事件"。陈钱潮等数位"麦浪"队员也遭到逮捕。八日，以"麦浪"为中心，组织了四六事件营救委员会，开始为救援逮捕的学生奔走。救援活动告一阶段后，很多队员相继离开台湾，到大陆或到国外避难。而留下来的大部分人在随之而来的白色恐怖的年代遭到逮捕、入狱。[46]麦浪歌咏队在无数青年学生大量被逮捕的同时，被迫解散。

"麦浪"在两岸文化交流与台湾文化再建方面产生了很大的影响。公演除受到了各地文化人及很多民众的欢迎以外，还从热情的"批评和鼓励"中吸取了宝贵的教训。《桥》先后刊登了郑勉的《人民艺术的发掘》（一九四九年一月七日）、蔡史村的《从〈麦浪〉引起》（二月十七日）、白坚的《献给〈麦浪〉》（二月十八日）等评论文章。《台湾民声日报》在介绍"麦浪"的同时，也先后刊登了张朗的《麦浪舞蹈》、黄荣灿（苏荣灿）的《歌谣舞蹈做中学》（二月八日）、大岛的《听台大麦浪歌咏队演唱归来》（二月十七日）。

白坚在尖锐的批评"就是穿着农民的衣服还摆脱不了学生的动作"之后，鼓励学生们投入到大众的生活中去。黄荣灿就这一点指出："若果是幼稚、平凡……，这是做

339

中学必然的过程，同时又受歌颂的、有希望的"。他称赞"麦浪""在台湾从做中学起来了，同学们尤其了解'艺术的伟大的社会意义乃是改造生活的工具'"，希望重视"民族风格"，从"现实"中学习。[47]

蔡史村对《新生报》集纳版上刊载的是真的评论文章《舞蹈乎？滑稽焉》提出反对意见。蔡首先就台湾音乐界"一向崇尚西洋音乐的追求"、忽视民间歌谣的过去与现在做了回顾，然后就"麦浪"公演的意义说道：

> 他们想把祖国各地人民真正的声音，广大群众的言语带到台湾来；他们是一群忠实辛勤的耕耘者，撒一把种子在这块贫乏的土地上。
>
> 这次歌谣舞蹈的演出，唱出来的是人民真正的声音，舞出来的是人民真正的生活，从音乐戏剧的角度上去看祖国文化。这里就是祖国文化的核心。

这样称赞之后，他又对是真"滑稽"观点予以驳斥，并得出以下结论：

> 过去的时代，艺术是少数人所占有，变成上流人

物有闲阶层的玩物，被囚禁在象牙的宝座里。今日，让我们把它抬回来，把它开放出来，变成大众的东西。

蔡史村的评论可以说代表了台湾文化人的共同感受。从这里也可以看出麦浪歌咏队公演的最大成果。他们与黄荣灿的兰屿之行一样，响应杨逵呼吁，在台湾把"到民间去"这一口号付诸实施。这正是《桥》的时代所孕育的精神。

《留意一切的民歌吧！》

麦浪歌咏队的合影只留下了一张。这张照片是于一九四九年二月十一日在台中公演时拍的，有七十余人。陈钱潮、方生、张以淮、钱蔓娜（钱歌川之女）、台纯怡（台静农之女）、杨资崩（杨逵之子）等人均在其中，也能看到戴着呢帽的黄荣灿。

如上所述，黄荣灿抗日战争期间曾参加过国民政府军事委员会政治部抗敌演剧宣传五队，通称"剧宣五队"。由于这种经历、通晓舞台美术，再加上跟蔡瑞月学习过舞蹈，所以成了队中的宝贵财富。当然，民歌、抗日歌曲就更不在话下了。一九四八年十二月二十七日在台北中山堂

"麦浪歌咏队"的团员们,第二排右二戴呢帽者为黄荣灿

举行的公演以及一九四九年二月八、九两日在台中剧院举行公演的节目单均为他设计。前者的封面用的是卢鸿基的版画《朗诵诗》（一九三八年作），后者封面装饰的是描绘男女农民扭秧歌的版画。这恐怕为他自己所刻。其他公演大概可以以此来推测。另外，黄也写过脚本，并亲自担任过主角。师范学院的教师学生表演的《希特勒还在人间》的脚本就是黄写的，他在剧中扮演了希特勒。[48]

正是他们采集了台湾民歌把它们搬上了舞台。队员之一的殷葆衷在回忆起当时的情景时这样写道：

> 首先，台湾师范学院艺术系的师生发起了采集台湾民歌的工作，挖掘出了"收酒矸"等多首唱遍全岛的台湾民歌。大家这才知道，原来台湾也有很多民歌。当时台湾民歌的曲调都很动听，只是有些内容不大健康。所以，一些民间艺术爱好者就给它做了改编、整理和提高的工作。[49]

参加麦浪歌咏队、同时又是艺术系教师的只有黄荣灿一个人。据周青说，《收酒矸》为张邱东松采集、"创作"的一首。他出身于丰原，一家人都是民族音乐家。

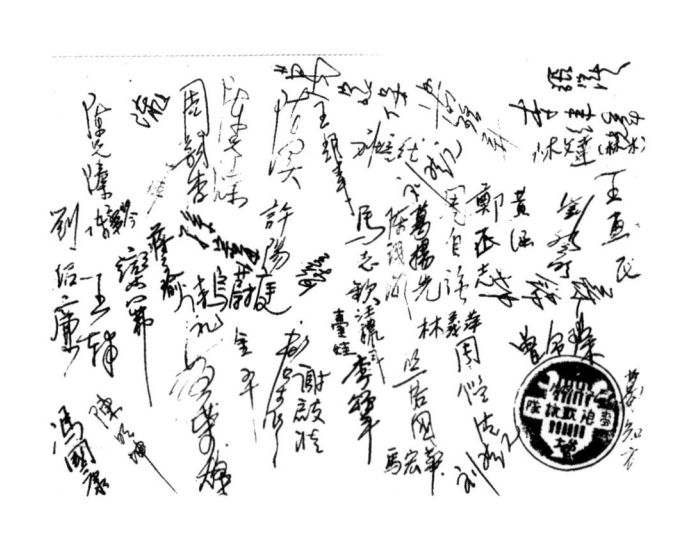

"麦浪歌咏队"团员的签名

一九四七年底，与雷石榆、周青一起组织了"乡音艺术团"，雷写脚本，其夫人蔡瑞月负责编舞，张负责谱曲。张于一九四八年初，对在民间中广为流传的《收酒矸》、《卖肉粽》、《卖豆腐》等三首民歌编了曲。[50] 殷葆衷所说的"一些民间艺术爱好者"其中肯定有张邱东松，而从黄荣灿与雷石榆夫妇的关系来看，为张邱东松与麦浪歌咏队之间穿针引线的恐怕一定是黄荣灿。一九四七年八月十日到十七日，台湾省新文化运动委员会在中山堂举行了"新文化运动戏剧讲座"，两人都是讲师。张邱东松讲的是"**舞台音乐**"，黄荣灿讲的是"**舞台美术**"。[51] 担任主要讲座的吕诉上也是活动在雷石榆家的"文人会"成员之一。

《收酒矸》在中山堂公演不久的二月四日到五日，在台北第一女子中学公演时被第一次搬上了舞台。

我是十六团仔丹　自少父母就真散
为着生活不敢懒　日日出去收酒矸
有酒矸可卖无　坏铜旧锡簿仔纸可卖无

每日透早就出门　家家户户去家问
为着打拼顾三顿　不惊路头怎么远

345

有酒矸可卖无　　坏铜旧锡簿仔纸可卖无

　　日本统治时代末期，台湾民歌除一、两首以外均被禁唱，长期"看作下层歌曲而被忽视"。光复后，"竟被教育当局斥为伤风化"继遭禁止。[52]但是，它却反映着当时的民间社会生活，广为民众所传唱。[53]

　　在接下来的台中公演中（二月八～九日），杨逵之子杨资崩和小学生许肇峰登上舞台表演了台湾民歌《补破网》（王云峰作曲）。"网"指的是"渔网"，在闽南话里与"希望"同音。歌词从这两个意思出发，表现了作为唯一生活之资的渔网破漏，贫苦渔民的心情破碎，但又不甘屈服的坚强意志。[54]

　　　　见着网　目眶红　破甲这大孔
　　　　想要补　无半项　谁人知阮苦痛
　　　　今日若将这来放　是永远无希望
　　　　为着前途针活缝　寻家司补破网

　　　　手椅网 头就重　凄惨阮一人
　　　　意中人 走叨藏　针线来斗帮忙

枯不利终罔珍动　举钢针接西东
天河用线做桥板　全今生补破网
鱼入网　好年冬　歌诗满渔港
阻风雨　驶孤帆　阮劳力无了工

雨过天晴渔满港　最快乐咱双人
今日团圆心花香　从今免补破网

队员们为台湾民歌的采集而感动、而着迷，同时也在此"发现"了台湾民众的现实。此后，公演的节目单中均加入了台湾民歌。[55]公演的次日，杨逵等当地文化人士为欢迎麦浪歌咏队，在台中图书馆以"文艺为谁服务"为题，召开了座谈会。[56]会上，他朗诵了即兴诗，表达了对青年学生们的期待。

麦浪、麦浪，麦成浪
救苦、救难、救饥荒[57]

诗虽然只留下了最后两句，但时至今日，仍然向我们传达着杨逵希望"麦浪"之波波及全省的愿望。黄荣灿在

"环岛公演旅行"中"从头跟到尾"[58],目睹了这一切。

再没有什么比这两件事更能说明杨逵和黄荣灿两人对现实的认识以及对文艺的态度了。殷葆衷总结"麦浪"的活动说"据我的观察,它的最大的收获"应该是……

> 促使台湾同胞重视自己的民歌和民间艺术,开始接收新的文化思想,对日本殖民统治文化进行了一次大扫除。用民主、自由的思想先于国民党封建法西斯文化占领了这块阵地。也许我的评价一点都不过分吧![59]

对"民歌与民间艺术"的重视,在师范学院台语戏剧社公演之际也曾有过讨论。"戏剧社"从一月十五日至十六日两天里在师范学院的大讲堂演出了《天未亮》(蔡德本根据曹禺的《日出》改编)。演出用的是闽南话,这已经鲜明地表达了他们的态度,但是讨论仍有进一步的发展。下面是在公演后的十八日举行的座谈会上的发言。除了演出者外,歌雷、林曙光、龙瑛宗、朱实等人也列席了座谈会。

> 涂丽生:(天未亮)的故事本身是一个断片,使观众感到彼此无关联。我希望用许多民歌排在一起合成

歌剧。

朱实：民歌最能够发扬地方色彩，多多与民间接触，采集真正人民痛苦的呐喊，采取民歌形式，而加上艺术的内容来表演出来。[60]

在这之后，朱实出版了《潮流》，而《潮流》的顾问杨逵编辑了《力行报》，两个人在创作民歌的同时，还采集并发表了很多台湾民歌和童谣。[61]

麦浪歌咏队的公演正像黄荣灿所说的那样"做中学"[62]，在新的问题面前，"到民间去"学习。这种姿态受到台湾大众的欢迎。队长方生（陈实）说，不管到了哪里都有男女老少聚集会场，流着眼泪倾听。台湾某诗人的感想使我至今不能忘记。

"麦浪"的感人之处在于她唱出了广大台胞对伟大祖国的真挚感情，唱出了他们对民主自由的渴望和对光明前途的憧憬。[63]

殷葆衷的回忆录在讲述了台湾民歌之后还写道，曾给"民间的一个艺术团体"帮过忙，这个"艺术团"指的恐怕是雷石榆的"乡音艺术团",他本人可能是把它与蔡瑞月的舞蹈社以及简国贤的圣烽演剧会混淆了。

据周青说,雷所写的脚本《假如我是一只海燕》由简国贤改编,而且,已经确定了演员,但"因为我被西本愿寺的军统特务盯上了",公演计划随之夭折。他在回忆其原因时说,"后来回想起来,我便判断一定是黄荣灿告的密"。又说一九四八年夏,乡音艺术团再次准备在中山堂公演,并已决定在报纸上发布预告。周青请在中山堂工作的王白渊协助,保证会场"一切办妥之后","恰恰就在公演前一天"王白渊乘船"离开了台湾"。[64]此后的经过虽然不甚明了,但最终,这次公演好像也未实现。他于一九四八年秋离开了台湾。

据蔡瑞月说,次年的二月二十三日至二十五日,雷石榆所写的脚本在中山堂举办的《舞蹈社第二届舞蹈发表会公演》以舞蹈剧的形式得以演出。因此,殷葆衷的混淆并不是不可能。他印象中的"匈牙利少女"正是蔡瑞月演出剧目《匈牙利舞》。他们所帮助过的肯定应该是这次公演。[65]关于雷石榆、蔡瑞月夫妇与黄荣灿的关系已在相关章节作过介绍,此不赘述。舞蹈社的第一届公演(一九四七年一月)从广告宣传到舞台布置,从黄与众人一起奔走这一点来看，黄荣灿与殷葆衷一起为公演而忙碌是很容易想象的。恐怕向殷葆衷等人请求帮助的就是黄荣灿。殷葆衷的回忆在表明麦浪歌咏队、乡音艺术团及圣烽演剧会的关系的同时，也是对黄荣灿的言行与人格的珍贵的证言。

由此来看，周青的"印象"和发生在"台南轮"上的事情一样，很难说反映的是事实。"麦浪"与"乡音"的关系，采集台湾民歌的事实，不仅不能证明黄荣灿是"特务"的爪牙，相反，却说明了黄荣灿到台湾"民众中去"，重视"民间形式"，投身于现实的事实。他在较短的期间，三次往返兰屿，与"麦浪"的"环岛公演旅行"同行，走遍了台湾南部。在各地通过与文化人士及民众的交流，他确实地捕捉了台湾的历史与现实，从而把握住了今天这一主题。

"和平宣言"

在"四六事件"发生的当天，杨逵即以"和平宣言"的文责为由被逮捕。"宣言"的全文如下。

> 陈诚主席在就任当日的记者招待会宣布，以人民的意志为意志，以人民的利益为利益，这是我们认为

正确的。但是人民的意志是什么呢？它是需要从人心坎找出的，不能凭主观决定。据吾人所悉，现在大陆战乱已经临到和平的重要关头，台湾虽然比较任何省份安定，没有战，也没有乱，但谁都在关心着这局面的发展。究其原因，就是深恐战乱蔓延到这块干净土，使其不被卷入战乱，好好的保持元气，从事复兴。我们相信台湾可能成为一个和平建设的示范区，可是和平建设不是轻易可以获致的，须要大家推进。

第一，请社会各方面一致协力消灭所谓独立以及托管的一切企图，避免类似"二·二八"事件的重演。

第二，请政府从速准备还政于民，确切保障人民的言论集会结社出版思想信仰的自由。

第三，请政府释放一切政治犯，停止政治性的捕人，保证各党派随政党政治的常轨公开活动，共谋和平建设，不要逼他们走上梁山。

第四，增加生产，合理分配，打破经济上不平的畸形现象。

第五，遵照国父遗教，由下而上实施地方自治。为使人民意志不被包办，各地公正人士须要从速组织地方自治促进会、人权保证委员会等，动员广大人民监视不法行为与整肃不法分子。

我们相信以台湾文化界的理性结合，人民的爱国热情，可以泯灭省内省外无谓的隔阂。我们更相信，省内省外文化界的开诚合作，才得保持这片干净土，使台湾建设上轨道，成为乐园。因此我们希望，不要再用武装来刺激台湾民心，造成恐惧局面，把此一比较安定的干净土以战乱而毁灭。

我们的口号是：

◎清白的文化工作者一致团结起来。

◎呼吁社会各方为人民的利益共同奋斗。

◎防止任何战乱波及本省。

◎监督政府还政于民，和平建国。[66]

根据王丽华的追述[67]及张恒豪的补充[68]，我们可以追溯一下杨逵的被捕经过。据说杨通过在《桥》上写文章和编辑《力行报》结识了很多外省文化人，在和他们的谈话中决定，组织省内外文化人参加的文化界联谊会，发表《和平宣言》。协商的结果，《宣言》由杨起草，先油印二十份，"寄出给共同计划的那些人，请他们斟酌修正"。但是，不知为什么，上海《大公报》（一九四九年一月二十一日）突然将《宣言》以"台湾人关心大局，盼不受战乱波及，台中部文化界联谊会宣言"为题发表了。后来才知道，是访问歌雷的《大公报》记者把尚在准备中的《宣言》拿走并发了报道。陈诚于一月五日就任台湾省主席，来台的途中，在上海即知道了《宣言》。飞机抵达台北后，即对记者的提问恼怒地回答道："台中有一支共产党第五纵队"。杨逵后来说："听说了，当时心里有数，果然几个月后，爪牙就来了"。罗铁鹰避难上海大概也是在此前后。"共同计划的那些人"都感到了危险，接着就到了四月六日。

"四六事件"本来由警察和学生的小摩擦开始的，但警察有预谋有准备的大规模的逮捕，把事件的本质暴露得一览无余。特别是与学生运动没有直接关系的杨逵、叶石涛、林曙光、歌雷、孙达人、张光直等在《桥》上发表文章的人，以及董佩璜等众多社会人士均被逮捕，就更清楚地看到事件的真实意图。

陈诚就任台湾省主席，蒋介石下野，李宗仁代理总统职务以及国共和平会谈的恢复均源于国民党在三大战役中败北，国共双方对峙长江的现状。对"四六事件"的镇压，从反面证明了和平会谈必将破裂，共产党的军队准备渡过长江，而国民政府也早已经准备迁都台湾。陈诚就任台湾省主席是准备的第一步。但是，由于《和平宣言》对陈诚的记者会见表示了异议，因而激怒了陈诚。如果把这前后的事情按照时间顺序罗列一下，就更能看清杨逵的笔是如何揭露了他们的本质与意图了。

一九四九年一月五日，陈诚就任台湾省主席

十八日，陈诚兼任警备总司令

二十一日，蒋介石下野，李宗仁代理总统职务，并接受共产党提出的条件，宣布再次召开国共和平会谈。

同日，杨逵发表"和平宣言"。呼吁停止内战和两岸文化人士加强协作。

次日，李宗仁组织和平会议代表团，准备北上。

二月三日，解放军"和平解放"北平

十四日，李宗仁等和平代表团抵达北平

二十二日，毛泽东、周恩来等会见李宗仁

四月一日，派遣张治中等和平代表团赴北平

同日，学生向南京总统府举行示威游行。南京事件爆发。

三日，周恩来表明不管和平会谈成否，解放军将渡江南下的决定。

六日，台湾"四六事件"

二十日，国民党代表团拒绝共产党提出的"国内和平协定草案"

二十一日，解放军渡江

二十四日，南京被解放军占领

虽然由于疏忽，《和平宣言》未经协商即以台中部文化界联谊会的名义发表了，但从向歌雷征求意见这一点来看，恐怕他也是"共同计划的那些人"之一。台中部有银铃会，一九四八年九月二十九日，在假内埔国民学校召开了银铃会会员第一届联谊会。会员有以杨逵、朱实、淡星等为首的十五人，全部都是台湾省籍的文学爱好青年。[69]所谓台中部文化界联谊会恐怕指的就是该会，或者是以该会为基础发展起来的组织。从限定于台中部这一点可以看出，他们的意图是要在各地区设立当地的文化界联谊会，以至扩大成为全省的组织。

银铃会于一九四八年一月一日出版了同人杂志《潮流》。杨逵任顾问，每期都在发表文章。同人中有朱实（师范学院教育系学生，本名朱商彝）、子潜（师范学院体育专修科学生，本名许育诚）、淡星（本名萧翔文）、红梦（本名张彦勋）、亨人（本名林亨泰）、微醺（台湾大学学生，本名詹明星）等人，都是《新生报·桥》副刊的积极撰稿人。同时，他们还在彰化、台中、台南举行了文艺座谈会，一直开展着热烈的活动。杨逵一次不落地出席了所有会议，竭力地帮助他们。麦浪歌咏队在台南公演时，欢迎他们的准备工作、召集座谈会等都是这些人在做。[70]

把这些事实放在一起，大约可以窥知杨逵恐怕是要通过台中部文艺联谊会的二十个人把组织扩大为全省规模，以广泛的省内外文化人士的名义发表《宣言》。考虑到聚集于《桥》的编辑者、投稿者、读者，杨逵等人应该是曾打算以数百人联名的形式发表《宣言》的。除了歌雷、雷石榆、罗铁鹰、孙达人、扬风、欧阳明等人，黄荣灿也是"共同计划的那些人"周围的一位。这样推测应该不是毫无道理的。

《和平宣言》与抗日战争最后一年，文化界的三百七十二人联名发表的《文化界对时局的进言》有着共同的精神。《进言》是聚集于陈诚任部长的国民政府军事委员会政治部文化工作委员会的文化界发表的。发表后，陈诚等对之充耳不闻，相反，却迫使该会解散。这就意味着否定国共合作，拒绝民主改革。《和平宣言》针对的又是这个陈诚。

黄荣灿是《进言》的署名者之一，恐怕也是《宣言》"共同计划的那些人"之一。因此，《宣言》的草案里也一定反映了黄荣灿的意见。当然这只是推测，不知能否被认同。因为我们现在尚没有确凿的证据。

然而，探讨这些并不重要，重要的是黄荣灿所走过的从"进言"到"宣言"的道路正是包括台湾人在内的所有中国人民所要探索的道路，是"共同计划的那些人"自觉地走过的道路。

首先，《进言》的精神经过政治协商会议所采用的《和平建国纲领》（一九四六年一月）、《上海文化界反内战争自由宣言》（一九四六年七月十三日）、"二·二八事件"处理委员会提案的《三十二条政治改革方案》（一九四七年三月），贯穿到《和平宣言》，已发展为两岸文化人士的共同认识。第二，《宣言》是两岸文化人士交流和"台湾新文学论议"的结晶。第三，《宣言》的"共同计划的那些人"，把"促进地方自治"作为了"还政于民"的中心课题之一。这些已不再是推测，乃是显而易见的事实。

注释

1 《思想起 黄荣灿》，吴埗，同前注
  《刀锋激人心、壮士志未酬》（上、下），吴步乃，同前注
  《黄荣灿疑云》（中），梅丁衍，同前注
2 《台湾舞蹈先知—蔡瑞月口述历史》，同前注
3 《漫谈美术创作的认识并论台阳画展作品》，黄荣灿，同前注
4 "兵士"骆驼英的脚踪，许南村，《人间思想与创作丛刊》，一九九九年九月
5 《关于学习木艺》，黄荣灿，《新生报》（画刊）第九期，一九四八年三月二十一日
6 《美术家·美术教育》，黄荣灿，《新生报》，《美术节特刊》，一九四八年三月二十五日
7 《现实教我们需要一次嚷》，杨逵，《中华日报》，《海风》，一九四八年六月二十七日
8 《〈台湾文学〉问答》，杨逵，同前注
9 同 5
10 《黄荣灿的木刻》，吴埗，同前注
11 《黄荣灿疑云》（中），梅丁衍，同前注
12 《不用眼泪哭》，《爱泪》，黄永玉，同前注
13 《思想起黄荣灿续（三）》，吴埗，同前注
14 《漫谈美术创作的认识并论台阳画展作品》，黄荣灿，同前注
15 《台湾美术运动史》，王白渊，同前注
16 《正统美展的厄运——并评三届〈省美展〉出品》，黄荣灿，同前注
17 同 16
18 《刊前序语》，歌雷，《新生报·桥》，一九四七年八月一日
19 《如何建设台湾新文学》，杨逵，《新生报·桥》，一九四八年三月二十九日

20 同19

21 《思想起 黄荣灿 续（三）》，吴埗，同前注

22 《台湾新文学的建设》，欧阳明，《新生报·桥》，一九四七年十一月七日

23 《在〈论争〉以外》，洪朗，《新生报·桥》，一九四八年六月十一日

24 《一场被遮断的文学论争》，石家驹，《台湾文学问题论议集》，人间出版社，一九九九年九月

25 《台湾新文学的建设》，欧阳明，同前注

26 同24

27 《论台湾文学》，范泉，同前注

28 《重见祖国之日——台湾文学今后的前进目标》，赖明弘，《新文学》第二号，一九四六年一月二十八日

29 《如何建设台湾新文学》，杨逵，同前注

30 《鲁迅——中国的高尔基》，欧阳明，《新生报》《桥》，一九四七年十月二十二日

31 《从玉井教员吃甘薯说起》，欧阳明，《中华日报》，一九四八年五月十四日

32 《鲁迅传》，小田岳夫著，范泉译，开明书店，一九四六年九月

33 （《桥》副刊始末），彭瑞金，《台湾史料研究》第九号，一九九七年五月

34 同29

35 《关于边境文学》，范泉，《文艺春秋》第五卷第五期，一九四七年十一月十五日

36 《一个少女的死》，怪生，《新台湾》第二期，一九四六年二月二十八日
《白薯的悲哀》，江流，同上
《一个少女的死（续）》，怪生，《新台湾》第三期，一九四六年四月一日
《问亭小天地》，怪生，《新台湾》第四期，一九四六年五月一日
《台湾高砂族歌谣》，汝南译，同上

《在全民教育声中的新台湾教育问题》，江流，同上

37 《生与死》，江流，《台湾文化》第一卷第一期，一九四六年九月十五日
《乡村》，怪生，《台湾文化》第二卷第五期，一九四七年八月一日
《逝》，江流，《政经报》第二卷第二期，一九四六年五月十日

38 《〈台湾文学〉问答》，杨逵，同前注

39 《歌谣舞蹈晚会》，一九四八年十二月二十七日公演宣传册

40 《我们到台中来》，台大麦浪歌咏队，《台湾民声日报》，一九四九年二月八日

41 《歌谣舞蹈做中学》，苏荣灿，《台湾民声日报》，一九四九年二月八日

42 同40

43 《杨逵和他的同志》，谢聪敏，《杨逵的文学生涯》，前卫出版，一九八八年九月

44 《留意一切的民歌吧》，殷葆衷口述，蓝博洲整理，《民众日报》，一九九三年三月

45 《我总觉得过意不去！》，胡琳，蓝博洲整理，《民众日报》，一九九八年四月

46 《台大麦浪歌咏队简介》，蓝博洲，一九九九年四月

47 同41

48 《迟到了半世纪的报告》，殷葆衷，福建省台湾大专院校校友会编《四·六》纪念专辑，一九九九年二月
《留意一切的民歌吧》，殷葆衷口述，蓝博洲整理，《民众日报》，一九九三年三月

49 同48

50 《从纺织厂童工到进步记者》，蓝博洲，同前注

51 《台湾战后初期的戏剧》，焦桐，台原出版社，一九九〇年六月

52 《从〈麦浪〉引起》,蔡史村,《新生报·桥》,一九四九年二月十七日

53 《台湾连翘》,吴浊流,草根出版,一九九五年七月

54 《台湾民歌札记》,黄春明,《乡土组曲　台湾民谣精选》远流出版社,一九七六年

55 《阵阵春风吹麦浪》,蓝博洲,《民众日报》,一九九八年四月十五~十六日

56 《从"一·九"反美示威到"二·二八"人民蜂起》,蓝博洲,《沉尸·流亡·"二·二八"》,一九九三年三月五日

57 同 53

58 同 55

59 同 48

60 《〈天未亮〉演出座谈会》,《新生报·桥》,一九四九年一月二十二日

61 《流亡的银铃——朱实》,蓝博洲,《天未亮》,晨星出版社,二〇〇〇年四月三十日

62 《歌谣舞蹈做中学》,苏荣灿,同前注

63 同 53

64 同 50

65 《台湾舞蹈先知——蔡瑞月口述历史》,同前注

66 《台湾人关心大局盼不受战乱波及》,杨逵,《大公报》,一九四九年一月二十一日

67 《关于杨逵回顾录笔记》,王丽华,《文艺界》第十四集,一九八五年五月

68 《关于〈和平宣言〉及其他》,张恒豪,《台湾新文化》,一九八六年九月

69 《联谊会特刊》,淡星、朱实主编,一九四八年八月

70 《流亡的银铃——朱实》,蓝博洲,《天未亮》晨星出版社,二〇〇〇年四月三十日

第八章 白色恐怖时期

从一九四九年的"四六事件"到一九五四年十二月台湾地区和美国共同防卫条约缔结,这一时期被称为是白色恐怖时期。国民党军队向南节节败退,在台湾岛内掀起了白色恐怖风暴。由于美国的介入而导致的两岸分裂使这场白色恐怖风暴显得愈加肆无忌惮。任何反对者都被冠以"共匪"的罪名不遗余力地逮捕,有的被杀害,有的从社会中被隔离。仅现在所能判明的牺牲者就有四千五百余人,被困牢狱者达八千人以上。一般以朝鲜战争爆发的一九五〇年六月为界,把这一时期分为前期和后期。

"连座保证"制度

《新生报·桥》副刊在"四六事件"发生的同时被查封。编辑歌雷和部分投稿者被逮捕。杨逵被判了十二年，歌雷被迫离开了台湾岛。大陆来台文化人士的大多数都在事件前后离开了台湾，只有黄荣灿仍然留在了这里。

取代《桥》出现的是《新生报·艺术生活》副刊和《公论报·艺术》副刊。前者始于一九四九年的九月三日，一直持续到朝鲜战争爆发的第二年的六月二十五日。编辑是王绍清。《桥》介绍的多是现实主义木刻画，与此相比，《艺术生活》则主要致力于介绍西方现代美术。

《公论报》是"二·二八事件"后，李万居辞去《新生报》社长一职，和蔡永胜共同创办的。不久便和美国的通信社合作，成长为民间报纸中最大的一家。尤其它的社论的总体水平较高，得到了许多读者的支持。但也因此受到了当局的注意，编辑和许多记者相继被逮捕入狱。当时的《艺术》副刊总编是禾辛。从一九五〇年初开始副刊的继任总编是何铁华。

一九四九年五月二十日，台湾当局在台湾岛内实施了军事戒严令。这是共产党军队渡过长江，控制了江南一带以后的事。五日后的二十五日，上海攻陷。六月二十一日，国民政府公布了惩治叛乱条例。十月一日，中华人民共和国在大陆宣告成立。在十一月的第二天，台湾当局发布了台湾地区戒严期间出版物管理办法，并于十二月七日迁往台北。一九五〇年六月十三日，又公布了《戡乱时期检肃匪谍条例》。十二天后的六月二十五日，朝鲜战争爆发。就在那一天，《新生报》的《艺术生活》副刊也宣告结束。

黄荣灿的活动也在这滚滚而来的言论镇压中消歇了。在"白色恐怖"时期的前段，即朝鲜战争爆发前，他被喝令沉默，但如今仍可发掘到这个时期的著作和作品有以下二十种。

著作

《近代名画与其作家》，黄荣灿，《新生报》《集纳版》，一九四九年四月二十八日

《湿装现实的美术——评〈台阳美术展〉》，黄荣灿，《公论报》《艺术》第九期，一九四九年六月五日

《艺术批评的指针》，力军，《公论报》、《艺术》第十二期，一九四九年六月二十六日

《舞台造型论》，黄云，《公论报》、《艺术》第十三期，一九四九

年七月三日

《记火烧岛》，黄荣灿，《旅行杂志》第二十三期，一九四九年七月十五日

《琉球屿写画记》，黄原，《新生报》《艺术生活》，一九四九年九月十七日

《香洪的画》，黄原，《新生报》《艺术生活》第十三期，一九四九年十一月十三日

《美展之窗》，黄原，《新生报》《艺术生活》第十四期，一九四九年十二月十日

作品

素描《琉球屿写画记》，黄原，《新生报》《艺术生活》，一九四九年九月十七日

素描《港口》，黄原，同上

素描《渔妇》，黄原，同上

油画《海滨浴场》，黄荣灿，《中央日报》，一九五〇年一月一日

油画《红头屿》，黄荣灿，和上述作品一起在"师院艺术系美展"中展出

版画《拾炭碴的孩子》，黄原，《新生报》《艺术生活》第十八期，一九五〇年一月十五日

水彩《台南风光》，黄原，《新生报》《艺术生活》第十九期，一九五〇年一月二十二日

水彩《晨》，黄原，《新生报》《艺术生活》第二十一期，一九五〇年三月五日

版画《台湾耶美人丰收舞》，隐名，《木刻选集》第一集，香港友

联出版社，一九五八年

版画《重建家园》，隐名，同上

《原住民题材版画集》，黄荣灿，不明

素描《人物像》，黄荣灿，萧仁征所藏，于"美术研究会"未发表

编辑

《西画苑》第一期～第九期，黄荣灿，《中央日报》《星期杂志》
一九五〇年十月一日～十一月二十六日

由上所列，我们看到黄荣灿在一九四九年六月以后，曾再次使用了"黄原"、"力军"、"黄云"等笔名。

据雷石榆的回忆录[1]记载，六月一日的晚上，为雷石榆、蔡瑞月夫妇离台举行了送别宴。参加者有为惜别而来的两三个朋友和蔡的学生，黄荣灿也列席。雷石榆在拿到去香港的船票后，兴冲冲地回到朋友们等候的家里时，在门口被不认识的人叫住，说是"台大的某先生请我去谈几句话"。于是，雷石榆对朋友们说了声"一会儿就回来"，便上了吉普车，结果就这样被带走逮捕了。调查审讯用了三个月，九月一日被勒令离开台湾。

接着，雷石榆根据离台前蔡瑞月的叙述，继续记述了那天晚上的情况。黄荣灿"认为无事"，跟客人"说笑话"，

等待着雷石榆的归来。但是,到了吃晚饭的时候,便衣突然来到家里并开始搜查。在大家惊讶与沉默之中,黄荣灿毅然质问逼他们说出了雷石榆被逮捕的事实。后来蔡瑞月慌忙躲到哥哥家,并在黄荣灿的陪伴下开始追寻雷石榆的去向。在蔡瑞月到基隆为离台的雷石榆送行时,她曾说:"只有黄某敢质问他们",并"赞叹黄某挺身质问的'勇敢'"。

可是,雷石榆好像从反面理解了这种"勇敢"。雷石榆在不断地想,尽管黄荣灿编辑的《新创造》被查封,和黄荣灿一起行动的师范学院艺术系的学生也牵连入狱,但"他却安然无事",而且在乡音艺术团的座谈会上,黄荣灿曾记下了大家的住址及姓名,因此他以为是黄荣灿向警方"出卖"了自己。所以,他在和蔡分别的时候,一再告诫蔡说"以后除了自己的亲人,不要轻信什么朋友"。

蔡瑞月后来在《台湾舞蹈的先知》一书口述时,肯定看过雷石榆的回忆录。但是并没有对此直接给予批评,而只是淡淡地用事实消除着对黄荣灿的疑虑。[2]据她讲,在雷石榆回家之前,大家就觉察到了便衣的存在,并目击了雷石榆被带走的情形。而且从此情形来看,黄荣灿不可能说"笑话"。与雷石榆怀疑黄荣灿相反,蔡瑞月始终对黄荣灿的援助和关心抱着感激之情。

蔡瑞月对当日的情形有如下追述。

雷石榆的父亲在印度尼西亚去世了,六月,为了继承遗产,决定举家经香港去印度尼西亚。正好也有香港中文大学的邀请,借此机会,决定举家离开台湾。出发的前一天,举行了告别朋友们的家宴。雷一早去买船票,直到下午仍然没有回来。家中高朋满座,傍晚,正在大家等得焦急的时候,院子里出现了两个不认识的人,好像也在等候雷的归来。这时,拿到出入境证和船票的雷兴冲冲的回来了。那两个人对雷说了"傅斯年校长要找他谈话"的话,就把他带走了。直到深夜,雷仍然没有回来。

第二天,在黄荣灿的陪伴下,蔡瑞月到警备总司令部追问雷的去向,但是被门口持枪的卫兵喝止,不得已又来到保安处。在此也同样遭到宪兵阻拦,连雷石榆基本的去向都无法弄清。在此后的几天里,一直奔波在这两个地方,但都如第一天的遭遇,一无所获。三个月后的九月,雷石榆受到"遣送岛外"的处分,一个人被遣往香港。三个月后的十二月,留在台湾的蔡瑞月被捕,判刑三年。在她入狱期间,黄荣灿不顾自身安危,将肉松等送到火烧岛,还给寄养在台南的儿子雷大鹏送去了奶粉。

雷石榆被逮捕后,黄荣灿开始使用笔名。据林粤生讲,他甚至在私生活中都改了名字。[3]到了七月九日，省级公务员推行联保条例实施。这是以防止"谍匪"向公务员的"渗透"为目的"连座保证"制度。黄荣灿和台湾师范学院艺术系的马白水、朱德群、林圣扬、赵春翔等四个教授被组成一个组，叫他们互相监督。[4]具有互相监视、密告彼此一言一行的义务，任何一个人出了问题，都要追究连带责任。人们不得不再次屏息凝气的生活。

"逃避"与"隔离"

《湿装现实的美术——评〈台阳美术展〉》是黄荣灿用自己的名字发表的最后的一篇评论。该文刊登于五日的《公论报》《艺术》副刊，从《台阳美术展》的展期（一九四九年五月二十二日～三十日）来看，这应该是写于雷石榆被捕的六月一日之前。文章仍保留着《桥》时期的风格。

《十二届台阳美展》也于同一年在中山堂举行，共展出了一百九十五件作品。会员也从十三名增加到了二十名。黄荣灿可能是非常不喜欢两个新会员吴栋材和叶火城的作品《洋兰》，指出："你们画的又形成了现代的'时髦货'"，"主要的几位'会员'皆在制作"此类作品。并批评道：

他们否认对生活、对进步、对人类未来的信仰，连他们展出的"水准"与"性质"也弄得不清明；"台阳"保守的小集团（搜集了若干个别利己的势力），但保守的意识也不具，而又允许一些非会员的作品参加，这些作品是否要接近"台阳"的水准呢？或是在培养"自大性"，或是符合热闹……我们也弄不清楚是怎么一回事。[5]

对作品的筛选，新会员的加入以及标准和方针的迷失现象，他也提出了批评。而且指出《台阳展》从复活的那一天起，就开始走向"衰退"。其理由是：

问题在他们的倾向空虚！没有生活的意识！要使它这样永续下去……给人们只是虚伪的印象。因为"生活在社会里，又要脱离社会而自由，这是不可能……。"（略）

分明现实赋给美术家的课题不只限制在表面的彩色和无主题事物的制作，那就应该看得清楚美术家对现实的积极作用，美术家应该是人类精神生活的导师。所以美术家不能自我淘汰于脱离时代的意义，美术创作的发展是不能逃避现实的啊!

但是不顾任何真理的警惕,并且仍要靠着腐烂的方向走,坦直地说,这是自家放任的错误,终于成为障害自己的根源。我们不是随便斥责,在此展出的作品中,却无视于当前残酷的现实问题,差不多对于今天人们遭受的艰苦生活和自己所体验到世乱年荒的现象都遗弃了。[6]

只要翻阅一下展出作品的清单,即可看到鸟、花、风景等的题名,至于人物画则是少女图。因此,不必等黄荣灿来说,已能看到游离于现实社会之外,逃向自我的画家们的面貌。黄荣灿在此以"没有发现创造的'基石'",打算告别台湾美术界,同时,呼吁寻求进步的画家们团结起来。

新中国的美术只望能转变成足以代表新中国的新方向,绝对不是少数个人或抄袭模仿所能完成的。[7]

在上述言论发表了一个月之后,"连座保证"制度开始实行。不久到了暑假,黄荣灿也随即开始了他的小琉球列岛写生旅行。他从台北坐火车南下至屏东,又从社边到东港，然后从东港坐船到达小琉球。这次旅行只有他一个人，在短暂的逗留中，他一直在不知疲倦的写生。

他虽然批评了台湾的美术家"逃避社会"，但是"连座"制度却也在迫使他从社会中隔离出来。黄荣灿说一个人去小琉球，并"不觉得孤寂与难过"[8]，但从这话语里我们不难体会隐藏在其后面的来自封闭的台北的那种"孤寂"。

> 他们一切的生活形态，我要尽量的去写画，可是我就被时间与生活的条件阻止了，使我不能充分的写画岛屿的一切新鲜活泼而有生存意识的现象，那么应该在何时才能够充实我写画的自由呢？[9]

互相监视的生活让曾经说"要脱离社会而自由、这是不可能"的黄荣灿现在只能说，剥夺"写画的自由"的是"时间与生活的条件"。黄荣灿从现实的社会中被隔离开来，断绝了和人民群众的关系，已被逼到了孤独和绝望的深渊。

抗日战争以来，黄荣灿一直在漫长的黑暗和苦难中寻求光明。针对台湾美术界的"形式主义"和"追求技巧和彩色"，他曾不失时机地注入"原始的生命"和"民族性"，试图进行改革。他也曾从西方美术史中学习创作的原点，试图在画面上再现生机与活力。这一切都是他的进步与反抗的证明。一旦脱离了人民大众的生活，最终就只有走上对主观抽象世界的摸索，和台湾美术界一样，无视"当前残酷的现实"，舍弃这"世乱年荒的现象"而陷于对"形式"、"技巧"和"彩色"的"追求"，最终陷入和"少数个人"斗争。黄荣灿从抗日战争的体验中早就知道了这种危险。为了克服这些，他知道首先是要团结台湾美术界，尝试与他们共同努力，其二就是实践杨逵等人提倡的"到民间去"，努力接近台湾人民的生活。

然而，由于实行了"连座保证"制度，接近人民大众已越来越困难，描绘真实的现实也变得日益地不可能了。而且，画家们的组织也不健全，不能互相帮助。在这种情况下，杨逵入狱，进步的伙伴也都从身边消失，把握正确的理论和现实的力量也已被极大地削弱。黄荣灿几乎被剥夺了所有前进的基础。

一九四九年八月，发生了基隆中学《光明报》事件。白色恐怖的风暴开始真正地来临了。当政者甚至已不允许他安稳地住在这里了。

《拾炭碴的孩子》

这一时期，黄荣灿发表的油画、水彩画、素描和版画共计有八幅。从《红头屿》、《台南》、《琉球屿》等题目来看可知这些都是台湾南部的风景。

这让人想到的是兰屿的三次旅行、与麦浪歌咏队一起的"环岛公演旅行"以及到小琉球列岛的写生之旅。版画《拾炭碴的孩子》是八幅中的一幅。可以想象这应该是他在台湾南部所遇到的情形之一。

"二·二八事件"之后，《恐怖的检查》在上海发表以后，黄荣灿好像开始控制版画的发表。因此，给人留下了"木刻画也不刻"[10]的印象。在一九五〇年一月举行的"省立师范学院艺术系师生作品展览会"时，黄荣灿展出了《红头屿》和《海滨浴场》两幅油画，却未展出版画作品。方羽山评价说"我们未能欣赏他的木刻杰作，尤为可惜"[11]。确实，在此三年间，黄荣灿曾在台湾和大陆重复发表过他在抗战中制作的五幅版画，但却没有公开发表过一幅描写台湾社会的版画。

其实，据说在这期间黄荣灿也制作过许多版画作品。

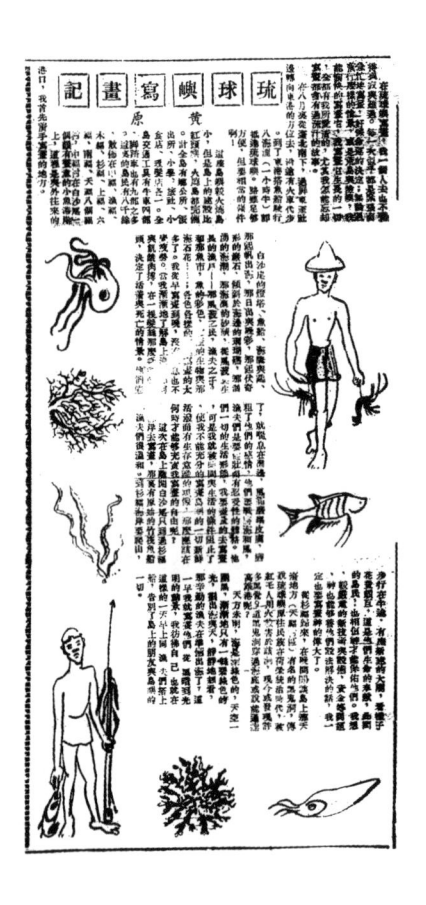

《琉球屿写画记》

其证据是，虽未署名，但后来证实是黄荣灿所刻，印在麦浪歌咏队的小册子上的版画《扭秧歌》，还有一件作品就是他去世后，收录在香港出版的《木刻选集》中的《台湾耶美人丰收舞》。如此看来，或许是因为他自己有意控制了作品的发表，或者是没有发表的机会，致使许多作品都流失了。

版画《拾炭碴的孩子》在这些作品中占有特别的位置。首先，这是"二·二八事件"后，黄荣灿自己公开发表的唯一一幅版画。其次，题材是关于台湾的现实的，更确切地说是描写台湾"黑暗"的。第三，不仅如此，它还是在《军事戒严令》（一九四九年五月二十日）、《惩治叛乱条例》（六月二十一日）、《省级公务员推行联保条例》（七月九日）、《台湾地区戒严时期出版物管制办法》（十一月二日）等的相继公布、实施的背景下，毅然发表的一幅作品。

在漫长的三年空白之后，他为什么会在这个时候发表描绘台湾"黑暗"的版画？黄荣灿在这幅作品里到底寄托着怎样的含义？在我们不可能得到黄荣灿以及他的同伴们的证词的现在，要弄明白这些似乎很困难。但是，从不太多的周围资料也可以对当时黄荣灿所处的情形有如下的了解。

《新生报》《艺术生活》副刊的编辑是王绍清。他参与过武汉文艺社的设立，并参与编辑了该社发行的《文艺》（一九三五年三月十五～一九四八年三月十五日）。他一贯追从民族主义文学运动，是三民主义文艺政策的热心推进者之一。一九四九年夏，他来到台湾，就任台北师范学院教授。从一九四九年九月三日创刊到第二年六月二十五日停刊为止，他一直是《艺术生活》副刊的总编。他还是一九五〇年五月四日成立的"中国文艺协会"的理事。

王绍清在《艺术生活》第十八期（一九五〇年一月十五日），对四篇文章、四幅照片以及一幅版画做了这样的安排：卷头是何铁华的《新兴艺术与摄影》，配以高岭梅的两幅动物照片和郎静山的两幅风景照片。左边中间是陈慧坤的《中国美术特质比较》，右下角是广华的《泛谈广播剧》。左下部是郭良的《现代木刻的欣赏》，配图即是黄荣灿的版画《拾炭碴的孩子》，笔名为黄原。在这样的版面安排的基础上，又在最下边的左侧以编者的话，写了《艺坛近事》。文章的最后两行记述了三民主义文艺政策推进者的中心人物之一的王平陵的消息，"戏剧作家王平陵先日从重庆来台、现寓于基隆、从事著作"。透露了国民党中央宣传部文化运动委员会的主力已经开始进驻台湾。

何铁华于一九四七年来台，是"自由中国美术运动"的旗手。黄荣灿是新现实主义美术的推进者，陈慧坤和另一位叫廖继春的同是台湾师范学院美术系为数不多的台湾籍教授。他毕业于东京美术学校，后为台阳美术协会会员和"省展"的审查委员。郭良和广华的经历不明。

在以上的编辑中，王绍清在一页的纸面上刊载了自由中国美术运动、新现实主义美术、台湾美术家的不同作品，可以看出是为了表示国民党中央宣传部文化委员会的胸怀宽广。就黄荣灿来说，他在《艺术生活》副刊，得到了三篇文章和四幅作品，共计六次发表作品的机会。笔名全部为"黄原"。值得注意的是，推进三民主义文艺政策的编辑者给独自留在台湾的黄荣灿提供了发表作品的场所这一事实。

郭良的运笔是很有节制的，全文分为"两种木刻"、"木刻的特质"、"技术的考察"和"内容的探讨"四部分，客观地介绍了"现代木刻"。他在"内容的探讨"的末尾这样写道：

> 中国现代木刻的内容，简单的说，就是现实的、生活的。它采用一切现实生活、现实问题来做描写对象，

《拾炭碴的孩子》（黄原刻）

而这些现实都是与社会、人生有着密切的关系的。它不描写属于过去传统的风花雪月的题材,而描写那些没有一刻不和大家发生关系的现实生活。它不单描写现实,而且指导现实,它本身富有极其深刻的教育意义。在今日说来,要表现生活的艺术,这种现实饱满的内容,才配称一幅优良的现代木刻的。[12]

黄荣灿的版画《拾炭碴的孩子》在这一张纸面上就正像是在强烈的表达着自己的主张。

画面中央一个背筐少年站在煤山前。低着头,木然的望着自己赤裸的脚趾的样子让人心痛。远处,两个少女在静静的拾煤渣。一个手提着篮子,另一个单肩背着背筐。从她们相依相伴的样子看,像是两姊妹。看上去是晴天,天空中飘浮着白云,像是在默默的守护着他们。然而,地上的穷困与劳累几乎把孩子们逼到了绝望的深渊,从落下来的枪口下保护母亲的气概和勇气如今已不复存在,"灰色的忧郁"[13]再次笼罩了他们。

同样的情景在《新生报·桥》副刊一百八十一期(一九四八年十一月三日)也可以看到。那就是谢哲智的短篇小说《拾煤屑的孩子们》。将其从日语译为汉语的是潜生。谢哲智和潜生同属于台南文学爱好者青年团体成员，潜生本名叫龚书森，战前曾到大陆学习，战争结束时回到台湾。之后，在上述团体中教授汉语，同时翻译其他文学爱好者的日语作品，帮助他们在《桥》副刊中发表。他自己也发表过两篇作品。《桥》副刊之所以有较多的优秀作品，是大家相互帮助共同努力的结晶。

黄荣灿和谢哲智的作品是否有关联，现在没有确凿的证据。但是，首先，他们都和《桥》副刊有关联。其次，谢的小说中的插图是黄荣灿从手边的版画中选出的朱鸣冈的《恋》。第三，黄荣灿数次去台湾南部旅行，台南是每次往返的必经之路。特别是与麦浪歌咏队同行的时候，通过杨逵，曾在台中、台南跟当地的文艺人士有过接触。第四，黄荣灿的作品是和《台南风景》同时发表的。考虑到这几点，就不能说两幅作品之间完全没有联系。《拾炭碴的孩子》至少可以认为是黄荣灿看过谢哲智的小说后的想象。但是，因为在当时的台湾"拾煤屑的孩子"是随处可见的情形，所以我在此只想说，是画家黄荣灿和小说家谢哲智用不同的眼睛捕捉了这一相同的场面。

不管怎样，谢哲智的小说有助于人们理解黄荣灿寄于版画中的内涵。谢哲智的小说是从下面一节开始的。

> T站的一个暮春的下午——阴沉沉的天空成了一片晦暗的铅色、强烈的东南风无情地打落凤凰树的火红的花瓣。连刚才痛快地鸣叫的蝉也收起她的美调,到处布满了郁闷的空气。

T站恐怕就是台南站。装煤的列车驶入车站,开始卸货。卸下的煤堆积成几个小山。作业结束了,围在远处一直盯着这里的二十几个少年,一下子出现在那些想歇口气的工人们的面前。"又来了"他们喊着驱散了"拾煤屑的孩子们"。他们是靠出卖体力过日子的工人,而被追赶的是从七、八岁到十几岁的孩子。

阿新十一岁。两年前母亲双目失明,从那天开始他就承担起了两个人的生活重担。书中没有提到他的父亲,或许是在战争中一去未归吧。

> 于是他在小学中途就退学。卖报、卖纸烟、擦皮鞋、卖零食等只要小孩子的手可以做得的小营生,他都尝试过。今天他把烟卖完了。心想可以歇息一下,正巧

装满煤炭的货车入站。所以他心思一动,想还可以捞几钱。如是提着篮子奔进而来。

但是,运气不好,阿新被一个年轻工人捉住了。另一个十四五岁的小女孩也被工头抓住了。其他的孩子们也被没收了箩筐。被年轻工人捉住的阿新在拼命挣扎喊叫。"一家的费用靠我们赚。我们不愿当要饭的,也不愿当小偷,而来捡些煤碴又有什么不对!"受到这样的反击,青年不禁一怔。"孩子们来拾煤不是他们的罪恶,就是社会造成的罪恶"。正当青年陷入苦思的时候,阿新仍在不停的挣扎反抗。青年不得已想反扭住了阿新的胳膊时,加上筐的重量阿新被推倒在地。突然,他们又听到了"异样的哭声"。原来是那个小女孩咬了工头的手腕,被工头狠狠地打了一个耳光。血从小女孩的左耳流了下来。工人受到"良心上的谴责",放了他们。年轻工人"目送了他们的后影,摇摇头吐了一口气。而且那两个眼睛也微微地出现湿润"。

阿新再次悄悄溜进了已恢复寂静的车站,试图去拣火车上的煤屑。其他的孩子也相继回来。但这次发现他们的是车长,于是又被赶了下来。这次尝试又告失败了。泪水突然夺眶而出,阿新放声大哭起来。因为如果能拣到一筐煤屑,晚上就可以不去擦皮鞋了。

小说的结尾这样写道:

> 天空渐渐地变趋阴暗。西方显现出淡淡的红云,从远远的地方传来了火车的汽笛,惨痛地在这黄昏里拉长了余音。
>
> 留在后面的只是阿新的苦痛的哭声。

谢哲智在《桥》的时代所表现的台湾的现实,在白色恐怖时期开始的时候,又一次被黄荣灿用一幅版画公开发表了出来。一九五〇年一月,正是国民党中央宣传部文化委员会本部在台湾进行准备活动的时候。但黄荣灿仍然把《桥》的精神传播给了读者。他的版画与当局所推行的三民主义文艺政策(又称为"六不政策")的一条规定"不专写社会的黑暗"[14]正是针锋相对的。

版画《拾炭碴的孩子》也许在王绍清的眼里只不过是抗战时期的作品,也许他完全明白版画的含义,而故意给黄荣灿一个自由发挥的机会。但是,台湾的读者一眼就会看出其中所反映的台湾现实。至少,黄荣灿是这样期待的吧。在读者中，会有人联想起谢哲智的小说。不管怎样，可以说是黄荣灿在自身身处紧迫的危机和不安的同时，又蒙过了王绍清的眼，伸扬了自己的主张。

自由画社

黄荣灿，自一九四七年和朱鸣冈开始举办木刻讲习会开始，从一九四八年至一九五一年他失踪之前，一直在指导自由画社，同时，一九四九年九月，在台湾文化协进会的援助下，他和马白水在中山堂举办的水彩研究班[15]，一九五〇年六月，在由"中国美术协会"主办的美术研究会和台湾师范学院美术系执教，热心于对后辈的指导。其中，对自由画社的指导是从一九四八年画社成立到他失踪长达三年的时间。在"连座"制度实行以后，他好像只能专心致力于教师的工作了。这也是他最投入的事业之一。

自由画社于一九四八年夏成立于台湾大学，拥有施至高、吴东烈、吴崇慈、林粤生等二十多名成员。其中的一部分还参加了麦浪歌咏队、文艺社等其他组织的活动。每周日的指导由黄荣灿担任，有时，陈慧坤、马白水、赵春翔、孙多慈等台湾师范学院的教师，应黄荣灿的要求，也前来指导或讲课。另外，黄还经常带领孙家勤、叶世强、翟宗泉等台湾师范学院艺术系的学生，来此和他们进行交流，互相切磋。[16]

台湾师范学院艺术系在开讲的当初，主任教授有黄君璧、教授有莫大元、溥儒、廖继春等三人，副教授有马白水、袁框真、陈慧坤、孙多慈、金勤伯、朱德群等六人，讲师有林圣扬、许志杰、黄荣灿等三人，助手有徐荣、胡学渊等二人。后来，有所变更，增加了林玉山、何明绩、廖未林、张义雄、赵春翔等人。黄荣灿等讲师升为了副教授。

> 回顾自光复以来的本省美术界（画坛），都是陌生技术和思想里徬徨的状态……。在本次很多作品中，终看不出画因（题材）的新鲜、飞跃的制作欲，以及时代的反应，都是旧态依然求古趣味浓重的作品。更切痛感的是（台湾学院派的胜利……），出品作家也陶醉于此，没有寻求开拓新天地的气概，这实为本省美术界将来很担忧的地方。[17]

这是郑世璠对"第四届台湾省美术展"（一九四九年十一月十九日开幕）的感想。从文章来看，在这个时期台湾师范学院艺术系的老师和学生被称为"台湾学院派",好像是形成了一个派别。

一九五〇年一月,"台湾学院派"举行了"省立师范学院艺术系师生作品展览"[18],为了对抗同年三月二十五日"美术节"在中山堂举行的"第十三届台阳美展","师院小型联展"、"台大自由画社画展"也相继在各学校举行。[19]那一天,黄荣灿除了发表了"希望政府及主管教育的当局不再忽略美术教育的价值和意义"的意见之外,[20] 没有像以前那样对"台阳展"加以更多的批评。

黄荣灿的指导包括素描、设计、木刻、蜡染等多个方面,从主题到题材应该是贯彻着始终如一的主张。但这个时期,他主要致力于对西方美术史的介绍。

他来台以后,立即廉价购买了日本人留下的《世界美术全集》、《世界裸体画全集》和外国有名作家的全集等美术书,自己在努力进行研究的同时,计划首先在《新生报》《艺术生活》副刊中连载《近代名画及其作家》[21],接着,又筹划了《西方名画欣赏展览》。当时,赵春翔、朱德群、林圣扬、李仲生等四名现代派画家也参加了筹划。

  当时保守势力强大,像他们这些现代派的画作都会引人侧目。黄师也跟我们说，介绍西洋现代各种画派给大家认识，也会引起一些有心人的怀疑，不过他觉得这是有意义的工作，所以他们要作。

这一次西洋美术史的演进介绍，在当时物质极度匮乏的时代，真是一件了不起的工作，他们把毕生所搜集的画片找出来，剪贴起来展出，有的还是从原版画册中撕下来的。这在当时都是一种很大的牺牲。展出的图片中也附有说明简介。[22]

所谓"毕生所搜集的画片"，其实大部分是黄荣灿的"个人收集"。[23]他曾回顾说，在帮助自由画社在各个方面进行准备的同时，"认识了各种画派及世界知名画家、感觉饶有收获"。但是据说后来"有心人"都渐渐离开了，[24]可能是受到了某种压力。

展览会于一九五〇年十一月十六日到十八日在台北第一女子中学举行。[25]据方羽山说是"在台北中山堂举办"，[26]可能是在这两个地方连续举行的。主办者都是"教育部"社教委员会。与此相呼应，黄荣灿从十月初到十一月末编辑了《中央日报》副刊《星期杂志》的《西画苑》副刊，详细的介绍了西方美术史。副刊每周日出版，在第九期时突然中断，这是因为《星期杂志》停刊了。[27]当时正值刚开始介绍文艺复兴。这也是黄荣灿最后发表的文章。

在此后的一年中，他一直默默的对学生进行指导，一九五一年十二月一日，黄荣灿失踪了。失去了指导者的自由画社"没有初时之盛"了，会员开始减少。后施至成成为中心，他虽曾想尽力维持局面，但不久施至成也失踪了。接着，几个月后，吴东烈和吴崇慈又相继失踪，自由画社的历史到此也宣告结束。再后来林粤生也于一九五二年被逮捕。[28]

国民党的新"文化工作"

从共产党军队的渡江战役到第七舰队插入造成两岸分裂，国民党军队的败退和与此相对应的"治安"对策是按照如下顺序进行的。在那些日子里，对台湾民众来说，天天都有晴天霹雳般的大事。

  一九四九年四月二十一日 共产党军队渡过长江，控制了江南地区
  五月二十日 台湾省内实施军事戒严令

二十五日　丧失对上海的控制

六月二日　国民政府要员相继抵达台湾

二十一日　公布《惩治叛乱条例》

七月九日　实行《省级公务员推行联保条例》

十月一日　中华人民共和国在大陆成立

十一月二日　公布《台湾地区戒严时期出版物管制办法》

十二月七日　国民党政权迁往台北

一九五〇年三月　国民党政权全面败退，正式迁往台北

六月十三日　《战乱时期检肃匪谍条例》公布

二十五日　朝鲜战争爆发

二十七日　美军第七舰队出兵台湾海峡，美国政府发表《台湾中立化宣言》，直接介入国共内战。

在台湾的白色恐怖即是内战。不管是本省人还是外省人，对于反政府者一律进行镇压。特别是在抗日战争时期参加过抗日运动，光复后又参加了民主斗争的进步知识分子、工人、农民、青年学生以及本地居民的牺牲者不计其数。如果按照中共的地下党员只有四百人左右的实际数字来考虑，我们会为冤死的牺牲者之多惊诧不已。仅主要的重大事件，

就达如下之多起[29]，充分显示了台湾当局的狂暴。

基隆中学《光明报》案　一九四九年八月～一九五一年二月

"高雄工作委员会"案　一九四九年十月六日～十一月十日

"台湾省工作委员会"案　一九四九年十月三一日～一九五〇年二月十六日

"台北市工作委员会"案　一九五〇年一月

"台湾邮电总支部"案　一九五〇年二月九日

"苏俄国家政治保安部潜台间谍"案　一九五〇年三月一日

"台中地区工委会"案　一九五〇年三月十一日

"山地工作委员会"案　一九五〇年四月二十五日

"中共中央社会部台湾工作站"案　一九五〇年五月九日～十一月八日

"台湾省工作委员会学委会"案　一九五〇年五月十日

"台湾省工委会铁路部分组织"案　一九五〇年五月十三日

"台湾省工委会台南县麻豆支部"案　一九五〇年五月三十一日

"台湾民主自治同盟中部武装组织"案　一九五〇年七月十七日

"重整后台湾省委李妈兜组织"案　一九五〇年七月～一九五二年十一月

"台南市委会朴子小组"案　一九五〇年九月三十日

"重整后台湾省委老洪组织"案　一九五一年四月～一九五二年四月

"竹北区委赤柯山支部"案　一九五一年四月二十二日

"台湾民主自治同盟台中地区组织"案　一九五一年五月

"竹东水泥厂支部"案　一九五一年五月

"鹿窟武装基地"案　一九五二年十二月二十六日～一九五三年三月三日

"台湾省工委会台大法学院支部"案　一九五四年二月八日

黄荣灿虽然是于一九五一年十二月一日被逮捕，但是自从国民党于一九五〇年三月正式迁到台北后，他就几乎完全从舆论界消失，不再发表自己的意见了。如上所述，他可能是想专心指导后辈了。唯一的例外是《西画苑》

《中央日报》《星期杂志》中的"西画苑",一九五〇年十一月二十六日

(《中央日报》一九五〇年十月一日～十一月二十六日）的编辑，但是也没有超出教室的范围。

国民党首先设立了"中华文艺奖金委员会"，试图用"奖金"来实现对言论的再控制。蒋介石亲自指定了十一名委员，让张道藩任主任委员。一九五〇年五月四日，"中华文艺家协会"（"文协"）成立，共有一百八十人参加。选出了张道藩、陈纪滢、王平陵三名常务理事，谢冰莹、王绍清、赵友培、冯政民、耿修业、梁中铭、徐蔚忱、王蓝等十名理事。"文协"是民间组织，但是从其成员可知，其实它是与国民党宣传主管部门有关联的。委员会分五个部门，设文学委员会、美术委员会、音乐委员会、电影话剧委员会和评剧地方剧委员会。美术委员会的主任委员是刘狮，副主任委员是许九麟和施鼎荣。一年后，会员增加了三倍多，达到五百余人，其中文艺委员会有二百八十九名，美术委员会有五十二名。[30] 一九五一年末，随着张道藩就任"立法院"院长，美术委员会改组"扩大为'中国美术协会'（'美协'）"，由胡伟克任理事长。

这一系列的措施都是在"国民政府"不断败退的时局下，"才深深的体会文艺工作者的不可忽视"[31]，并在总结这些经验的基础上策定的。一九五〇年三月，蒋介石复职，

"国民党中央改造委员会"成立,提议在政治纲领中加入一条"文化工作"。随后朝鲜战争爆发后,国民党改造案立即被采用,组织、人事也被改组。试图以此恢复已从国际国内都丧失了正当性的政府地位。

"文协"一成立,就在《中华日报》设立了《文艺》副刊(徐蔚忱主编)、在《新生报》设立《每周文艺》副刊(冯政民主编)[32]。七月,作为美术委员会的下属组织,"自由中国美术家协进会"成立。十二月出版了杂志《新艺术》(二十世纪社、何铁华主编)。这本杂志实际上是美术委员会的代言人[33],取代了《新生报》的《艺术生活》(王绍清主编)。另外《公论报》的《艺术》副刊从一九五〇年一月开始,已经由何铁华继任总编一职。

美术委员会于一九五〇年举办了《反共漫画展》和《反共书画展》。一九五一年三月十四日的《现代画联展》(美术委员会主办),三月二十五日,台湾当局的军事教育等各主管部门共同主办的《反共反俄画展》也相继举行。展览会场都是在中山堂。

就这样,国民党通过"奖金"和"政治力量",在短时间内就把各个言论机关掌握在手了,使所有的报纸和展览会都变成了"反共文艺"的碉堡,而且禁止出版以鲁迅为代表的一切"三十年代文艺作品"。

他们对内战的反省以及在此基础上提出的"反共文艺"理论,在《新艺术》(一九五〇年十二月)的《代创刊词》中可以看到。该文估计为总编何铁华所撰写。

> 今天的战争是综合的、全面的。在这个综合的战斗面中,精神的比重,远较物质战为高,它常可以在不知不觉中,瓦解了对方的战斗力量。我们今天失败的最大原因,也就是精神的崩溃。这种崩溃的最有力的反映,便是作为文化思想的表征的艺术的破产。
>
> 我们今天欲想打败我们的敌人,夺回人类的自由,保障历史的光荣纪录,以无愧于祖先,我们最急切要做的事,就是加强精神的武装。而加强精神的武装的第一步工作,便是树立"自由中国新艺术"的大纛——在"自由中国新艺术"的旗帜下,统一文化思想的精神战斗步伐,才可以完成我们反共抗俄拯救人类的神圣任务。《新艺术》月刊便是站在这个基点上决定为"自由中国"挺身而出的。

在这急速重新改组的过程中,黄荣灿的名字断断续续的出现过。最初是在"文协"成立一周年的名单中。在五十二名美术委员中有他的名字。台湾省籍的画家只有廖继春和陈慧坤两人。[34]其次是在美术委员会被改组为"中国美术协会"的时候,在六名常务理事中也有他的名字。其他五个人是台湾省籍的杨三郎、蒲添生和马寿华、梁又铭与郎静山。理事是黄君璧、许君武、何志浩、杨隆生、梁中铭五人,总干事是刘狮。到这时,美术委员会自设立以来已经过一年多了,由此可以看出在光复后的五年期间活跃的台湾省籍美术家和台湾师范学院派的人的团结在加强。第三是以"现代画联展"为名,与李仲生、朱德群、赵春翔、林圣扬、刘狮等五人举办的"六人联展"上黄荣灿展出了四、五幅油画,可以说这些是六个人中最具抽象意义的作品了。据传他还在其后举行的"反共反俄展"的开幕式上,作为画家代表进行了授旗。现在,我们无法判断其真假。最后,是在"中国美术协会"主办的美术研究会。黄荣灿受该会负责人刘狮的委托,讲授"美术概论"。特别是在第一期的研究会上,黄荣灿是负责人。夏阳、吴昊、秦松、萧仁征、黄铁瑚等人都是作为学生参加的。在会期中,黄荣灿被逮捕,受其影响,研究会中断了一年。[35]

  以上是现在所能判明的黄荣灿的足迹,但却没有他自己留下的任何一句话。因此，他的真意在哪里？他究竟经过了怎样曲折的历程？要明了这一切实在有很多困难。何铁华编辑的月刊杂志《新艺术》于一九五〇年十二月创刊，到黄荣灿被逮捕足有一年的时间，但是却未见"美协"的常务理事黄荣灿在此发表一篇文章，或一幅作品。与其他的成员相比，这种沉默更加反映出他当时在心情与思想上的矛盾。

廖德政于一九五一年画了题为《清秋》的油画。该画是《第六届台湾省美术展》中获特选，主席奖的作品。画上在被竹篱笆所环绕的庭院中，画了一根浓绿的甘蔗，在甘蔗和竹篱笆之间有三只鸡在啄食。缠绕在竹篱笆上的瓜蔓和番木瓜遮蔽着近处的稻田，也遮挡着远处的山峦。画家后来对此幅作品作了如下说明。"台湾人长久以来、好像是被关在竹篱笆里的鸡、日日看见广大清澈的天空、却只有地上二脚步的自由、不敢偷跑、只有寄望竹篱笆拆除、早日享受真正的阳光"。[36]

黄荣灿是否和廖有着同样的心情呢。在这种情况下，他也像"一只鸡"，被戒严令的竹篱笆关了起来，言论控制和"连座保证"制度把他和身边的社会、民众隔离开来，也阻断了在远方不断发展的大陆的民主运动。他啄着食，继续活着,期待着能够"享受真正的阳光"的日子的到来。

"吴乃光叛乱案"

一九五一年十二月一日,黄荣灿失踪了。那天深夜,几名警备总部保安员从台湾师范学院第六教职员宿舍的通风口潜入,逮捕了黄荣灿,并将他押送到宪兵司令部。住在隔壁的赵春翔听到声音跑出来的时候,正赶上黄荣灿被几名男人押着带走。第二天,他向主任教授黄君璧报告情况,却被劝告不要泄露。同一天,艺术系的学生王建柱对黄荣灿没有来校感到惊讶,即到宿舍探望黄荣灿,却看到几个穿卡其色制服的男人在黄荣灿的房间中乱翻,他刚在入口处张望,即被叫了过去训斥了一顿。[37]

据官方的资料,一九五〇年八月,根据密告开始搜查活动,同年十一月,吴乃光和陈玉贞在屏东被捕。其实,吴乃光早就被"跟踪监视"了。从资料中雷石榆的名字被记录的地方来看,监视从一九四九年六月左右就开始了。感到了危险的吴乃光,于一九四九年八月,向屏东警察局递交了"出入境申请书",处理了和陈玉贞共同经营的爱智书店,开始做"出境"去香港的准备。知道了这一情况的官方感到他们"益形可疑"。根据密告，等吴乃光他们提出了"出境证申请"时，即将两人逮捕。根据吴乃光的"供述"，一年以后的一九五一年十二月一日，黄荣灿、郭远之、张南、柯发仁等四人被捕。[38]

吴乃光和吴忠翰于一九四六年秋一同来台，曾暂时在新创造出版社工作，次年经郭远之的介绍，到嘉义农校图书室工作。郭远之毕业于明治大学，一九四六年，应"教育部招考团"来台，任农校的老师。[39]不久，吴乃光开始担任教授中文和英语。他在来台后即对台湾同胞的中文教育显示出极大的关心，如今如鱼得水。[40]他还是一名诗人，抗战中，曾以"林基"的笔名创作发表过许多现代诗。[41]来台后，在教授知识的同时，仍然在努力创作和翻译，陆续在《新生报·桥》副刊、《中华日报》《新文艺》上发表了《一个希望——听〈中国文学讲座〉后》、《陀思妥耶夫斯基生涯略记》、《风格论》（翻译）等作品。[42]另外，他与同事陈玉贞合作，在《新生报》的《桥》副刊发表过共同翻译的《穷光蛋》。[43]

一九四八年二月，吴乃光病倒了。不得已辞去学校的工作，开始了长期与病魔斗争的生活。从知道得的是肺病之后的三年间，无论是检查，还是买肝油，都因为没有钱

《清秋》(廖德政)

而一直拖延。最后甚至到了无法起床的地步。尽管如此，因为他在病床完成了英语教科书的翻译，所以仍然拜托吴忠翰希望找到出版社。救助无术的吴忠翰不得不在《新生报》上呼吁救助。结果得到了来自众多读者的支援。其中有的送来了极贵的链霉素，有的寄来了大额的捐款，有的介绍便宜的疗养所。这些善意的援助经由《集纳版》总编张南之手送到了吴乃光身边。[44]"社会人士"的支援，再加上成为恋人的陈玉贞的倾心看护和经济支援，吴乃光于转年的一九五〇年恢复了健康。陈玉贞为了他，重新筹集资金，共同开设了爱智书店。

吴忠翰和吴乃光是同乡，都是广东省丰顺县人。吴忠翰本名吴宗汉，从省立梅州中学毕业后，于一九四二年入厦门大学法学院学习。中学时代，他就在学校内组织过抗战漫画木刻宣传队。在罗映球的指导下，在《汕报》、《中山日报》、《抗战周刊》等发表过作品。一九四〇年，他将这些作品收录起来，手工印刷出版了《抗战木刻集》。大学时代，一九四二年九月，和朱一雄等人结成了厦门大学木刻研究会。并于一九四三年五月，得到中国木刻研究会的批准，将其发展成为中国木刻研究会的福建分会厦门大学支会（长汀），吴忠翰成为负责人。长汀中学的朱鸣冈和华侨师范的荒烟，以共同举办展览会为契机，同年夏，在吴忠翰的倡导下，举行了"中外木刻流动展"。他们用书信的方式从全国各地征集作品，共收到了作品三百幅，于暑假期间在长汀举行了"第一届展"。第二年的一月，又在广东省的曲江，二月，在江西省的赣州、南康、信丰等地，七月，在广东省的兴宁、梅县一带做了巡回展出。中途，又增加了罗清桢的遗作和梁永泰、荒烟、赵延年、陈庭诗等人的新作，注意使展览保持新鲜度。抗战后，他们继续在上坑、漳州、龙石、石码、泉州等地做巡回展出，一九四六年，最后在厦门结束了抗战救国的"流动展"。这期间，虽然时间不长，他曾担任信丰中学的美术老师。当时，雷石榆在《信报》工作，吴乃光也帮他做过编辑。在蒋经国直接管辖的新赣南教育部戏剧教育第二队中，有陆志庠、陈庭诗、朱鸣冈、黄永玉等人，荒烟也曾在此出现过。奇怪的是，这些木刻家的大多数后来都来到了台湾。吴忠翰的著作有《旅途拾集》、论文《我怎样学习木刻艺术》《〈新兴艺术〉半月刊》、《谈李桦的美术新论》《〈新兴艺术〉半月刊》、《〈鲁迅书简〉读后感录》《〈闽南新报〉一九四六年一月》等。[45]

吴忠翰和吴乃光在抗战后一同从江西省信丰来到厦

门，后又并肩来到台湾。到台湾后，马上就拜访了黄荣灿，并暂时寄身于新创造出版社。二人在黄荣灿的帮助下，于一九四六年十月，在台北以及台南和台中举办了"中外木刻流动展"，向台湾同胞介绍"抗战木刻"。吴忠翰还曾暂时在《人民导报》工作。一九四八年夏回到厦门。此后，他一直在厦门大学执教。一九四九年十月厦门迎来了解放。在台中的时候，曾经在《和平日报》上再次发表《读〈鲁迅书简〉后感录》，并为迎接新中国剧社的到来发表了《漫谈剧运》。[46]

吴乃光被逮捕一年后，黄荣灿被捕。这期间，根据吴乃光的"供述"秘密的侦察可能在一直进行。雷石榆的被捕，特别是在他被"驱逐出境"之后，黄荣灿和吴乃光就同样受到"跟踪监视"。在吴乃光被捕后的一年里，黄荣灿始终是警察所监视的目标。一年中而没有逮捕他，恐怕是想让他在"监视下""充分表现"。考虑到在他被逮捕后，美术界没有一人受到连累，让我们不禁想到在他被捕前后，围绕着黄荣灿的那些画家们的不可思议的行为。根据黄荣灿的"供述"，一九五一年十二月三十一日，麦浪歌咏队的张以淮等七名台湾大学毕业生被捕。而后由于张以淮的"自白"，自由画社的成员又藤蔓式相继被捕。

一九五二年十二月六日，"吴乃光等叛乱案"被判决。吴乃光、郭远之、黄荣灿、陈玉贞等四人被判处死刑，张南十五年徒刑，柯发仁被判"感化"。一九五三年六月九日，"匪谍张以淮等叛乱案"审结。所幸的是七人全部被判为"感化"。然而，直到判决后的第三年、即逮捕后的第六年上述七人才终于获释。而且，从那天开始，他们仍被警察三天两头的传唤核实，这样的生活一直持续了二十多年。[47]

黄荣灿的罪状以"共匪"一词即可概括。判决书的具体的内容，大致可归结为以下三条。（一）一九三九年、参加共产党外围组织之"木刻协会"，"从事反动宣传"；（二）一九四五年冬，"潜来"台湾，充任《人民导报》《南虹》副刊主编及新创造出版社社长，与台湾省师范学院讲师等职，"假文化工作为名，而作反动宣传之实"；（三）"以赴山地考察山胞艺术为名，调查山地同胞生活状况，人口风俗习惯及地形等，以供进行山地工作之参考"。

在判决书中还有"阴谋策略与活动方式"一条，言及"反动宣传"的方法。（一）"不以自己身份或匪党组织作号召，而用不具形式之活动，以影响青年人之思想，使在不知不觉中坠其术中"；（二）"利用教学或个别接触机会、灌输青年学生对政府不满之思想，诱其对匪党发生幻想与希望、进而建立为外围关系、并运用各人所长、使参加合法社团活动。而从事幕后掌握运用。"；（三）"以创造出版社为掩护、推销港沪贩来之反动书刊、利用爱智书店、作为文化宣传之据点"。判决书在最后对这次事件做了"综合检讨"，督促注意"（他们）将其叛乱、发展于无形，此为吴匪等在组织活动方面一大特点。"总而言之，判决书认为，黄荣灿等四人"从事反动宣传"，其"作反动宣传之实"足以被处以"死刑"，而接受这种"反动宣传"就成了青年们被处以"感化"的理由。

至此我们似乎找到了使黄荣灿等四人致死的理由。他们向台湾民众介绍"新兴现实主义美术"，呼吁"在争取民主的斗争中实现与大陆一体化"，这难道是"反动宣传"吗？青年们唱着"祖国"的民谣，反对内战，呼吁民主，这难道是"策定解放后之宣传工作，迎接解放，为共匪武装侵略铺路"吗？至于张南为病中的吴乃光募集捐款也成了"共谋秘密活动"，被判刑十五年。此非冤案孰为冤案呢？当局的残忍恰恰成了他们狼狈嘴脸的证明。"宁可错杀一百，不可错放一个"的做法，在炫耀他们的所谓力量的同时，其实也反映了他们的恐惧心理。

三民主义文艺政策

被审判的人认为是"民主"的东西，审判方则认为是"反动"的。以什么为基准来判定"反动"，对什么的"反动"，判决书均未加以说明。对审判方来说，或许这是不言自明的道理吧。但是，为了了解这一点，我们不得不再次回到三十年代后期。

抗日战争中，在民间首先是中华全国戏剧抗敌协会于一九三七年末设立，接着在文艺界、音乐界、美术界、木刻界等都相继设立了抗敌协会，从而确立了文艺界的抗日民族统一战线。其中中华全国文艺界抗敌协会（"文协"）作为最大的组织，于一九三八年三月末设立，总务部主任是老舍，副主任是华林，组织部主任是王平陵，是名副其实的统一战线组织。

在政府内部，政治部军事委员会也设立了第三厅，厅长由郭沫若担任。三厅是与各抗敌委员会相配合开展"文化工作"，指导抗日民族统一战线的。政治部部长是代表国民党的陈诚，副部长是代表共产党的周恩来。可是，政府在推进统一战线的同时，却并没有放松对言论的镇压。

一九四〇年《战时图书杂志原稿审查办法》、一九四二年《书店印刷店管理规则》、一九四四年《修正图书杂志剧本送审须知》、《出版品审查法规与禁载标准》等法律的相继发布，仅一九四二年到一九四三年的一年间，就有一千四百多种书籍被禁止出版、出售和发行，一百一十六出戏剧被禁演。从一九三八年到一九四五年八月，国民党中央宣传部和图书杂志审查委员会所禁止的出版物已超过二千种。一九四〇年八月，蒋介石迫使"凡不加入国民党者一律退出第三厅"，实行"一个党、一个领袖、一个主义"。统一战线在面临破裂的危险下，克服重重困难，于十一月解散了该会，改组为政治部军事委员会文化工作委员会（"文工会"）。新的组织虽然仍是矛盾重重，但是却一直延续到抗战末期。一九四五年二月，由于"文工会"的大部分会员都在《文化界时局进言》上签了名，逼迫政府建立"联合政府"和实行民主主义，引起了蒋介石的大怒，下令解散此会。

一九四五年三月三十日，指挥统一战线的政府机关宣告结束。然而，作为民间组织的"文协"却继续承担起抗日民族统一战线的核心作用，直至迎来抗日战争的胜利。一九四六年十月，该会以使命完成，改名为中华全国文艺协会，又站在了民主民族统一战线的最前沿。一九四九年五月，在上海解放之际，协会再次解散，大部分会员集结于七月成立的中华全国文学艺术界联合会以及中华全国文学工作者协会。

在此其间，国民党于一九四一年二月七日成立了中央宣传部文化运动委员会（"文运会"），第二年五月，又设立了文艺奖金管理委员会。副部长张道藩任两会的主任委员，九月，接替武汉文艺社，发行了"文运会"的机关报纸《文化先锋》，十月，发行了以赵友培为主编的《文艺先锋》。这两份杂志一直发行到一九四八年九和十月，承担着宣传国民党"文艺政策"的中心任务。一九四二年十一月，张道藩升任为中央宣传部长，一九四三年十一月，在国民党第五届第十一次中央全体会议上，通过了《文化运动纲领》，确定"文运会"为文化运动的领导机关。一九四二年九月，由李辰冬起草，戴季陶、陈果夫修改，以张道藩的名义在《文化先锋》上发表了《我们所需要的文艺政策》。这是国民党的文艺政策的初次体系化。毋庸置疑，这篇文章是针对一九四二年五月毛泽东发表的《在延安文艺座谈会上的讲话》而出台的。

《我们所需要的文艺政策》[48]对国民党文艺政策做了

如下的表述。其内容大致可分为三部分。第一是指导思想和理论基础。这里提出了"四种基本意识",即"谋全国人民的生存"、"事实决定解决问题的方法"、"仁爱为民生的重心"、"国族至上"。第二是文艺"为三民主义政治服务","为国家至上、民族至上服务"。第三是规定了文艺所描写的范围为"六不"、"五要",描写的对象包括统治阶级、资本阶级、地主阶级、工人阶级、农民阶级和被统治阶级。"六不"指的是"不专写社会黑暗"、"不挑拨阶级的仇恨"、"不带悲观的色彩"、"不表现浪漫的情调"、"不写无意义的作品"、"不表现不正确的意识";"五要"指的是"要穿凿民族文艺"、"要为最苦痛的平民而写作"、"要以民族的立场而写作"、"要从理智里产作品"、"要用现实的形式"。总结以上所述,所谓三民主义文艺,即以"忠孝仁爱信义和平"等"民族意识"为基础的,以阶级融合为宗旨的,"攘外必先安内"的不可告人的一贯主张。

对此,文艺界的大多数人都要求抗日运动和民主运动一体化,坚持抗日民族统一战线,揭露"社会的黑暗面",通过民众的手改造社会,并把力气用在"一致抗日"上。为此,文艺界自始至终都贯穿着现实主义,尽管存在着言论镇压,但是,诸如"暴露与讽刺"讨论、"与抗战无关"

论争、"民族形式"讨论、"主观论"论争、"战国派"批判以及对国民党"文艺政策"的直接批判等都没有停止过。至于"文艺政策"的论争，甚至连主张"自由主义文艺"的梁实秋等人也对它提出了批评。

一九五〇年三月，由国民党改造委员会提出的政治纲领中的一条，即于同年六月被采纳的"文化工作"，就是一九四二年九月，由"文运会"起草，在次年三月公布的《文化运动纲领》。同年五月，"中国文艺协会"在台湾设立，但是抗日民族统一战线的理念和经验已经被完全削弱，实际上已成为实行国民党文艺政策的团体。在人事上，不要说是共产党员，就连民主党派、进步知识分子的影子也看不到。以美术界为例，一九四〇年五月，中国美术界抗敌协会、中国美术会、中华全国美术会统一为中国美术会，在抗战中留下了许多的功绩，后于一九四九年十月解散。理事长一直就是张道藩。即使在这最保守的中国美术会的十几名理事中，来台并加入"中国文艺协会美术委员会"的也只有张道藩和黄君璧两人。

在黄荣灿来台时的光复初期，抗日民族统一战线的影响仍然很强烈，他在《人民导报》的《南虹》副刊里，介绍了国民党系统的王平陵、张恨水、冯玉祥等以及郭沫若、茅盾等进步的知识分子。可是到了这个时候，即使在文艺界除了"一个党、一个领袖、一个主义"之外，已没有说话的余地了。犹如国民党军队就是政府军，政府军就是国民党军队一样，国民党的文艺政策就是政府的政策，政府的"文艺政策"也就成了国民党的政策。因此，国民党"政府"的文艺政策在此已完全统治了台湾。也就是"一党政府"的文艺政策。除三民主义文艺之外，任何文艺都失去了生存的空间，而作家们也不得不将自己的反抗全部埋在心里。

判决书上所写的"反动宣传"，其实就是反对这个"文艺政策"。国民党"政府"以三民主义文艺为武器，首先压制了黄荣灿等人的现实主义文艺，然后又逐步剥夺了他们的生命。

死亡传说

有一个传闻，说《新艺术》(何铁华编辑、二十世纪社刊)每一期都在本社的事务所召开座谈会，而黄荣灿每次都不缺席。在《现代画联展》中有名的李仲生、朱德群、赵春翔、林圣扬、刘狮以及黄荣灿都有很深的前卫倾向，对毕加索非常崇拜。其中朱德群和黄荣灿两人尤其热衷。他们每次都会就毕加索进行激烈的争论，但是后来上面的人说"侈谈毕加索的、即使不是共产党人、也是共产党的同路人"，众人才没了声响。[49]刘狮后来也回忆说"……毕加索脱离了纯粹艺术画坛而参加了共产集团活动之后、使我和当时的一群年青朋友对新派画的兴趣、就渐渐冲淡而且开始怀疑"[50]，这就证实了上述传闻。关于黄荣灿是如何表述他的想法的，没有留下任何的记录。但是，从"现代画联展"的展出作品来看，我们可以看到他似乎从抽象画那里找到了出路。然而，这种抽象画也被当作"共产党的同路人"的证据，而使他再次陷于被批判之中。当时，毕加索正在以哥雅《马德里——一八〇八年五月三日》的构思创作《朝鲜的虐杀、一九五一年一月十八日》。次年的四月，又为VALLAURIS城的附属教堂画了《战争与和平》。两幅画都包含着对朝鲜战争的抗议。想必画家们对这些事实是知道的。一九五五年，由法国大使馆主办，法国文化部提供的《现代画展》在台北开幕。毕加索的作品只在目录上有其名而不允许展出。这可能也是因为他们讨论的余波未平吧。现在这一切已经全部被"漂白"了，议论的痕迹已荡然无存。

黄荣灿被捕后，"他是鲁迅艺术文学学院毕业的"，他是"谍匪"等流言四起。据说这是在梁中铭到宪兵司令部探望黄荣灿之后的事。那以后，以"美协"负责人为首的画家们，没有一个人想要去救出黄荣灿，甚至连呼吁都不曾再有过。刘狮在事件后不仅放弃了抽象画，甚至连油画也不画了。作为学生的黄铁瑚在回忆到他们的行为时说，黄荣灿"在牛鬼蛇神的龛前做了祭品"。[51]

还有一则传闻说，住在他宿舍旁边的赵春翔，在黄荣灿被逮捕的几天之前，曾听到黄荣灿的屋子里传出他和妹妹的哭泣声。他的最小的妹妹理文和二弟是于一九四七年末，到台湾来投奔哥哥的。传言说"政府曾发出三次通告……因而有不少人劝黄荣灿去'自首'"。最后妹妹流着泪劝他"自首"。而且，最后两人的眼泪成为其承认自己是"共匪"的最有力的证据。假设流言为真，也只能证明黄荣灿拒绝了"自首"。因为他的确是被警察抓走的。

在监狱的记录上也没有留下任何确凿的记录。了解黄荣灿的人大部分都被杀害了。剩下的人中，有麦浪歌咏队的张以淮和台湾师范学院艺术系第一期的学生徐炳榔。张以淮曾在宪兵司令部多次见到黄荣灿，但是总也没有说话的机会。半年后，黄荣灿被转移到保安司令部军法处，再以后就没有见过他。[52]徐炳榔于一九五二年冬被捕，曾在军法处见过黄荣灿。黄看到他后，还跟他打过招呼。徐这时才知道黄也被捕了。[53]关于黄的消息仅此而已。

据判决书记载，审查用了一年的时间，"吴乃光等叛乱案"于一九五二年十一月二十七日审结。定于十天后的十二月六日执行对四人的处决。但是，黄荣灿在判决前就被提前处死了。一九九三年，因一次偶然的事件在台北郊外的六张犁发现了在白色恐怖中遇难的二百〇一名受害者的坟墓。上述四人的墓亦在其中。吴乃光、陈玉贞、郭远之的墓紧贴着靠在一起，而黄荣灿的墓却在比此稍高的地方。前三人的墓碑上刻明死亡时间为一九五二年十二月六日，与判决书一致。而黄的墓碑上刻明死亡时间为一九五二年十一月十四日，比判决书上所写的死刑执行日早了二十三天。而且"埋葬许可证"[54]上写的死亡日期为一九五二年十一月十九日早晨六时，埋葬日期为一九五二年十一月二十一日下午五时。比判决书上的"死刑执行日"又早了十八天。不管怎样，黄荣灿是在"死刑执行日"之前被杀害的，似乎连他自己也没搞清楚"罪状"。这里哪有什么所谓的尊重人权，尊重个人。这就是白色恐怖时期的判决。

有一天，师范学院美术系的学生到"国防医学院"去进行艺术解剖学的实习时，面对从冷冻室取出的尸体，大家都惊呆了。因为他们看到的是已经面目全非的老师黄荣灿的遗体。[55] 这也是传闻之一。也许从这里可以找到在死刑执行日前的二十三天或者是十八天已被杀害的理由。

传言说当局容易对从外省来的"政治犯"下手，而对台湾省籍的人则相对处理的比较慎重。理由一般是外省人在台湾亲戚、朋友都很少。然而，从上述事实来看，如果从黄荣灿等人超越了省内外的隔绝，和台湾人民、特别是和知识界、文化界人士的大多数一起，参加全国范围的"反内战、反独裁、反饥饿、求民主"、"确立地方自治"的民主运动这一点来考虑，"政府"首先将枪口对准外省籍文化人，为的就是阻止两岸文化人士的合作。其用意已不言而喻。因此可以说，黄荣灿牺牲的意义也正在于此。

牺牲者大多数是在马场町的刑场被枪杀的。牺牲者的鲜血一层盖着一层，为了掩盖这些血迹复又在上面堆了土，然后又是牺牲者的鲜血，接着再盖土，再枪杀。平坦的刑场最终变成了高数米，直径达一百几十米的土丘。牺牲者达四千五百至四千八百人之多。有为的青年志士们最终用自己的鲜血筑起了这座永恒的纪念碑。

吴乃光、陈玉贞和郭远之的墓

乔鲁鸠·路奥在他的《六十四幅组画"受难"》中的一幅下写道："这里，一个世界降下帷幕消失了，另一个世界诞生了"，描绘了在淡淡的月光的笼罩下竖立着三座十字架的耶路撒冷郊外的山丘。然而，时至今日，台湾的画家还没有一个人画过这座土丘。在这马场町的土丘上，又到底应该立起多少座十字架呢。这用鲜血堆起来的土丘，至今仍在述说着"已然降下帷幕消失了的"台湾史的存在和两岸青年曾经共同奋斗于此的事实。

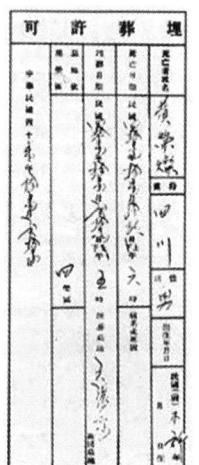

左为黄荣灿的埋葬许可证
右为黄荣灿的墓碑

旧马场町的处刑场

注释

1 《我的回顾》，雷石榆，《新文学史料》第三期，一九九〇年
2 《台湾舞蹈的先知——蔡瑞月口述历史》，同前注
3 《看不见的手》林粤生，《远望》，一九九七年六月一日
4 《黄荣灿疑云——台湾美术运动的禁区》（中），梅丁衍，同前注
5 《湿装现实的美术——评〈台阳美展〉》，黄荣灿，同前注
6 同 5
7 同 5
8 《琉球屿写画记》，黄荣灿，《新生报》《艺术生活》，一九四九年九月十七日
9 同 8
10 《思想起　黄荣灿》，吴埗，同前注
11 《师院艺术系美展观后》，方羽山，《公论报》《艺术》，一九五〇年一月五日
12 《现代木刻的欣赏》，郭良，《新生报》《艺术生活》，一九五〇年一月十五日
13 《卖烟记》，踏影，同前注
14 《我们所需要的文艺政策》，张道藩，《文化先锋》第一卷八期，一九四二年十月二十日
15 《艺坛近事》，《新生报》《艺术生活》，一九四九年九月三日
　 《艺坛近事》，《新生报》《艺术生活》，一九四九年九月十日
16 《看不见的手》，林粤生，同前注
17 《会后话美展》，郑世璠，《公论报》《艺术》，一九四九年十二月九日
18 《中央画刊》，《中央日报》，一九五〇年一月一日
　 《师院艺术系美展观后》，方羽山，《公论报》《艺术》，一九五〇年一月五日
19 《三个美术展览会今举行纪念美术节》，《新生报》，一九五〇年三月二十五日
20 同 19
21 《近代名画与其作家》，《新生报》《集纳版》，一九四九年四月二十八日
22 同 16

23 《西方名画欣赏展览》,《中央日报》《星期杂志》,一九五〇年十一月十二日

24 同 16

25 同 23

26 《〈西方名画展〉观后感》方羽山,《公论报》《艺术》,一九五〇年十一月二十日

27 《西画苑》,《中央日报》《星期杂志》,一九五〇年十一月二十六日

28 同 16

29 《白色恐怖》,蓝博洲,扬智文化事业,一九九三年五月

30 《"中国文艺协会"一年来的工作报告》,《新生报》《文艺》,一九五一年五月四日

31 《"中华民国"文艺史》,尹雪曼,正中书局,一九七五年

32 同 31

33 《何铁华》,梅丁衍,同前注

34 同 31

35 同 34 以及《黄荣灿疑云——台湾美术运动的禁区》(上中下),梅丁衍,同前注

36 《回顾与省思——二·二八纪念美展》专辑,台北市立美术馆,一九九六年四月

37 《黄荣灿疑云——台湾美术运动的禁区》(上中下)梅丁衍,同前注

38 《安全局机密资料》,《历年办理匪案汇编》,李敖出版社,一九九二年

39 同 37

40 《论台湾当前的教育及语文教授》,吴乃光,《南一中校刊》,一九四七年一月一日

41 《吴乃光卧病沉重、特向社会人士呼援》,吴忠翰,《新生报》,一九四八

年二月七日

42 《一个希望——听〈中国文学讲座〉后》，吴乃光，《新生报》，一九四七年十二月二十日

《陀思妥耶夫斯基生涯略记》，吴乃光，《中华日报》，一九四七年七月九日

《风格论》，亚诺德班奈德作，吴乃光译，《中华日报》，一九四七年八月十七日

43 《穷光蛋》伊本纳兹作，陈玉贞、吴乃光合译，《新生报》，一九四七年九月二十四日

44 同41 以及《热心！同情！拯救贫病交攻的吴乃光》，《新生报》，一九四八年二月十四日

《援助吴乃光三千元》，《新生报》，一九四八年二月十七日

45 关于吴忠翰，请参照以下资料。

《抗日战争时期闽粤赣木刻运动史料》，吴忠翰，《福建师大学报》，一九八二年第二期

《我的回顾》，雷石榆，同前注

《不用眼泪哭》、《爱泪》，黄永玉，同前注

46 《读〈鲁迅书简〉后感录》，吴忠翰，《和平日报》《每周画刊》《新世纪》，一九四六年九月二十二日、十月二十日、十月二十三日

《漫谈剧运——为新中国剧社演出而作》，吴忠翰，一九四六年十二月？日

47 《阵阵春风吹麦浪》，蓝博洲，同前注

《五十年代白色恐怖——台北地区案件调查与研究》，蓝博洲，台北市文戏委员会，一九九八年四月

48 《我们所需要的文艺政策》，张道藩，《文化先锋》，一九四二年九月

49 《再谈黄荣灿》，黄铁瑚，《雄狮美术》第二百三十八期，一九九〇年十二月

50 《我们对抽象画的看法》，刘狮，《革命文艺》第六十五期，一九六一年八月

51 同 49
52 《黄荣灿疑云——台湾美术运动的禁区》(中)，梅丁衍，同前注
53 《噩梦一场十年醒》蓝博洲，《天未亮》，晨星出版，二〇〇〇年四月二十日
54 《黄荣灿疑云——台湾美术运动的禁区》(下)，梅丁衍，同前注
55 同 52、54

终篇　黄荣灿之后

二十世纪八十年代，黄荣灿在台湾复活了。保存于日本的版画《恐怖的检查——"二·二八事件"》经由大陆又回到了台湾的"民主的疆场"。

"三十年来的初春"

黄荣灿已经去世四十多年了，而台湾画坛却一直朝向另一个世界走着。陈映真对此有如下的总结。文章写于乡土文学论争开始的一九七七年，也正是"二·二八事件"三十周年之际。

绘画原是最具有群众性的艺术。随时随地，只要有画的地方；只要有人在绘画的地方，终是立刻能聚集许多群众，热心、赞叹、喜悦地围观。但三十年来，台湾的画家心中从来没有过这些民众，却一直引颈西望，上焉者跻身纽约和巴黎，跟人家的财团、画商刻意制造的"潮流"，失魂落魄地转，下焉者在台湾翻破西洋"大师"的画册，东偷西窃。在他们充数的画布上，没有活生生的、"为生活而劳动的"人；没有社会；没有具体的现实生活；……；没有为民族的解放、国家的独立而艰苦奋斗的弱小贫困国家的精神面貌；没有激荡人心的急变中的世界……三十年来，台湾无数的画家，甘为他人做最卑贱的俳优臣妾，却对芸芸的、劳动的、从无美术生活的安慰的同胞，不屑稍假辞色。[1]

日本殖民统治时代，台湾美术界是"上野的日本画坛之延续"[2]。此后中间夹着黄荣灿等的时代，三十年来，画家们依然是一味地朝向纽约和巴黎。他们的流浪之旅是从黄荣灿的死，也就是说是从扼杀"新现实主义美术"开始的。一九七七年，一部分的画家开始放弃旅行回到台湾，

(一)揭发西方艺术"非人的、非生活的和非社会的性质";(二)指出美术史的社会性和阶级性;(三)批判了台湾画坛的殖民地性格;(四)提出了美术的民族归属和社会功能。台湾美术界高举起这些主张,高喊着要向台湾先进的革新的文学界学习,与他们携手前进。所谓"立论不是新创","立说不够奇诡"[3],诸如此类的大多论点都是黄荣灿曾对台湾美术界提出过的。当时并未理会这些论点,始终崇拜西洋的画家们,此时开始表述对难懂的技巧和脱离现实的不满与反省,进行自我批判。这些集中表现在对现代主义的批判上。"它无疑是三十年来台湾美术思想界中头等重要的大事、具有重要的教育和启蒙的意义"。[4]

经过长期的彷徨之后,可以说台湾美术界迎来了"三十年来的初春"。

归乡

一九七四年秋,内山嘉吉把他收藏的中国版画寄赠给了神奈川县立近代美术馆。其中有初期版画包含"版画讲习会"的十五件共一百零三件,"第二届全国木刻展"展出作品二百二十八件,"抗战八年木刻展"的复制品六件和黄永玉的作品九件，合计三百四十六件。

为了纪念这些作品，一九七五年，在日本的镰仓、群马、八王子和北九州四个地方举办了"中国木刻展"，同时出版了《中国木刻画展》集[5]。这是第一次全部展出和出版所有收藏作品。上海鲁迅博物馆和中华全国木刻协会均派人前来祝贺展览会的召开。陈珂田是作为代表来到日本的其中一人。代表们都非常惊讶在中国散失的作品能被保存得如此完整。

一九八一年，中华全国木刻协会迎来了新兴版画运动五十周年，出版了《中国新兴版画五十周年》纪念画册[6]。内山所保存的黄荣灿的作品《恐怖的检查——台湾"二·二八事件"》也被收录其中。于是在内山身边沉睡已久的该版画又一次在日本和中国得以重见光明。

那以后又过了三年，一九八四年七月，月刊杂志《夏潮论坛》刊登了陈鼓应的论文《台湾第一个政治暗杀事件——许寿裳血案》随论文刊载了插图《恐怖的检查》。但题名改为《木刻"台湾'二·二八事件'"》，没有作者署名。作品也经人改动，已没了原作的风貌。这是作品在台湾最早出现的样子。也是黄荣灿不顾安危，把它带到上海之后阔别三十七年的返乡。这一年的十二月，自一九五〇年以来一直受着监禁的林书扬、李金木作为最后的"政治犯"被释放。

一九九一年二月二十八日,台湾劳动党、台湾劳动人权协会、夏联会、人间出版社等十个团体在旧马场町处刑场对面的台北青年公园野外音乐堂,举行了"二·二八事件"和五十年代白色恐怖牺牲者追思纪念会。纪念会目录的装饰画即是这幅版画《恐怖的检查》。经过四十四年,黄荣灿终于回到了台湾民众的视野。此后,作品每有机会即被介绍,但始终是"作者不详"。它以记录"二·二八事件"的唯一一件美术作品被台湾民众所珍视。

一九九六年二月二十八日,黄荣灿也回到了台湾美术界。纪念"二·二八事件"五十周年的那一天,在台北市美术馆举办了《回顾与反思——二·二八纪念美展》。郑世璠打破了长期的沉默展出了"击搂你家(Taiwan-Guenica)"。同时展出了《恐怖的检查》的照片。两个人的"Guenica"(格尔尼卡)经过五十年长期的地下酝酿、翻腾,终于爆发了出来。黄荣灿是在五十年前把它刻在版画上,而郑世璠是在五十年间一直把它刻在心里。它是五十年以来台湾民众自身的缩影。黄荣灿用他的版画《恐怖的检查》向我们倾诉了这一切。

二二八暨五〇年代白色恐怖犧牲者追思紀念會

主持：王津平・楊祖珺

時間：1991年2月28日上午9時～12時
地點：青年公園露天音樂台

沈冤、平反、二二八！
民族、反帝、五〇年！

演講——
林正杰　和解的時代
呂正惠　從二二八的悲劇看兩岸交流
王曉波　二二八與台灣人的中國感情
陳映真　重建民族內部的團結
林書揚　悼念二二八及五〇年代犧牲者的意義
羅美文　繼承偉大的傳統
蘇慶黎　我們的苦難與光榮

演唱——
受難人錦浩東校長之女　　安息歌
再聚玉山全體受難人及家屬

追悼儀式

參加單位
台灣地區政治受難人互助會
台灣政治受難者關懷聯誼會
兩岸關係文教基金會
台灣工聯會
勞動人權協會
夏潮會
遠望雜誌
海峽評論
勞動評論
人間出版社
創造出版社
當代中國社　　聯合主辦

安息歌

(D調)

```
  6  1 1   2 1 7 | 6 — 1 — | 2 2 2 1 6 | 3 — — |
  安  息 吧！死 難 的    同  志，    別  再 為 祖 國 擔  憂；
  1 3  3 3   6 | 1 3 — 1 | 2 2 2 2 1 | 6 — — — |
  你  流 的 血   照  亮 著 路， 我  們 向 前 鬥 爭  走。
  1 6  6 6 6 | 6 — 6 — | 6 5 3 3 6 | 1 2 — — |
  你  是 民 族 的   光  榮，    你 為 祖 國 而 犧 牲；
  1 6  1 3   2 6 | 3 2 1 2 | 3 5 5 3 — | 3 — — — |
  你  的 功 績 不 朽，    雖 死 猶  生， 你 是 我 們 的 模  範。
  1 6  1 1   2 1 7 | 6 — 1 — | 2 2 2 1 6 | 3 — — |
  安  息 吧！死 難 的   同  志，    別 再 為 祖 國 擔  憂；
  1 3  3 3   6 | 1 3 — 1 | 2 2 2 2 1 | 6 — — — |
  你  流 的 血   照  亮 著 路， 我 們 向 前 鬥 爭 走。
```

> 新现实的美术在中国，它为了真理夺取更大意义的发展，它应该在民主的疆场上表现有力。[7]

这是他在"二·二八事件"的前夜写下的话。恰似预示着今天的到来。比起《格尔尼卡》凯旋柏拉图美术馆，《恐怖的检查》的归乡则是静悄悄的。但是，毫无疑问，这是台湾民众取得民主胜利的一个证明。

从台湾到上海，从上海到日本，然后再沿着相反的方向终于再一次回到台北，追溯这幅版画的历史过程，正是包括台湾在内的中国现代史的一段悲剧。如今，版画已经回到了台湾民众的手里。它告诉我们这个悲剧已到了重大的转折点。

友情

和黄荣灿共同经营过新创造出版社的曹健飞在新中国成立后，担任了中国国际书店（现中国图书进出口总公司）的总经理工作。五十年代末，伴随着日中交流恢复，他开始和内山嘉吉来往，两个人结下了终生友情。如果从他们两个人都与黄荣灿有缘来看，他们后来的邂逅似乎不是奇

曹健飞、胡瑞仪夫妇（一九九八年）

遇，而属必然。

曹健飞是和夫人胡瑞仪一起去台北的，一九四七年二月，开设了三联书店台北分店（新创造出版社），"二·二八事件"后的十一月闭店回到上海。在这短暂的日子里，他们是和黄荣灿生活在一起的。在他的回想录《东方欲晓、长夜赴国忧》里，对此事有如下记载。

> 同年（一九四六年）年底前后，三联书店负责人黄洛峰同志派我到台湾台北市开设三联书店（与一个拥有房屋的人合作，对外称作为"新创造出版社"）。我在一九四七年一月去台，积极筹备后，于二月一日开门营业。"二·二八"事件后，国民党反动派的反动统治加剧，书店遭受压迫和破坏也更甚，后来发展到收发货都受到检扣，门市被监视，读者被盯梢，为避免遭受更大的损失，经请示总店后，同年十月结束了台店。我也回到了上海。[8]

曹健飞的足迹遍布了中国的大部分地区。从抗日的云南省、贵州省开始，然后是湖南省、广西省、江西省、浙江省、后来又奔波于山东省等地。解放前夕又到了上海、香港、台湾，最后落足在北京。解放前在三联书店，解放后置身于中国国际书店，夫妇共同把一生贡献于书籍的出版和销售事业。退休后现仍在组织三联书店的联谊会，主动担任退休人员之间的联络和《通讯志》的编辑。他把自己的长期战斗生涯比喻为大海的一滴水。

> 我不能不想到大海和水滴的比喻。在众多的前辈和革命先烈们的光辉业绩中，我实在是一粒微不足道的极小极小的水滴，它也得以溶入这浩淼的大海，这又不能不使我感到由衷的欣慰和幸福。[9]

新创造出版社当时的另外一位同僚莫玉林现也还健在。目前在三联书店"联谊会"的南宁支部。他们都珍藏着在中山堂前和黄荣灿合影的照片，时时缅怀往事。曹健飞并不知道内山保管过黄荣灿的作品，内山也不知道他们有过深交。分散在台北、北京、东京的他们虽未能有过会聚，但是彼此之间却都有着联系。

> 内山尚不知道我和黄荣灿的友情就走了！

这是唯一还健在的曹健飞,在拿到黄荣灿的墓碑的照片时追念二人的话,接着就再也说不下去了。

黄荣灿的作品和支持他的两岸文化人士的友情,以及把他的作品保存至今的内山嘉吉的诚意,定将永远铭刻在台湾民众的心里。

二〇〇〇年六月十六日 脱稿

二〇〇〇年十月一日 改定

注释

1 《台湾画坛三十年来的初春》,陈映真,《夏潮》第三卷第一期,一九七七年七月一日
2 《黎明前的台湾》,吴浊流,社会思想社,一九七二年六月
3 同1
4 同2
5 《中国木刻画》,富士美术馆,一九七五年七月
6 《中国新兴版画五十年》,上海人民美术出版,一九八一年九月
7 《新现实的美术在中国》,黄荣灿,同前注
8 《东方欲晓,长夜赴国忧》,曹健飞,三联书店北京联谊会编《联谊通讯》第五十八、五十九期,一九七七年十月—十一月
9 同8

后记

　　台湾的近现代史并不单纯是台湾的历史。它包含了中国近现代史以及中日关系史中最尖锐的矛盾。因为这一段历史的前一段是日本的殖民地统治的五十年，而后一段又是冷战下作为"反共据点"的五十年。在此期间，台湾走过了从大陆分离出来后的整整一个世纪。其中，两岸汇合于同一潮流之中的历史只有一九四五年到一九四九年这一段极短的历史。那是全中国包括台湾在内都在以民主革命为主题摸索从"抗战建国"到"和平建国"的时代。建设"和平、自由、民主、团结、统一"的独立国家是民众的一致目标。

　　但是内战的扩大和外国的干涉践踏了民意，民主革命中途夭折。两岸再次被分隔。在大陆，"反右"、"文革"

等运动接连不断，而在台湾白色恐怖横行，使两岸之间的沟壑愈加深化。众多的知识人士不得不"一直在生死攸关的硝烟中拼搏"。两岸的再分隔不仅割裂了大陆和台湾的一体化摸索，也一笔勾销了两岸共同推进民主革命的事实。同时也勾销了台湾民众用自己的才智摆脱殖民地社会，向建设民主社会挑战的事实。这段历史的"湮灭"不仅有助于日本将五十年的殖民统治的责任暧昧化，同时也有助于甲午战争以来日本就侵略中国的责任不了了之。

如今，海峡两岸的种种隔膜，可能部分的缘于各自不同的道路探索，而两岸一个可能获得共识的探索方向，则是需要让日本以及日本人重新面对其殖民统治与侵略的历史责任。

本书虽然是通过黄荣灿的短暂一生考察这个时代，但这仅仅是反映两岸交流的一个侧面。有一位台湾青年的一生可以反映另一个侧面。他的本名庄德润，一九二四年生于嘉义。嘉义中学毕业后、进入东京的研数专门学校学习。老师之一陈文彬，在课外教他学中文。他在战后的一九四六年二月返回台湾，三月由复任《人民导报》总主笔陈文彬的介绍来到该社的经理部工作。两三个月后，他再次求学，进入台湾大学法商学院。七月，他参加台湾行政长官公署教育处派遣内地公费留学生的考试及格，经过三个月的培训后，于同年十月，和其他九十八名录取生一起去了上海。他和其中的七名进了武汉大学。一九四七年二月，台湾发生了"二·二八事件"，六月，武汉大学发生了六一事件。对这次"反饥饿、反内战、反迫害、求民主"的运动，武汉警备司令部用武力进行了镇压，有十几名学生受伤，三名牺牲。其中一人是他的好友陈如丰，这也是台湾公费生中的第一个牺牲者。同年夏天，他与陈炳基一同和前来上海避难的苏新一家一起实现了短暂的归乡。到基隆港来接他们的是作家吕赫若。与此同时公费生组织台湾同学会向台湾派遣了由九名成员组成的"演讲团"，在台湾各地的小学校做了巡回演讲，介绍大陆的民主运动。不太清楚他是否也参加了这个演讲团。那以后，他就再也没有踏上故乡的土地，直到一九九二年五月死于北京。

从经历上看，他应该和刚到台湾的黄荣灿一起在《人民导报》社工作过。两人在这里有过交叉，黄荣灿留在了台湾，而庄德润踏上了去大陆的旅程。两岸被再次分隔后，黄荣灿被处死，庄德润则留在了大陆。不久后，他和留在大陆的台湾青年们一起，组织了中华全国台湾同胞联谊会，为两岸的统一而奔走。他们中的大多数活跃在中日两国间的外交、贸易、文化、学术、广播、出版等各个领域，为中日邦交正常化做了许多基础工作。

他的人生也和黄荣灿的人生一样，反映着台湾的历史。两个人均未实现"回故乡的梦"，如今依然彷徨于架在台湾海峡上的"南天之虹"。在这条虹桥上还有更多的黄荣灿、更多的庄德润在等待着历史的澄清。

我和庄德润的相识是在一九六七年四月。那之后我们的交往不断深化。中日邦交正常化后，他还来我福冈的家造访过。虽然有长期往来，但我始终不知道他是台湾人。从相识开始过了三十年，当我在蓝博洲的著作里看到他的遗照时才知道他原来是台湾人。回想起来，在过去的那些日子里，他给予我的爱心和勉励是源于台湾人的缘故，我对自己的无知和不成熟追悔不已。

和黄荣灿共同经营过新创造出版社的曹健飞现仍然生活在北京。我和他是在一九六四年大学时代相识的。地点是在东京晴海举行的中国经济贸易展览会的会场。大学毕业后，又在广州见过面，那以后，到今天从未间断地保持着往来。

他们两个人都是我的老师。我也还记得内山嘉吉夫妇。我永远忘不了他们赊账给贫穷学生的爱心。虽然和黄荣灿的关联都是偶然发生的，但我非常惊讶黄荣灿和他们的人生有过如此深的关系，并感到非常惭愧。开始收集资料时，偶然再三出现，使我了解到不少内情，这叫我感到无处不是受到了黄荣灿灵魂的指引。

我还要向为本书提供帮助的各位表示发自心底的感谢。特别要向提供了宝贵证言的林书扬、陈明忠、吴克泰、陈炳基、周青、曹健飞、莫玉林、黄邦和还有已过世的范泉等诸先生表示感谢。向帮助收集材料的梅丁衍、陈藻香、厦门大学台湾研究所的朱双一、福冈大学的山田敬三教授、爱知大学的黄英哲教授、成蹊学园的河原功教授，还有查找资料时给予方便，给予鼓励的陈映真、曾健民、蓝博洲、宋文扬以及给予我其他帮助的各位朋友表示感谢。

最后，我对使本书作为"孩子王系列"第十集出版的福冈现代中国语讲座《孩子王》班的每位同学，对在编辑本书的过程中付出辛苦并圆满完成出版的蓝天文艺出版社的工作人员，对承担了全部图片处理工作的吉村节子女士也表示衷心的感谢。

作者谨记　二〇〇一年三月

中文版后记
那么，应该在何时才能充实我写画的自由呢？

本书的日文版发行后，又发觉一些需要追记的内容，故补充于此权作中文版后记。

我在本书的最后一章提到的传闻中，一则是关于鲁迅艺术文学学院（鲁艺）的，另有一则是关于毕加索的。前者是说"黄荣灿是'鲁艺'毕业的"，即暗示他是在延安学习过的共产党员，后者是说"他崇拜毕加索"，同样暗示他"即使不是共产党，也是共产党的同路人"。在当时，两则传闻都成了他是"谍匪"的不可动摇的证据。然而这些却没有成为判决的证据，在判决书里不仅并未涉及这些，而且在判决书下达的十月十八日或者在其二十三日前，黄荣灿即已被处刑。官方似乎是在有意回避他关于艺术的争论。

于是，传闻直至今天仍然是传闻着。当时如果允许的话，我想他一定会在法庭上论说鲁迅和毕加索的艺术理论。然而，遗憾的是在此之前，他即已被灭口。这里不允许有拒绝政治只讨论艺术的场所。既然不是"共匪"，就只能当"愚民"，如果拒绝，等待着的就是死亡，这对黄荣灿来说实在是无以复加的侮辱。我相信黄荣灿是选择了作为艺术家而死的路。传闻使他未能付诸文字的愿望流传至今，这其中肯定也包含着传播这些传闻的人们的某种期待。

"鲁艺"毕业的传闻，据说是被宪兵司令部逮捕后，"中国美术协会"理事梁中铭去探望他以后开始流传开的。虽然不知道这是梁中铭直接听到的，还是从官方传出来的，但黄荣灿被问及与"鲁艺"的关系这一点似乎是可以肯定的。相关资料表明，《九人木刻联展》的作品与"鲁艺"的作品曾一同为庆祝抗战胜利，于当年的元旦在延安展出。此外，*Life*（一九四五年四月九日）也是把他的作品归入了《鲁艺木刻选》中。

从抗战开始到抗战胜利后，国民党统治区的作品与解放区的作品同堂展出并非少见。第一届、第二届《双十节木刻展》（一九四二年、一九四三年）以及《九人木刻联展》（一九四五年九月）、《抗战八年木刻展》（一九四六年九月）都是如此。《九人木刻联展》本身就是为庆祝抗战胜利，在国民政府所在地——重庆，集两个地区作品于一堂的展览会。在国外也是一样。应美国《时代》周刊驻重庆记者白修德（Theodore H White）和贾安娜（Anna Lee Jacoby）之请，中国木刻研究会从两个地区的作品中选出了数十件作品送给了美国。不知根据什么，*Life*的编辑从其中选出十五件归入《鲁艺木刻选》，并对两个地区的作品做了无区别地配置，而且除古元的作品以外，其他作品均未署名。其中即包括题名被改为Savaged Locomotive的黄荣灿的《上焊》。据说他来台后，常常将这本带来的集子得意地拿出来示友。

官方对他的盘问是否是凭以上这些证据呢？我在书中已论述过，黄荣灿并非鲁艺毕业的。直到"麦卡锡旋风"兴起为止，虽然被错误认定，但尚不足以危及性命。然而，旋风的兴起使美国改变了对中国的政策。他们以为中国革命的胜利是苏联势力的扩大，就是美国政策的失败，于是美国最终向台湾海峡派遣了第七舰队这样一种局面。其间，支持抗战建国和和平建国的人相继被指认为有"共产主义奸细"的"嫌疑"，就连包括白修德与贾安娜以及其他曾在重庆滞留过的国务省官吏也被卷入其中。白修德与贾安娜所著《中国的惊雷》对美国的对华政策给予了针锋相对的批判,他们甚至指出:"美国制造中国内战"。"旋风"刮到台湾并没有用太多时间。五十年代初,白色恐怖便笼罩了全岛。因此只问及是不是"鲁艺"毕业的,而并未问描绘两个地区民众斗争与生活的作品为什么会在同堂展出。因为不仅谈论鲁迅被禁止,就连谈论本身也被视为谈论政治。

禁止谈论毕加索的警讯很快蔓延开来,当时矛盾所指是在《现代画联展》(一九五一年三月)上展出作品的青年画家们。他们热心于讨论毕加索大概是从一九四九年到这次展览会举行的这一段时间。在这期间,毕加索针对战争以《哭泣的女性》、《呐喊的女性》、《坐着的女性》等表达了自己的悲痛;以《雄鸟》、《孩子与鸽子》、《被猫衔着的小鸟》、《停尸场》、《纳骨堂》等表现了他的愤怒。此外,他还刻了《死者的头部》、《抱羊男孩》等雕塑,以祈祷和平的重现。战争结束后,他又创作了《生活的欢乐》、《战争与和平》以表现和平的喜悦。

一九四九年四月,毕加索出席了在法国巴黎举行的第一届世界和平拥护大会。巴黎的街头到处都贴着他画的

第一届世界和平拥护大会
之大会手册采用毕加索所绘之鸽子作为封面

毕加索所绘之鸽子印制成的邮票

《和平鸽》，人们将《和平鸽》复制后做成标语牌在巴黎的街上游行。大会是在巴黎和捷克首都布拉格两个会场同时举行的。来自五十四个国家，拥有六亿成员的团体代表两千人出席了大会。中国的各界代表共有四十四人参加，郭沫若为团长，徐悲鸿和古元是美术界的代表。十九日，在香港避难的美术家给毕加索发了贺电，二十日又发表了支持大会宣言。署名者中我们看到了不得已离开台湾的朱鸣冈、张光宇、梁永泰、陆志庠、麦非、戴铁郎、黄永玉、荒烟等人的名字。似乎是为了迎合大会开幕，二十一日人民解放军跨过长江，控制了江南。于是《和平鸽》便成了"解放"的象征，开始在中国的天空飞翔。此后，共五组十三种鸽子邮票出版，并迅速流布到中国民众手中。次年，毕加索又向第二届大会赠送了《鸽子》，接着又创作了《和平的面貌》二十九件系列作品和《蓝鸽》，歌颂了和平的珍贵。朝鲜战争爆发后，他又画了《朝鲜的虐杀》，揭露战争的愚昧。此后，毕加索的《鸽子》又出现在为VALLAURIS城教堂所画的《和平与战争》中。一时间，邮票上、明信片上几百万只鸽子飞翔在世界的上空。然而，台湾的《鸽子》只能飞行于地下。此后，大陆也对毕加索实行了封禁。这就是禁止谈论毕加索的背景。

两条传闻就是这样把被封锁的黄荣灿的艺术理想传达给了我们，而判决书告诉我们的却是他如何被搅入政治，成了"牛鬼蛇神龛前的祭品"。是政治夺走了黄荣灿的生命，但他却不是为政治而牺牲的。然而，正如他的生与死所证实的那样，他从来也没有逃避政治，他正是以文艺为矛，果敢地在与政治搏斗。他所追求的正是艺术的独立和拒绝政治从而获得更高的政治意义。这似乎也正是鲁迅、毕加索的追求。

"四六"事件后，黄荣灿独自一人去了琉球屿，接触到生气勃勃的岛民生活后，他留下了这样一段话："那么，应该在何时才能充实我写画的自由呢？"

以上补遗，为的是再次确认，"台湾光复后的历史，不只是台湾的历史，也是包括大陆在内的中国的战后史"，它甚至与日本、美国、欧洲及至全世界都有着深刻的关联。这两则传闻竟然让我们在黄荣灿的身上看到了当时世界"和平与战争"的缩影。

对这一时代的探索本来是从口述开始的，许多事实最近终于可以从文献资料得到证实了。然而，从湮灭的黑暗中捞取的文字仍然太少，以至不足以鸟瞰全貌。随着探索的深入，使我愈加感到被湮灭的不是文字，而是记录了那些文字的人们的宝贵生命。

有限的文字会引起臆测，我甚至常常觉得我们可能会离真实越来越远。为了弥补这些，我们是否需要从大陆角度来观察台湾，再从台湾的角度来观察大陆，乃至从日本、美国、欧洲以至全世界的角度来观察台湾呢。如果从台湾摆脱殖民统治，与大陆拥有共同的历史这一点来考虑，我认为在资料的收集上也需要同样的视角。

有关黄荣灿的原始资料实在不能说是充分的。本书旨在仔细研究这些有限资料的基础上，努力地再现黄荣灿及其时代。为此，尽可能地抛开了研究性著作中的引用。关于错误认定，除去一二个例外，也没有一一加以反驳，相反，虽然比较烦琐，但本书还是罗列了原始资料，以便今后同人对尚不充分的考证做进一步的研究。

本书的日语版出版后，收到了几位研究者寄来的新的有关资料，有的这次加进了中文版。为此，除日语版后记中所提到的诸位以外，在此我还要对版画研究家奈良和夫、泷本弘之，神户学院大学的太田进教授表示再次的感谢。

后记 中文简体版

2001年3月，从印刷到装帧均由几位朋友亲手协作完成的日文版《南天の虹》在日本出版。随后，在2002年2月，由南开大学的陆平舟先生翻译，陈映真先生监译并校订，梅丁衍先生装帧的该书繁体中文版由台湾人间出版社出版发行。新书发布会特意选择在二·二八事件五十五周年纪念日当天，在台北市和平公园的二·二八纪念馆举办。发布会当天，作为展品之一，由日本神奈川县立美术馆收藏的版画"恐怖的检查——台湾二·二八事件"在经历了五十五载岁月之后，也终于又回到台湾，向公众展出。2013年9月，韩国著名版画家洪成潭先生在台北举办了"光州五月民众抗争暨纪念台湾黄荣灿——洪成潭版画展"。此后，2015年，经大陆的朋友协助，商务印书馆计划将出版该书简体字版。没想到《南天之虹》由于周围"琉球弧"的东亚各地朋友关注,从日本传到冲绳,再到中国台湾、韩国,最后到中国大陆,其生命不断延伸。

在这期间,有关台湾光复期的研究已经有了飞跃性地进展。本人也收到了由读者或友人惠寄的黄荣灿抗战时期和光复期的若干幅版画、水彩画,本书原注明"未见"的资料有的已见到真迹。此外,因为该书的出版,本人也联系到了黄荣灿的亲属,对他的前半生也有了清晰的了解。在这些成果的基础上,我对中华全国木刻协会台湾分会的活动再次进行了梳理,完成了"台湾光复期中国新兴版画"(2008年1月)一文。

在资料收集和研究过程中,我渐渐发现在被割裂的两岸之间始终存在着一股清流。其代表便是杨逵与胡风的交友。这两个人一直未曾谋面,但以殖民地宗主国的首都东京为媒介,而且是通过宗主国的语言,以文结友,互相支持。

这一发现促使我不能不付诸行动,开始追溯二十世纪三十年代及这一时期两个人的足迹,相继完成并发表了《范泉的台湾认识》(《人间》2003年夏号、《复旦学报》2004年第3期)、《由〈改造〉连载"中国杰作小说"所见日中知识分子之姿态》(《人间》2005年夏号)、《読"〈第三代〉及其他"——杨逵、1937年的再次访日》(《人间》2007年夏号)等3篇文章。随后，就终战后的"交友"进行了更进一步的探究，又发表了《1947年的五四文艺节——"缄默"如何打破》(《光复初期的台湾思想与文化的转型》台湾大学出版中心，2005年6月)和《黎烈文说："张献忠失败了就乱杀"——二·二八事件和四·六事件之间的未明地带》(2007年10月)两文。最后，整理以上资料，开始《神交五十年——胡风和杨逵》的写作，但因为"湮灭"的城池依然如故，即使已然确认存在的资料，其中有些直到现在仍然无法获得，致使写作至今未能完成。

为此，此次再版也只停留在对误字、脱字，以及将黄永玉的作品《走出伊甸园》(《失去的乐园》)及龙廷霸的作品《饥寒》，此前因均以"黄原"的笔名发表而误认为是黄荣灿的作品等讹误的订正上。增补则只好有待于"民主的疆场"彻底摧毁湮灭的城池之日了。

最后，请允许我将日语版《后记》中的一句话，作为致读者的话摘录于此。"台湾的近现代史不是单纯的台湾历史，从中我们还可以窥见中国近现代史及日中关系史上矛盾最尖锐化的焦点。"因此，倘若读者通过本书在学习

457

台湾的经验的同时，还能从中了解日中关系的历史，我将感到无上欣慰。

最后，我要向出版拙著的商务印书馆致以衷心的感谢，向为本书注入新的生命的孙祎萌编辑，以及倾力协助本书出版的韩冰女士表示深厚的谢意。

2015 年 3 月 26 日

横地刚